Schrader · Grundlagen des Marketing

Psychologische und verhaltensbiologische Grundlagen des Marketing

von

Karl Schrader

Walter de Gruyter & Co · Berlin · New York 1971

ISBN 3 11 001983 3

Inhaltsverzeichnis

I. Einleitung 9

A. Grundfragen und Grundbegriffe 9

B. Aufgaben einer Bedürfnisforschung 14

1. Die Stellung der Bedürfnisproblematik in den Wirtschaftswissenschaften 14

2. Der Wandel der Fragestellung der Wirtschaft an die Bedürfnisforschung 17

3. Die Stellung der Bedürfnisproblematik innerhalb der Wissenschaft vom menschlichen Verhalten 19

C. Methodologische Probleme 21

II. Ein Regelkreismodell der Bedürfnisse 24

A. Der technische Regelkreis 24

B. Die Entdeckung des Regelkreischarakters der Bedürfnisse 26

C. Übertragung des Modells eines Regelkreises auf die menschlichen Bedürfnisse 28

1. Zur Problematik der Anwendung kybernetischer Modelle in der Bedürfnisforschung 28

2. Die Elemente eines Bedürfnisses 30

a) Die konstitutiven Elemente eines Bedürfnisses: die Bedürfnisbasis 30

b) Die möglichen Elemente der Bedürfnisse: die Bedürfnismechanismen 32

(1) Die möglichen angeborenen Bedürfnismechanismen mit Innenfunktionen 33

(2) Die möglichen angeborenen Bedürfnismechanismen mit Außenfunktionen 33

(3) Die möglichen bedingten Bedürfnismechanismen 40

3. Die Unfertigkeit der Bedürfnisse zum Zeitpunkt der Geburt 43

D. Zusammenfassung 44

III. Die konstitutiven Elemente der Bedürfnisse (die Bedürfnisbasis) 46

A. Zum Begriff Bedürfnisbasis 46

B. Die Benennung der Bedürfnisse 47

C. Arten von Bedürfnisbasen 49

1. Der organische Bedarf (Bedürfnistyp I) 49

2. Bedürfnisbasen im psychischen Energiebereich des Menschen 53

a) Zum Begriff psychischer Energiebereich 53
b) Arten von Bedürfnisbasen im psychischen Energiebereich des Menschen 63
(1) Vorbemerkung 63
(2) Leistungszentren mit spontaner, automatischer Energieversorgung als Bedürfnisbasen (Bedürfnistyp II) 63
(3) Leistungszentren, die nur unter dem Einfluß von Außenreizen mit Energie versorgt werden, als Bedürfnisbasen (Bedürfnistyp III) 69
3. Die Süchte (Bedürfnistyp IV) 74
D. „Kosten" und Bedürfnisbefriedigung von der Bedürfnisbasis aus gesehen 76

IV. Die möglichen angeborenen Bedürfnismechanismen 77
A. Das Verhältnis von Bedürfnis und Gesamtorganismus 77
B. Arten möglicher angeborener Bedürfnismechanismen 78
1. Die möglichen angeborenen Bedürfnismechanismen mit Innenfunktionen 78
2. Die möglichen angeborenen Bedürfnismechanismen mit Außenfunktionen 82
a) Die möglichen Reflexe mit Außenfunktionen 83
b) Die möglichen Instinktmechanismen 86
(1) Der Instinktbegriff 86
(2) Die instinktiven Kontrollmechanismen 94
(3) Die instinktiven Einwirkungsprognosemechanismen 99
(4) Die instinktiven Schaltmechanismen für Instinktbewegungen 104
(5) Die instinktiven, die Bedürfnisbefriedigung einschränkenden Mechanismen 108
C. Der zentrale Koordinierungsprozeß 113

V. Die möglichen bedingten Bedürfnismechanismen 121
A. Begriffe und Grundlagen 121
1. Lernen und Konditionierung 121
2. Wissen als bedingter Bedürfnismechanismus 123
3. Wissen und Wiederholungszwang 125
B. Arten möglicher bedingter Bedürfnismechanismen 126
1. Bedingte Signalmechanismen 126
a) Abgrenzung zwischen bedingten und unbedingten Signalen 126
b) Die Konditionierung bedingter Signalmechanismen 127
(1) Zu den Elementen bedingter Signalmechanismen 127
(2) Die Konditionierung bedingter Signalmechanismen der Modellstufe I 131
(3) Erweiterung des Modells der bedingten Signalmechanismen: Modellstufe II 135
c) Arten von bedingten Signalmechanismen 141
d) Das Verlernen (Löschen) bedingter Signalmechanismen 149

2. Bedingte Verhaltensfolgenwissensmechanismen (bedingte Typ-II-Mechanismen) 154
a) Zum Begriff Verhaltensfolgenwissen 154
b) Abgrenzung zwischen ererbtem und bedingtem Wissen der Folgen von Verhalten 155
c) Die Konditionierung bedingter Typ-II-Mechanismen 157
d) Arten bedingter Typ-II-Mechanismen 166
e) Das Verlernen (Löschen) bedingter Typ-II-Mechanismen 168
C. Zur Frage der Autonomisierung bedingter Bedürfnismechanismen 169

VI. Abschluß 175
A. Bedürfnisbefriedigung und Güter 175
B. Bedürfnisbefriedigung, Bedarf und Nachfrage 182

Literaturverzeichnis 185

Abkürzungsverzeichnis 200

Personenregister 201

Sachregister 205

Für meine Frau Nana

I. Einleitung

A. Grundfragen und Grundbegriffe

Bedürfnisorientierung ist eine wichtige Voraussetzung für erfolgreiches Marketing. Aber auch dem Konsumenten macht erst die Kenntnis seiner Bedürfnisse deutlich, weshalb er auf Warenangebote und Werbung reagiert. So müssen sich alle Marktteilnehmer ständig darum bemühen, ihr Wissen über die Bedürfnisse des Menschen zu vergrößern.

Einführungen in die Volks- oder die Betriebswirtschaftslehre beginnen fast immer mit der Definition: Wirtschaft sei die Gesamtheit der Einrichtungen und Verfahren, mit denen Menschen Mittel für die erstrebte Befriedigung von Bedürfnissen beschaffen und verwenden. Als Ziel einer dynamischen Wirtschaft wird die bessere Befriedigung gegebener und zusätzlicher Bedürfnisse genannt [215, S. 7]. Es liegt nahe zu fragen, wie die zusätzlichen Bedürfnisse das Verhalten des Menschen beeinflußten, bevor sie von der Wirtschaft befriedigt wurden. Viele Wirtschaftswissenschaftler scheinen in den Bedürfnissen des Menschen Phänomene zu sehen, die kommen und gehen. Nach diesen Theorien sind die Bedürfnisse einmal sichtbar vorhanden und einmal – wie die Sonne bei wolkigem Wetter – hinter den düsteren Wolken einer schlechten Konjunktur versteckt. Solche Vorstellungen führen dazu, daß von versteckten und von schlafenden Bedürfnissen gesprochen wird, die vom Unternehmer geweckt werden müssen [72, S. 51]. Diese Begriffe werfen aber die Frage auf, wie sich Bedürfnisse verstecken, wie sie einschlafen können und wie man sie wieder wecken kann.

Es wäre auch interessant zu prüfen, ob es der Werbung wirklich möglich ist, „neue Bedürfnisse zu schaffen“ [245, S. 97]. Eine andere Auffassung, nach der die Bedürfnisse der Unternehmensplanung starre Daten setzen, findet sich bei vielen Vertretern der neuen Konzeption des Marketing. So meint z. B. Hammel, daß der Unternehmer „eine genaue Kenntnis der Bedürfnisse besitzen muß, wenn er Güter produzieren will, die er auch absetzen kann. „Marketing bedeutet, daß diese Bedürfnisse an den Anfang gestellt werden und daraufhin Produkte entwickelt werden, von denen man mit einiger Sicherheit weiß, daß sie auf dem Markt auf Nachfrage treffen [118, S. 16 f.].“ Bei den Soziologen verbindet Malinowski mit dem Ausdruck Bedürfnis eine entsprechende Vorstellung. Er schreibt: „Ein Bedürfnis ist eine grenzsetzende Reihe von Tatsachen“, die keine Kultur überschreiten kann [187, S. 122]. Wie Claessens in seiner Arbeit „Instinkt, Psyche, Geltung“ verdeutlicht, besteht aber auch für die Soziologie die Aufgabe, ein Bedürfnismodell zu finden, das es erlaubt, das

Verhalten des Menschen zugleich als „biologisch offen“ und „an sein evolutionäres Erbe gebunden“ zu begreifen [55, S. 7].

Zieht man zur Definition des Begriffs Bedürfnis alles heran, was von den verschiedenen wirtschafts- und sozialwissenschaftlichen Autoren über die Bedürfnisse des Menschen gesagt worden ist, so stellen sich die Bedürfnisse als Erscheinungen im Menschen dar, die sowohl starr und unveränderlich als auch unstetig und verformbar sind. Diese Situation hat den Verfasser veranlaßt, nach einem Modell zu suchen, das es gestattet, das scheinbar Widersprüchliche an den Bedürfnissen als harmonierende Eigenschaften einer Einheit zu erkennen. Aufgrund von Anregungen von W. Cannon, R. Wagner und I. Pawlow bot sich als Lösung an, das Phänomen „Bedürfnis“ am Modell eines Regelkreises zu interpretieren. Jetzt konnten die Bedürfnisse als Systeme von starren und variablen Elementen dargestellt werden. Es war möglich, Zustände aufzuzeigen, unter denen das Verhalten von der Existenz eines Bedürfnisses beeinflußt wird und andere, die man als Schlaf des Bedürfnisses bezeichnen kann; und es gelang, die Grenzen anzudeuten, innerhalb derer das Verhalten des Menschen zugunsten eines Bedürfnisses durch seine individuellen Erfahrungen bedingt ist.

Bei dem Versuch, den Regelkreischarakter der Bedürfnisse des Menschen herauszuarbeiten, haben neben den Wirtschaftswissenschaften und der Soziologie (D. Claessens), für die diese Arbeit geschrieben wurde, vor allem die Physiologie (W. Cannon, R. Wagner), die Tierverhaltenslehre (K. Lorenz, N. Tinbergen), die Psychologie (Pawlow, H. J. Eysenck) und die philosophische Anthropologie (A. Gehlen) die entscheidenden Theorien und empirischen Belege geliefert.

Im anschließenden Teil des einleitenden Kapitels werden die wichtigsten Begriffe definiert, und es wird die Stellung der Bedürfnisthematik im Gebäude der Wirtschafts- und Sozialwissenschaften gezeigt.

Im zweiten Kapitel wird ein kybernetisches Bedürfnismodell in einer Form gezeichnet, die von den jüngsten Erkenntnissen der an der Bedürfnisforschung beteiligten Wissenschaften bestimmt ist.

Im dritten und vierten Kapitel werden die starren Elemente der Bedürfnisse diskutiert. Dabei wird den folgenden zwei Fragen besondere Aufmerksamkeit geschenkt werden.

1. Welche Zustände der Bedürfnisse zwingen den Menschen, Änderungen in seiner Umwelt zu bewirken?
2. Welche angeborenen Mechanismen der Bedürfnisse helfen dem Menschen, sich bedürfnisgerecht zu verhalten?

Im fünften Kapitel wird gezeigt, in welchen Grenzen die Bedürfnisse des Menschen plastisch sind und aus welchen Bauprinzipien des Menschen sich Tendenzen zur Verfestigung (Gewohnheiten, Neurosen) der Bedürfnisse ergeben.

Im abschließenden Kapitel wird dann versucht, die wirtschaftswissenschaftlichen Begriffe Gut, Qualität, Nutzen, Bedarf und Nachfrage mit den hier vorgestellten psychologischen und verhaltensbiologischen Thesen abzustimmen.

Begriffliche Abgrenzungen

Es sollen die Begriffe Verhalten, Bedürfnis, Bedürfnisbefriedigung und Bedürfnisbefriedigungsprozeß besprochen werden, die in der Arbeit eine Schlüsselstellung einnehmen.

a) Der Begriff Verhalten:

Hier soll unter Verhalten „jede Form des Agierens und Reagierens, auch das ‚innere Verhalten', das in Denkabläufen und Determinationen zum Ausdruck kommt [125; 230, S. 5]", verstanden werden. Damit wird „Verhalten" in dieser Arbeit nicht gleichbedeutend mit sozialem Verhalten gebraucht. Das soziale Verhalten wird als Teil eines übergeordneten, das gesamte menschliche Handeln umschließenden Verhaltensbegriffs aufgefaßt. Desgleichen wird der Begriff nicht auf „den Problemkreis der inhaltlich zu umschreibenden und" von außen „immer wieder beobachtbaren Richtungen des Verhaltens [291, S. 13]" oder auf die „‚motivierten' oder ‚zielintendierten' Beziehungen zwischen dem Organismus und den seine Situation oder Umwelt bildenden Objekten [210, S. 154]" eingeschränkt, wie das vor allem im Behaviorismus geschieht, da eine derartige Einengung so wesentliche Teile des menschlichen Verhaltens, wie das Denken (Probehandeln) und die Analyse des innermenschlichen Zustandes, ausschließt.

b) Der Begriff Bedürfnis:

Die traditionelle wirtschafts- und sozialwissenschaftliche Definition des Begriffs „Bedürfnis" wurde 1832 von v. Hermann entwickelt. Sie lautet in der heute üblichen Fassung: „Das Gefühl eines Mangels, verbunden mit dem Streben, ihn zu beseitigen, heißt ein Bedürfnis; in der Abhilfe eines solchen Mangels besteht die Befriedigung des Bedürfnisses[1]."

Scherhorn weist darauf hin, daß v. Hermanns Bedürfnis-Definition einen logischen Bruch enthält. „Wenn das Bedürfnis ein Gefühl (eines Mangels) und ein Streben ist (den Mangel zu beseitigen), so ist seine Befriedigung von der Erfüllung dieses Strebens und der Besänftigung dieses Gefühls zu erwarten, nicht von der objektiven Abhilfe des Mangels [249, S. 21 f.]." Scherhorn hebt den Widerspruch in der traditionellen Bedürfnisdefinition dadurch auf, daß er ausschließlich subjektive individual-psychische Tatbestände berücksichtigt. Der

[1] Zitiert nach Scherhorn [248, S. 21]. Die Originaldefinition ist enthalten in: [130]. Die originale Formulierung Hermanns ist umständlicher, hier ist die Form wiedergegeben, in der die Definition gemeinhin von den späteren Autoren zitiert wurde, vgl. [159, S. 8] und Cuhel [61, S. 78 f.].

gleiche Effekt kann aber auch durch eine Betrachtungsweise erreicht werden, die von objektiv meßbaren, organischen Tatbeständen ausgeht. Dieser zweite Weg soll hier beschritten werden.

Bei der Definition des Begriffs Bedürfnis wird in der vorliegenden Arbeit davon ausgegangen, daß die Menschen darauf angewiesen sind, daß der physikalisch-chemische Zustand innerhalb ihres Körpers hinsichtlich vieler Variabler gewisse Grenzwerte weder über- noch unterschreitet [136, S. 48]. Diese Basis der Bedürfnisthematik wird von der traditionellen Bedürfnisdefinition nur teilweise erfaßt. Nicht Abhilfe zu schaffen bei einem Mangel ist die aus dem Bedürfnis erwachsende Forderung an das menschliche Verhalten, sondern es gilt, Mangelzustände – das sind Abweichungen von den Idealwerten – zu verhindern. Neben dieser Basis sollen alle die angeborenen und bedingten organischen Mechanismen zu einem Bedürfnis gerechnet werden, deren Aufgabe im Menschen darin besteht, Abweichungen von diesem bestimmten innermenschlichen Zustandswert zu verhindern bzw. ihre Beseitigung zu erzwingen.

Aus dem Gesagten ergeben sich die *Bestandteile* des *Bedürfnisbegriffs* dieser Arbeit. Es sind:

(1) Eine für den Menschen starr vorgegebene biologische Notwendigkeit, bei einer bestimmten physikalisch-chemischen Variablen innerhalb seines Körpers einen bestimmten Zustandswert zu erhalten und

(2) ein Regelsystem von angeborenen (starren) und bedingten (variablen, plastischen) Mechanismen, die gemeinsam die Aufgabe, den vorgeschriebenen Zustandswert zu erhalten, erfüllen.

Das System der Regelmechanismen kann einem Bedürfnis fehlen[2].

Die abschließende Definition des Begriffes lautet: Ein Bedürfnis ist eine physiologische Existenzbedingung, die den Menschen zwingt, für eine bestimmte physikalisch-chemische Variable innerhalb seines Körpers einen bestimmten Zustandswert zu erhalten, sowie alle angeborenen und bedingten organischen Mechanismen, die ihm bei der Lösung dieser Aufgabe helfen[3].

Diese Definition scheint nur „körperliche" Bedürfnisse (z. B. die Nahrungsbedürfnisse) zu erfassen. Wie noch zu zeigen sein wird, lassen sich mit Hilfe des Begriffs „psychische Energie" aber auch alle „psychischen" Bedürfnisse (z. B. das Aggressionsbedürfnis) subsumieren [S. 53 ff.].

Was hier Bedürfnis genannt wird, erhält oft auch die Bezeichnungen „Motiv" oder „Verhaltensdetermination". Während Verhaltensdetermination eindeutig den übergeordneten Begriff bezeichnet [136, S. 321; *55*, S. 7 ff.], ist Motiv ein

[2] Das war z. B. bis zur Entdeckung der Röntgenstrahlen bei der folgenden Bedürfnisbedingung der Fall: Der Körper des Menschen darf innerhalb eines bestimmten Zeitraums nur maximal von einer Röntgenstrahlenmenge „*x*" durchflutet werden. Heute ist bekannt, woran die Gefahr einer zu starken Röntgenstrahlung erkannt und wie der Mensch vor ihr geschützt werden kann.

[3] Vgl. hierzu auch Kraus, Siegfried [160, S. 9], der vom „Ganzen des Bedürfnisses" spricht.

konkurrierender Ausdruck[4]. Da diese Arbeit von der Fragestellung der Wirtschafts- und Sozialwissenschaften ausgeht, wurde hier dem dort üblichen Ausdruck Bedürfnis der Vorzug gegeben.[5]

c) Der Begriff Bedürfnisbefriedigung:

Die traditionelle Definition der Wirtschaftswissenschaften, nach der die Befriedigung eines Bedürfnisses (Bedürfnisbefriedigung) in der Abhilfe eines gefühlten Mangels besteht [248, S. 21], kann hier nicht als ausreichend angesehen werden, weil sie alles Verhalten ausklammert, das nur darauf zielt, den Bedürfnisfrieden (die Homöostase des Bedürfnisses) zu erhalten. Wenn z. B. Kleidung und Wohnung das Körpertemperaturbedürfnis chronisch befriedigen, so kommt es ja überhaupt nicht mehr zum Mangelerlebnis [104, S. 50 f.; 248, S. 45 ff.]. Wie Hofstätter aufzeigt, fehlen auch bei vielen anderen Bedürfnissen Mechanismen, die primäre Mangelgefühle erzeugen. So ist z. B. dreimal am Tag zu essen häufig eine Gewohnheit, der man unabhängig von einem Mangelgefühl nachgeht [135, S. 190 ff.]. Der Begriff Bedürfnisbefriedigung soll daher hier so bestimmt werden, daß er alle Schutz- und Vorbeugungsmaßnahmen, die der „Hintergrunderfüllung" [104, S. 50 f.] dienen, umfaßt. Einem Bedürfnis können die Mechanismen, die das „Mangelgefühl" erzeugen, fehlen. Daher wird in dieser Arbeit auch dann von Bedürfnisbefriedigung gesprochen, wenn ein nicht „gefühlter", aber tatsächlich bestehender Mangel beseitigt wurde. Der Ausdruck Bedürfnisbefriedigung wird hier dann verwendet, wenn bei einer physikalisch-chemischen Variablen innerhalb des menschlichen Körpers eine Abweichung (Bedürfnisabweichung) vom physiologisch notwendigen Zustandswert verhindert oder beseitigt worden ist.

Dieser weite Inhalt macht den Begriff Bedürfnisbefriedigung für die Wirtschaftswissenschaft fruchtbar. Denn sie fragt nur, ob die Güter und Dienste zur Bedürfnisbefriedigung beitragen. Soll aber gefragt werden, welche Probleme bei der Bedürfnisstabilisierung zu lösen sind und welche Beiträge einzelne Bedürfnismechanismen dabei leisten, so trennt dieser Begriff nur mangelhaft. Für die Zielsetzung dieser Arbeit müssen daher die beiden Begriffsteile –

- *Sicherung* bzw. *Verteidigung* des idealen Zustandswerts und
- *Wiederherstellung* des idealen Zustandswerts nach einer Bedürfnisabweichung –

in den Mittelpunkt der Diskussion des Phänomens „Bedürfnisbefriedigung" gerückt werden.

[4] Vgl. Thomae [291, S. 13] und Schnutenhaus [259, S. 236], der von „Urbedarfsmotiv" spricht, aber an zweitrangigen Stellen synonym für diesen Ausdruck auch Bedürfnis verwendet.

[5] Vgl. u. a. Wöhe [317, S. 3]; Paulsen [215]; Petermann [220, S. 16 ff.]; Scherhorn [248]; Erich Schneider [254, S. 1]; Erich Schäfer [242, S. 1 ff.]. Aus dem Bereich der Soziologie ist Malinowski [187, S. 45 ff.] zu nennen, der Grundbedürfnisse und kulturelle Bedürfnisse unterscheidet. Von der Berücksichtigung der wichtigen englischsprachigen Fachliteratur muß an dieser Stelle wegen der Übersetzungsproblematik abgesehen werden.

d) Der Begriff Bedürfnisbefriedigungsprozeß:

Mit Bedürfnisbefriedigungsprozeß werden alle Vorgänge im Menschen bezeichnet, die zur Befriedigung eines Bedürfnisses führen. Die Mehrzahl dieser Vorgänge kann durch die Analyse der Funktionen der zu den Bedürfnissen gehörenden Mechanismen verstanden werden. Vollständigkeit gewinnt das Modell des Bedürfnisbefriedigungsprozesses jedoch erst, wenn berücksichtigt wird, daß alle Bedürfnisse nur vielfach miteinander vermaschte Teile des Gesamtorganismus sind [161, S. 41]. Damit ein Bedürfnis befriedigt wird, muß es sich im Kampf mit anderen Bedürfnissen durchsetzen [235, S. 7], wodurch es diese aber zugleich beeinflußt.

B. Aufgaben einer Bedürfnisforschung

1. Die Stellung der Bedürfnisproblematik in den Wirtschaftswissenschaften

Nach Scherhorn ist die moderne, mathematisierte, objektive Nationalökonomie „in dem Sinne ‚entpsychologisiert', daß sie darauf verzichtet, die sich (im Individualgefüge) vollziehenden Prozesse explizit zum Ausgangspunkt ihrer Betrachtungen zu machen. Sie beschränkt sich darauf, die Entscheidungen (Wahlakte) der Wirtschaftenden zu registrieren, geht von gegebenen Präferenzskalen und Bedarfsstrukturen aus, ersetzt den subjektiven Grenznutzenbegriff durch den objektiven Begriff der Grenzrate der Substitution, der sich nur mehr auf empirisch feststellbare, reale Größen beziehen soll, sucht also – mit einem Wort – das Problem so zu stellen, daß alle Fragen nach dem Bedürfnis und der Bedarfsentstehung, nach der Willensbildung beim Wirtschafter eliminiert werden [248, S. 24 f.]." Theoretisch einwandfrei gelingt das durch die Annahme, der „Bedürfnisstand" sei „praktisch unbegrenzter quantitativer und qualitativer Erweiterung fähig" [215, S. 127]. Damit werden nicht die einzelnen Bedürfnisse und ihre Befriedigung zum wirtschaftlichen Grundphänomen, sondern „die Spannung zwischen unbegrenzten Zwecken: den grundsätzlich unendlichen menschlichen Bedürfnissen – und begrenzten Mitteln: den stets knappen Gütern und produktiven Kräften" [214, S. 416]. „Wirtschaften ist daher die Zuwendung knapper Mittel an Zwecke gemäß einer Rangordnung dieser Zwecke mit dem Ziel optimaler Erreichung der Zwecke [215, S. 127]." Die Skala der Bedürfnisse wird als subjektiv und als unmittelbarer Beobachtung nicht zugänglich angesehen. Dagegen glaubt man, aus der Mittelverwendung auf die Rangordnung der Bedürfnisse schließen zu dürfen [215, S. 127].

Die Indifferenzkurven-Analyse der Nachfrage und die Preistheorie kann so frei von jedem Bezug auf die subjektiven Bedürfnisse gehalten werden. Nur der paradoxe Verlauf der empirisch ermittelten Preis-Absatzkurven einiger Güter hat zu einer Beachtung „der Mitläufer-, Snob- und Veblen-Effekte in der Theorie der Konsumentennachfrage[6]" geführt.

In den letzten zehn Jahren haben einige Volkswirte der Bedürfnisproblematik wieder mehr Bedeutung zukommen lassen. Zu nennen sind u. a.: Galbraith, Abbott, Schmölders und Katona. Galbraith meldet ausgehend von Beobachtungen in der amerikanischen „Gesellschaft im Überfluß" Zweifel an der Richtigkeit der Annahme von der grundsätzlich unendlichen Triebkraft der menschlichen Bedürfnisse an.[7] Abbott versucht, die Unzulänglichkeit des heutigen Wettbewerbsbegriffs nachzuweisen, indem er die Wettkampfwirkung von qualitativ verschiedenen Gütern aufzeigt. Für ihn besteht Wettbewerb auch dann, wenn die Konkurrenten heterogene Güter anbieten, die der Bedürfniskonstellation der Abnehmer unterschiedlich gut angepaßt sind. Dem liegt die Vorstellung zugrunde, der Verbraucher könne Qualitätsunterschiede in Preisunterschiede umrechnen und schaffe so die Voraussetzungen für vollkommenen Wettbewerb.[8] Die Gruppe der Volkswirte um Schmölders will die Wertlehre in der Volkswirtschaftslehre ersetzen durch „eine echte Sozialpsychologie bzw. Soziologie des Verhaltens, etwa im Sinne der Gehlenschen Theorie[9]". Katona kritisiert vor allem die homo-oeconomicus-Prämissen, nach denen sich Verbraucher und Unternehmer rational verhalten. Er untergliedert das Wirtschaftsverhalten in das weitgehend rationale Willens- und Wahlverhalten und in das weniger angepaßte, historisch begründete Gewohnheitsverhalten.[10] Alles in allem haben aber diese Angriffe das eingangs skizzierte Lehrgebäude der Nationalökonomie bisher noch nicht zu erschüttern vermocht.

Die Betriebswirtschaftslehre wird teils als theoretische, teils als angewandte Wissenschaft angesehen. Als theoretische Wissenschaft ist ihr Erkenntnisziel „die reine Erkenntnis des Seienden" [317, S. 28] in den Wirtschaftseinheiten. Erkenntnisobjekte der Betriebswirtschaftslehre sind die Haushaltungen als ursprüngliche Betriebe und die Unternehmungen als abgeleitete Betriebe [158, S. 16 f.]. Wird das Erkenntnisobjekt der Betriebswirtschaftslehre so definiert, dann ist das theoretische Lehrgebäude des Fachs bis heute unvollständig. Einer hoch entwickelten Betriebswirtschaftslehre der Unternehmung stehen nur

[6] Vgl. Leibenstein, Harvey: Mitläufer-, Snob- und Veblen-Effekt in der Theorie der Konsumentennachfrage, in: [292, S. 231 ff.].

[7] Vgl. Galbraith, John Kenneth: Gesellschaft im Überfluß [100].

[8] Abbott, Lawrence: Qualität und Wettbewerb – ein Beitrag zur Wirtschaftstheorie [1].

[9] Albert, Hans: Ökonomische Ideologie und politische Theorie [2, S. 47]; vgl. auch ders.: Nationalökonomie als Soziologie. Zur sozialwissenschaftlichen Integrationsproblematik [3, S. 1 ff.]; Scherhorn, Gerhard: Verhaltensforschung und Konsumtheorie [249]; Scherhorn, Gerhard: Bedürfnis und Bedarf [248] und Schmölders, Günter: Ökonomische Verhaltensforschung [253].

[10] Vgl. Katona, George: Das Verhalten der Verbraucher und Unternehmer. Über die Beziehungen zwischen Nationalökonomie, Psychologie und Sozialpsychologie [146]; ders: Der Massenkonsum [147] und Bidlingmaier, Johannes [23, S. 144 ff.], der zusätzlich das emotionale Verhalten ausgliedert.

wenige Ansätze zu einer Betriebswirtschaftslehre des privaten Haushalts gegenüber.[11] Das ist um so bedauerlicher, als im privaten Haushalt der Letztverbrauch (Konsumtion) im Sinne der Bedürfnisbefriedigung vollzogen wird. Daher könnte eine voll entwickelte Betriebswirtschaftslehre des privaten Haushalts heute entscheidend zur Lösung der Absatzproblematik der Unternehmungen der Industrienationen der westlichen Welt beitragen. Alle Versuche, mit Hilfe des Instrumentes „demoskopische Marktforschung" [16] Einblicke in das Geschehen im privaten Haushalt zu gewinnen, kranken gegenwärtig daran, daß seine theoretische Grundlegung noch weitgehend fehlt.

In der theoretischen Betriebswirtschaftslehre der abgeleiteten Betriebe ist die Kenntnis der menschlichen Bedürfnisse für die Analyse der Unternehmerziele und Unternehmerstrategien [23, S. 37 ff.] und für Überlegungen im Zusammenhang mit dem Produktionsfaktor Arbeit bedeutsam.

Die Stellung der Bedürfnisproblematik in der angewandten Betriebswirtschaftslehre der Unternehmung richtet sich nach dem Auswahlprinzip des Gebietes, das Wilhelm Rieger wie folgt bestimmt: Die Unternehmung „hofft, an der Befriedigung der Nachfrage ... mitwirken zu dürfen ... Aber nicht, weil sie der Menschheit helfen, den Markt mit ... versorgen will, sondern weil dies ein aussichtsreicher und gangbarer Weg zu sein scheint, ihr Ziel zu erreichen: nämlich zu verdienen".[12] „Daß der Markt versorgt werde durch die Tätigkeit der Unternehmer, dafür müssen die anderen sorgen, die Konsumenten [232, S. 46]." Die Bedeutung, die die Unternehmer der Ermittlung der Verbraucherbedürfnisse beimessen, richtet sich damit einmal nach der Marktstellung der Abnehmer und zum anderen danach, ob es überhaupt möglich ist, die Verbraucherwünsche zu ermitteln.

Von kurzen Zwischenphasen abgesehen, wurde die Betriebswirtschaftslehre zu einer Zeit entwickelt, als die Wirtschaft nicht so viele Güter herstellen konnte, wie nachgefragt wurden. In Übereinstimmung mit den Problemen der Wirtschaftspraxis beschäftigte sich die angewandte Betriebswirtschaftslehre vornehmlich mit Verfahren zur Gestaltung des betrieblichen Finanz- und Produktionsprozesses [317, S. 42 ff.]. Überdies mußten sich die wenigen Betriebswirte, die die Bedeutung der Kenntnis der Abnehmerwünsche für Unternehmungen im Käufermarkt erkannten, infolge fehlender Ermittlungsmethoden damit begnügen zu postulieren: „auf nichts muß der Kaufmann mehr bedacht sein, als darauf, den Wünschen der Allgemeinheit zu entsprechen, ja ihnen möglichst zuvorzukommen" [232, S. 50].

Heute müssen fast alle Unternehmungen in einem Käufermarkt um ihre Existenz kämpfen, und es wurden inzwischen auch eine Fülle von Methoden

[11] Zu nennen sind die Beiträge von: Dubberke [74]; Egner [78]; Petermann [220]; Schulz-Borck [264]; Vershofen [302]; Raffée [226].

[12] Rieger, Wilhelm: Einführung in die Privatwirtschaftslehre [232, S. 46], vgl. auch Wöhe [317, S. 32 ff.] und Gutenberg [115, S. 3].

entwickelt, um die Abnehmerwünsche zu ermitteln[13]. Trotzdem nehmen die Fragen der Beschaffung von absatzpolitischen Informationen und der Analyse ihrer Bedeutung für den Betriebserfolg in den wichtigsten Lehrbüchern der Betriebswirtschaftslehre weiterhin einen völlig untergeordneten Rang ein. Dieser Haltung der angewandten Betriebswirtschaftslehre steht ein außerordentlich großes Interesse der Unternehmer an diesen Fragen gegenüber. Die Forderungen der Unternehmer an die Betriebswirtschaftslehre haben ihren Ausdruck in der neuen Konzeption des Marketing gefunden. Nach ihr soll das Denken des Unternehmers am Markt orientiert sein. Der Unternehmer soll Entscheidungen nur auf der Basis der Ergebnisse des Marketing Research fällen, er soll die gesamte Unternehmungsführung (Planung, Leitung und Organisation) vom Markt her konzipieren[14]. Im Gefolge dieser Problemlage in den Unternehmungen ist ein umfangreiches Schrifttum entstanden, aber fast alle Arbeiten nehmen sich nur kurzfristiger Tagesfragen an. Bisher fehlt, wie bereits erwähnt [S. 16 ff.], eine Betriebswirtschaftslehre des privaten Haushalts und eine tiefgreifende Bedürfnistheorie. Und es fehlt eine übergreifende allgemeine Betriebswirtschaftslehre, die alle Teilbemühungen um die Lösung der Probleme einer Unternehmung in einer „Gesellschaft im Überfluß“ integriert.

2. Der Wandel der Fragestellung der Wirtschaft an die Bedürfnisforschung

Die Hauptfrage der Wirtschaft an die Bedürfnisforschung lautete bis in dieses Jahrzehnt: wie groß ist die „Aufnahmefähigkeit des Marktes“ für ein bestimmtes Gut [317, S. 274; 114, S. 74 ff.]. Sie war Ausdruck der folgenden geringschätzigen Einstellung des Unternehmers zum Absatzproblem: „Die Verkaufsabteilung hat zu verkaufen, was wir erzeugen [72, S. 53].“ Auf diese Fragestellung sind fast alle bisherigen Bemühungen um eine Klärung des Bedürfnisproblems für die Wirtschaftswissenschaft ausgerichtet. Die Bedürfnistheorien verzichten weitgehend auf eine getrennte Untersuchung von Bedürfnisbasis, angeborenen und bedingten Bedürfnismechanismen[15]. Ihre Vertreter können sich nur formierte Bedürfnisse vorstellen. Die Beziehungen zwischen einem Bedürfnis und einem unbekannten Gegenstand bleiben ungeklärt [294, S. 737 ff.]. Weiter wird das Gewicht auf die Analyse der wirtschaftlichen

[13] Vgl. u. a. Behrens [16]; Noelle, Elisabeth [203]; Schäfer, Erich [243]; Schreiber [263].

[14] Vgl. für den deutschsprachigen Raum Hammel [118] und für den englischsprachigen Bereich Lazo, Hector & Corbin, Arnold [168].

[15] Als Ausnahme ist Cuhel zu nennen, der aber ebenfalls betont, daß sich das Interesse der Wirtschaft nicht auf die „objektiven und subjektiven Wohlfahrtszustände“, sondern auf das auf Güter bezogene „Verwendungs- und das Verfügungsbegehren“ richte [61, S. 58].

Bedürfnisse gelegt, „deren Befriedigung der Selbsttätigkeit des einzelnen nicht gelingt, sondern den Apparat der gesellschaftlichen Arbeit verlangt" [294, S. 761]. Dabei wird übersehen, daß durch die steigende Arbeitsteilung ständig nichtwirtschaftliche zu wirtschaftlichen Bedürfnissen werden.

An der Tradition der wirtschafts- und sozialwissenschaftlich ausgerichteten Bedürfnisforschung, sich vorwiegend mit formierten Bedürfnissen zu befassen, hat auch der Einfluß der modernen Psychologie, Sozialpsychologie und Tierverhaltenslehre wenig geändert [248]. Noch immer gilt das Interesse fast nur den unter dem Druck der gesellschaftlichen Verhältnisse vorübergehend starr gewordenen Bedürfnissen. Nur zögernd wird die Frage aufgegriffen, wie es in einer Gesellschaft mit Überproduktion und formierten Bedürfnissen für einen Unternehmer noch möglich ist, neue Märkte zu entwickeln. Die Antwort könnte etwa lauten: Indem wirtschaftliche Bedürfnisse aus ihren bisherigen Bedingungen gelöst oder nichtwirtschaftliche Bedürfnisse zu wirtschaftlichen gemacht werden.

Ferner besteht in der traditionellen Bedürfnisforschung ein außerordentlich großes Interesse an der Ermittlung der Veränderung der Bedürfnisspannung bei sukzessiver Verringerung der Abweichung von der Bedürfnisbedingung und des Einflusses dieser Veränderung auf das Kaufverhalten[16]. Die Ursache dafür dürfte in dem wirtschaftswissenschaftlichen Axiom von der ewigen Spannung zwischen den knappen Mitteln und den unbegrenzten Bedürfnissen zu suchen sein. Dieses Axiom läßt aber die Grenzen außer acht, die individuell gelernte positive und negative Vorurteile dem menschlichen Verhalten setzen. Diese Einflußgrößen können kurz- und mittelfristig das Spannungsverhältnis zwischen „Mitteln" und Bedürfnissen genau umkehren.

Wie bereits angedeutet, hat sich die Fragestellung der Unternehmer an die Bedürfnisforschung in den letzten zehn Jahren gewandelt. Dafür sind u. a. folgende Gründe ausschlaggebend:

1. Die Notwendigkeit, ständig neue Produkte zu entwickeln und abzusetzen, um so den Bestand der Unternehmung in einer Gesellschaft des Überflusses an bekannten Gütern zu sichern.
2. Die ständig zunehmende Werbekonkurrenz, die zur Frage führt, wie die Abnehmer angesprochen werden müssen, damit sie die Erzeugnisse der eigenen Unternehmung kaufen.
3. Als Folge der ersten beiden Gründe mit teilweise eigenständiger Wirkung, die besprochene neue Konzeption des Marketing [S. 9 f.].

Zusammengefaßt lauten die neuen Fragen an die Bedürfnisforschung:

[16] Diese Thematik ist Gegenstand der Gossen'schen Gesetze, der Grenznutzenanalyse und der Theorie der Wahlhandlungen. Vgl. dazu Gossen, Herrmann Heinrich: Entwicklung der Gesetze des menschlichen Verkehrs und der daraus fließenden Regeln für menschliches Handeln [110, S. 4 ff.; 315; 314, S. 148; 76; 35, S. 45 ff.; 61, S. 174 ff.; 215, Bd. I, S. 127 ff. – Bd. II, S. 18 ff. und 248, S. 18 ff.].

a) Welche Bedürfnisse gibt es überhaupt?
b) Welche angeborenen und welche bedingten Bedürfnismechanismen stützen den Verbraucher bei der Befriedigung seiner Bedürfnisse?
c) Welches sind die starren und welches die plastischen (bedingten) Determinanten des Verbraucherverhaltens?
d) Wie kann man die Verbraucher veranlassen, neue Wege der Bedürfnisbefriedigung zu gehen? Wie kann man also den Einfluß der Gewohnheiten (bedingten Mechanismen) einschränken bzw. völlig beseitigen?

Zur Beantwortung dieser Fragen beizutragen, ist das Ziel der vorliegenden Arbeit. Da sich die Untersuchungsabsichten überschneiden, war es dem Verfasser nicht möglich, sie kapitelmäßig voneinander getrennt zu behandeln. Vielmehr entwickeln sich die in ihnen enthaltenen Probleme nur bei der Behandlung des Gesamtthemas „Bedürfnis“. Ja, im Grunde genommen konnte nur der Weg zur Beantwortung dieser Fragen gewiesen werden.

Die neue Fragestellung der Unternehmer an die Bedürfnisforschung deckt sich interessanterweise weitgehend mit der der Soziologie, sobald man das Wort „Verbraucher“ durch das Wort „Mensch“ ersetzt [55, S. 7 ff.].

Ergänzend sei noch bemerkt, daß die psychoanalytisch ausgerichtete sogenannte Motivforschung es nicht vermocht hat, diese Lücken in den Forschungsergebnissen der sozialwissenschaftlich ausgerichteten Bedürfnisforschung zu füllen[17].

3. Die Stellung der Bedürfnisproblematik innerhalb der Wissenschaft vom menschlichen Verhalten

Wie die Forschungsergebnisse der psycho-somatischen Medizin [301, S. 80], der Psychoanalyse und der Familiensoziologie [48, S. 62 ff.] zeigen, tritt der Mensch stets als Einheit auf [23, S. 22]. Daher ist eine Wissenschaft vom menschlichen Verhalten, die die Bedürfnisfrage aus ihrem Forschungsprogramm ausklammert, nicht denkbar. Die Frage nach der „gratification“, dem „reinfor-

[17] Dies wegen der in der Psychoanalyse zu Recht üblichen Ausrichtung auf den Einzelfall. So kann man sich „beispielsweise schwer vorstellen, was ein Zigarettenfabrikant mit folgender Erklärung anfangen soll: „Der zeremonielle Charakter des Rauchens wird gewöhnlich als Fortdauer von oder Rückkehr zu infantilen Formen der Autoerotik (wie Daumenlutschen, Masturbation usw.) erklärt. Bei den von mir beobachteten Fällen kam Frau M. diesem Tatbestand am nächsten; sie rauchte stark auf wöchentlichen Zusammenkünften einiger Lesbierinnen, bei denen es zu zügellosen Kämpfen zwischen den anwesenden Frauen kam!“ Henry, Harry: Was ist Motivforschung [127, S. 258]. Vgl. dazu auch Packard, Vance: Die geheimen Verführer. Der Griff nach dem Unterbewußten in Jedermann [208]; Dichter, Ernest: Strategie im Reich der Wünsche [68]; Martineau, Pierre: Kaufmotive. Neue Weichenstellungen für Werbung und Kundenpflege [189]; Bongard, Willi: Die phantastische Welt des Ernest Dichter [31].

cement", den „psychischen Kräften" oder kurz den Bedürfnissen ist ein Pol jeder allgemeinen Theorie des menschlichen Verhaltens[18].

In der Fachliteratur wird nicht bestritten, daß es Ziele des menschlichen Verhaltens gibt und daß es wichtig ist, die Ziele im Rahmen einer Theorie des menschlichen Verhaltens zu berücksichtigen. Umstritten ist aber die Frage, ob „es eine Natur des Menschen" gibt, „die sich gegen ‚Inhalte' ewig oder kategorial sträubt" oder ob der Mensch nicht vielmehr ohne Rücksicht auf seine biologische Verhaltensbasis „‚gänzlich' umgeformt werden" kann [239, S. 124 ff.; 135, S. 182 ff.]. Alle Vertreter der modernen Mensch-Verhaltenslehre sind sich darin einig, daß der Mensch verformbar ist. Sie stimmen darin überein, daß der Mensch sich nicht dagegen sperren kann, Sinneseindrücke und Zusammenhänge zu lernen.

Im Lager der Mensch-Verhaltenslehre werden aber nach wie vor die folgenden beiden gegensätzlichen Positionen bezogen:

(a) Die Natur des Menschen setzt Grenzen, innerhalb derer der Mensch umgeformt werden kann. Es bestehen Regeln, nach denen die Formung erfolgt. Das menschliche Verhalten kann nur Formen annehmen, die sich mit der Natur des Menschen vertragen. Malinowski, ein Anhänger dieser Richtung, stellt fest: „Wir müssen unsere Theorie der Kultur auf der Tatsache aufbauen, daß jeder Mensch zu einer tierischen Gattung gehört. Unter der Natur des Menschen verstehen wir den biologischen Zwang, der jeder Kultur und jedem Individuum auferlegt ist [187, S. 109]."

(b) Die andere Richtung leugnet jede Bindung des menschlichen Verhaltens an eine irgendwie geartete Natur. So ist für Gehlen der Mensch „weltoffen" [103, S. 35], und „die menschlichen Antriebe sind entwicklungsfähig und formbar, sind imstande, den Handlungen nachzuwachsen, die damit selber zu Bedürfnissen werden" [103, S. 336]. Bei Gehlen finden sich keine Hinweise auf eine Beschränkung dieses Prozesses durch ein evolutionäres biologisches Erbe des Menschen [55, S. 27 ff.; 116, S. 18 ff.]. Diese Richtung klammert sich an das Beispiel des heiligen Mönchs, der für seine Überzeugung in den Benzinflammen stirbt. Sie übersieht dabei, daß auch dieses scheinbar „unnatürliche" Verhalten sehr wohl in der Natur des Menschen begründet sein kann[19].

Die Suche nach einer Antwort auf die Frage nach dem Einfluß, den die Faktoren „Anlage" und „Erfahrung" auf das menschliche Verhalten haben, verbindet alle Vertreter der Menschverhaltensforschung. Trennendes ergibt sich dadurch, daß jeder Bedürfnisforschung aus der Sicht seines Fachs (Soziologie, Nationalökonomie usw.) betreibt. Es werden vor allem jene Seiten der menschlichen Natur erforscht, die für die spezielle Forschungsrichtung des

[18] Vgl. Parsons & Shiles [212, S. 45 ff.]; Parsons [209, S. 51 ff.]; Rohracher [245, S. 356 ff.]; Homans [137, S. 21]. Claessens [55, S. 18]; vgl. auch Wolfgang Rudolph [239, S. 124 ff.; 240]; Hofstätter [135, S. 182 ff.].

[19] Vgl. Lorenz, Konrad: Das sogenannte Böse. Zur Naturgeschichte der Aggression [177, S. 359 ff.].

Wissenschaftlers bedeutsam sind. So wird z. B. von den Vertretern der Soziologie häufig gefordert, besonders den sozialen Aspekt der Bedürfnisfrage zu untersuchen [210, S. 155 ff.], während sich Wirtschaftswissenschaftler eigentlich nur für wirtschaftliche Bedürfnisse, „deren Befriedigung der Selbsttätigkeit des einzelnen nicht gelingt, sondern den Apparat der gesellschaftlichen Arbeit verlangt“ [294, S. 761], interessieren.

Das beschränkte Interesse an den Ergebnissen der gesamten Bedürfnisforschung verführt die einzelnen Bedürfnisforscher dann häufig dazu, die Teile der menschlichen Natur überzubetonen, die die letzte Ursache des Teils des gesamten menschlichen Verhaltens sind, den ihr spezielles Fach untersucht. So charakterisieren die Bedürfnisforscher aus dem Lager der Nationalökonomie den Menschen als „homo oeconomicus“, während etwa die Soziologen es vorziehen, den Menschen als „homo sociologicus“ zu beschreiben[20].

C. Methodologische Probleme

Diese Arbeit wurde geschrieben, um ein Bedürfnismodell zu entwickeln, das die Fragen der Wirtschaftswissenschaftler nach den psychologischen und verhaltensbiologischen Grundlagen des Marketing beantwortet. Das primäre Anliegen ist, die Ergebnisse der Bedürfnisforschung zu ordnen. Die Arbeit ist daher der angewandten Bedürfnisforschung zuzurechnen. Einer so verstandenen Bedürfnisforschung stellt sich als erstes das Problem der Menge der an der Klärung des Bedürfnisphänomens mitwirkenden Wissenschaften. Es müssen berücksichtigt werden:

a) Die „Physiologie“, die sich vor allem der Erforschung der Bedürfnisbasis widmet;
b) die „Psychologie“ als Kristallisationspunkt der Bedürfnisforschung;
c) die „Soziologie“, die vor allem nach „sozialen“ Bedürfnissen sucht, die das Zusammenleben der Menschen regeln[21];
d) die „Sozialpsychologie“;
e) die philosophische Anthropologie (Cultural Anthropology) und die Ethnologie mit ihrer Analyse der kulturell bedingten Formung der gelernten psychischen Strukturen;
f) die „Tierverhaltenslehre“ und die „Ethologie“ mit der Ausrichtung auf das Mensch-Tier-Übergangsfeld und dem Bemühen zu ermitteln, ob bei Tieren

[20] Vgl. u. a. Ralf Dahrendorf, Homo Sociologicus [62]; Klaus Schreiber [262, S. 17 ff.]; Scherhorn [248, S. 10] und Johannes Bidlingmaier [23, S. 25 ff.].

[21] Beispiele für solche Bedürfnisse sind das Dominanz-, das Auszeichnungs-, das Kooperations-, das Mitteilungs-, das Sexual-, das Aggressions-Bedürfnis und das affektive Energiebedürfnis. Vgl. dazu Claessens, Dieter [55, 48, 56].

entdeckte Bedürfnisse und Strukturen der Bedürfnismechanismen auch beim Menschen vorhanden sind;

g) die „Wirtschaftswissenschaften“, deren Forschungsanstrengungen sich auf die Beziehungen zwischen den Bedürfnissen, dem Bedarf und der Nachfrage konzentrieren.

Die Forschungsanstrengungen dieser Wissenschaften auf dem Gebiet der Bedürfnisforschung stehen weitgehend isoliert nebeneinander. Die Ursache dafür ist darin zu suchen, daß für jede dieser Wissenschaften ein anderer Aspekt des Erkenntnisobjekts Bedürfnis bedeutsam ist. Als Ausnahme ist Scherhorns Arbeit „Bedürfnis und Bedarf“ [248] zu nennen. Aber gerade der Versuch Scherhorns zeigt die Schwierigkeit einer Zusammenfassung der Ergebnisse der Bedürfnisforschung. Er übernimmt, ohne das ausdrücklich zu sagen, Gehlens anthropologisches Grundkonzept. So sind für Scherhorn „Hauptmerkmale des ... Bedürfnisbegriffs ... die Momente der Plastizität und der sozial- und objektorientierten Formierung und Stabilisierung“ [248, S. 9]. Scherhorn übersieht dadurch alle zum Zeitpunkt seiner Analyse bereits deutlich erkennbaren Anzeichen dafür, daß der Mensch „in einem nicht zu unterschätzenden Maße an sein evolutionäres biologisches Erbe gebunden“ ist [55, S. 7].

Ein weiteres Problem ist durch die Richtungsstreitigkeiten innerhalb der Psychologie, die im Mittelpunkt der Bedürfnisforschung steht, gegeben. Die Thesen des Neo-Behaviorismus, der Gestalt- und Ganzheitslehre, der Tiefenpsychologie, der Reflexologen, der verstehenden Psychologie und der Erlebnispsychologie widersprechen sich auf dem Gebiet der Bedürfnisforschung grundlegend. Lehren, die ein Bedürfnis und völlige Freiheit von Bindungen unterstellen, streiten sich mit Lehren, die mehr als hundert Bedürfnisse und eine starke Bindung des Verhaltens durch angeborene Bedürfnismechanismen annehmen [135, S. 187]. Wie u. a. das Beispiel der Lernpsychologie, die mit dem Bedürfnisbegriff, wie es hier verstanden wird, eng verbunden ist, zeigt, ist eine unkritische Übernahme der Forschungsergebnisse der Psychologie leider nicht möglich [235, S. 7].

Ein drittes Problem ist terminologischer Natur. Den Bereich der psychischen Kräfte, der hier mit dem Wort Bedürfnis abgedeckt wird, bezeichnen Vertreter der beteiligten Wissenschaften unter anderem auch mit Antrieb, Bedarf, Begehren, Drang, Instinkt, Motiv, Reflex, Trieb, Verhaltensdetermination und Wunsch. Diese Ausdrücke bezeichnen fast bei jedem Forscher etwas anderes. So nennt Hofstätter „den Komplex der primären Bedürfnisse und der mit ihnen gekoppelten Tätigkeiten“ [136, S. 51] „Instinkt“, während Claessens mit „Instinkt“ etwas Dienendes, Helfendes bezeichnet [55, S. 16 f.]. Teilweise benennen die Autoren dieselben Erkenntnisobjekte abwechselnd mit verschiedenen Worten, offensichtlich mit der Absicht, der Sprache Farbe und Leben zu geben.

Die Frage des empirischen Beweises ist das letzte methodologische Problem, das hier erwähnt wird. Bedürfnisforschung ist bis heute zum überwiegenden

Teil eine theoretische Wissenschaft. Soweit sie empirisch ausgerichtet ist, stützt sie sich fast nur auf Experimente mit gefangengehaltenen und auf Beobachtungen frei lebender Tiere. Der Wert der wenigen Untersuchungen an Menschen, die mehr als unsystematische Zufallsbeobachtungen sind, ist für die Bedürfnisforschung meist nur gering, weil oft andere Untersuchungsfragen im Mittelpunkt stehen[22]. In den Untersuchungsprotokollen sind daher häufig gerade die für die Bedürfnisforschung wichtigen Fakten nicht verzeichnet.

Das folgende Bedürfnismodell wurde so weit wie möglich aufgrund von Einsichten in die Physiologie des Menschen konstruiert. Der Verfasser glaubt, daß nur so Möglichkeiten und Grenzen einer Formung des Menschen aufgezeigt werden können. Dabei wurde – das sei noch vorweg gesagt – von der Vorstellung eines maximal mit Mechanismen ausgestatteten menschlichen Bedürfnisses ausgegangen. Bei der Übertragung auf einzelne Bedürfnisse des Menschen ist dann stets zu fragen, welche der möglichen Mechanismen bei diesem Bedürfnis fehlen bzw. wo statt möglicher angeborener mögliche bedingte Mechanismen bestehen. Neben einem maximal ausgestatteten Bedürfnis wird in dem Modell die zentrale Koordinierung der Verhaltensansprüche der verschiedenen Bedürfnisse berücksichtigt.

[22] So z. B. Untersuchungen über psychogene Krankheiten im Säuglingsalter von Bowlby [33]; Anna Freud [93]; Ribble [231] und Spitz [275; 276; 277] über die Claessens [48, S. 69 ff.] ausführlich berichtet; über die Wirkung freier Auswahl auf die Nahrungswahl bei Kleinkindern [135, S. 184]; über die Wirkung einer reizarmen Umgebung [123, S. 436 ff.]; über Auslöser bedingter Furcht bei Kleinkindern [123, S. 443]; über die Traumaktivität [71] und über das Vergessen von Worten, die mit unangenehmen unbedingten Signalen assoziiert sind [233].

II. Ein Regelkreismodell der Bedürfnisse

A. Der technische Regelkreis

Der Ausdruck „Regelkreis“ benennt hier mit Rohracher: Ein geschlossenes System, in welchem die Regelgröße auf einen Meßfühler wirkt, dessen Änderung ein Stellwerk in solcher Weise steuert, daß durch Senkung oder Steigerung der Stellgröße der Sollwert wieder erreicht wird [234]. Zur Veranschaulichung sind technische Regelkreise besonders geeignet, da bei ihnen Aufbau und Funktionsweise fast völlig bekannt sind. Das Prinzip technischer Regelung wird am Beispiel der Aufgabe, die Temperatur eines Raumes konstant zu halten, dargestellt[1].

Kann es durch nicht beherrschbare Einflüsse zu Abweichungen über und unter den Sollwert kommen, so muß ein System zur Regelung der Raumtemperatur sowohl Kühl- als auch Erwärmungseinrichtungen besitzen. Die grundlegende Lösung der Aufgabe wird durch ein negatives Rückkopplungssystem, den „geschlossenen Regelkreis“ erreicht. Die Kennzeichnung negativ besagt, daß das System die Arbeit der Ausgleichsmechanismen (Klimaanlage) so beeinflußt, daß die Abweichung der Regelgröße (Raumtemperatur) von der Führungsgröße (Solltemperatur) verringert wird. Rückkopplung (feed back) bedeutet, daß die Regelgröße über den Meßfühler (Thermometer) und das Signal an das Stellwerk der Klimaanlage und durch deren Reaktion auf das Signal auf sich selbst rückwirkt. Durch die Rückkopplung ist das System geschlossen. Es erledigt die Programmaufgabe ohne Hilfe von außen.

Für die Konstruktion eines Regelkreises müssen dem Konstrukteur folgende Daten vorgegeben werden:

(1) Die Regelgröße: Es muß angegeben werden, welche Variable wo (Regelstrecke) geregelt werden soll (z. B. die Raumtemperatur).

(2) Das Programm: Was soll mit der Regelgröße geschehen? Z. B. die Raumtemperatur soll 20° C nicht unter- und 22° C nicht überschreiten. Der Sollwert (Führungsgröße) ist dann definiert durch den Bereich 20° C – 22° C. Der zulässige Schwankungsbereich ist 21° C ± 1° C. Er entspricht dem maximal zulässigen Unempfindlichkeitsbereich der Regeleinrichtungen.

(3) Die Störgrößen: Mit welchen Störgrößen ist zu rechnen? Z. B. mit Schwankungen der Außentemperatur und mit dem programmwidrigen Verhalten der Menschen im Raum. Der Konstrukteur des Regelkreises wird versuchen, den Einfluß der Störgrößen auf das System möglichst klein zu halten.

[1] Vgl. zu den folgenden Ausführungen: [213, S. 73 ff.; 224, S. 121 ff.; 234, S. 3 ff.; 280, S. 6 f.; 281, S. 134 ff.; 258, S. 62 ff.; 301, S. 245 ff. und 303, S. 17 f.].

Er wird die Regelstrecke (hier den Raum) durch Doppelfenster und isolierte Wände gegen die Einwirkungen der Außentemperatur abschirmen und z. B. durch einen Vorraum mit sich automatisch öffnenden und schließenden Türen gegen das Verhalten der Menschen stabilisieren.

(4) Die Maximalabweichungen: Mit welchen Maximalabweichungen ist ohne Regelung zu rechnen?

Ein Regelkreis zur Konstanthaltung der Temperatur eines Raumes müßte ungefähr aus folgenden Regelmechanismen bestehen:

(1) Ein Meßfühler: Ein ständig wirksamer Meßfühler (Thermometer) zur Ermittlung der Regelgröße (Isttemperatur).

(2) Eine Vergleichseinrichtung, die die Differenz und die Richtung der Abweichung der Regelgröße von der Führungsgröße (Solltemperatur) bestimmt.

(3) Eine Korrektureinrichtung (Klimaanlage), die in der Lage ist, die abweichenden Einflüsse zu kompensieren.

(4) Ein Stellwerk, das das Kontrollergebnis in programm-entsprechende Befehle an die Korrektureinrichtung übersetzt. Der Meßfühler (Bimetall) kann so beschaffen sein, daß er das Meßergebnis als Korrekturbefehl weitergibt. Jetzt kann das Stellwerk auf einen Schalter reduziert werden, der durch einen Impuls des Meßfühlers bewegt wird.

(5) Eine Schaltbrücke (Nachrichten-, Befehlskanal) zwischen Meßfühler, Vergleichseinrichtung und Stellwerk.

(6) Ein System, das Energie für die Kontroll- und Schaltvorgänge liefert.

Folgende Erweiterungen des Regelkreises sind denkbar:

(7) Wenn die Korrektureinrichtung eine Anlaufzeit braucht, so kann das bereits bei der Konstruktion des Regelkreises dadurch berücksichtigt werden, daß der Unempfindlichkeitsbereich der Regeleinrichtung kleiner gehalten wird als der Schwankungsbereich des Sollwertes. Es ist auch möglich, die Störgröße (Außentemperatur) direkt zu messen, von dem Meßergebnis auf die zu erwartende Änderung der Regelgröße zu schließen und die Korrekturanlage entsprechend einzusetzen.

(8) Der Regelkreis kann in zwei Teile mit eigenem Programm gegliedert werden. Etwa in den Regelkreis, der die Raumtemperatur unmittelbar kontrolliert und korrigiert und in den Bereich der Vorratshaltung von Brennstoff oder Elektrizität. Beim Brennstoffvorrat kann das Programm lauten: Maximalvorrat 10 000 Einheiten, Mindestvorrat 1500 Einheiten. An den beiden Extrempunkten kann dann eine Signalanlage den Menschen zum Eingreifen auffordern. Der zweite Regelbereich ist damit als offenes System zu bezeichnen.

Folgende Aufgaben müssen die Elemente eines Regelkreises dauernd bewältigen:

(1) Messen der Regelgröße.

(2) Vergleichen der Regelgröße mit ihrem Sollwert.

(3) Beeinflussung der Arbeit der Korrektureinrichtung durch die Meßergebnisse.

(4) Die Lösung der Aufgaben (1), (2) und (3) bewirkt, daß die Regelgröße dauernd über die Elemente des Regelkreises auf sich selbst zurückwirkt mit der Tendenz, sich der Führungsgröße (Sollwert) anzunähern (anzugleichen).

In großen Zügen beschrieben funktioniert das System dann wie folgt: Der Meßfühler (Thermometer) ermittelt die Differenz zwischen Ist- und Solltemperatur. Durch einen Nachrichtenkanal wird das Meßergebnis dem Stellwerk der Klimaanlage übermittelt. Dort veranlaßt die Nachricht von einer Abweichung der Raumtemperatur über den Sollwert die Kühleinrichtung, die Raumtemperatur zu verringern, die Nachricht von einer Abweichung nach unten die Erwärmungseinrichtung, die Temperatur wieder anzuheben. Bei der Nachricht, daß der Sollwert erreicht ist, wird die Klimaanlage abgeschaltet.

Zusammenfassend kann der technische Regelkreis in allgemeiner Form wie folgt definiert werden: Eine selbsttätige Konstanthaltungsregelung (negative Rückkopplung) liegt vor, wenn eine von einem physikalischen System abhängige Größe mit Hilfe eines Meßgerätes dadurch konstant gehalten wird, daß jede Abweichung des Meßwertes vom Sollwert eine entsprechende Änderung der Aktivität der Ausgleichseinrichtung (Klimaanlage) bewirkt [234, S. 5].

Für die Besprechung eines Regelkreismodells der Bedürfnisse ist neben dem Halteregeler (negative Rückkopplung) noch der Programmregler von Bedeutung [301, S. 254]. Eine Programmregelung ist gegeben, wenn im vorstehenden Beispiel beim Erreichen der Mindest-Brennstoffreserve automatisch die Untergrenze der Führungsgröße (Sollraumtemperatur) auf 17° C herabgesetzt wird.

B. Die Entdeckung des Regelkreischarakters der Bedürfnisse

Die Geschichte der Entdeckung des Regelkreischarakters der Bedürfnisse beginnt mit Claude Bernard. Er formulierte schon 1859 die für die vorliegende Arbeit grundlegende These von der *Notwendigkeit* der „Konstanterhaltung des inneren Milieus" [136, S. 48]. Diese These fand spätestens 1908 durch Lujo Brentano Eingang in die wirtschafts- und sozialwissenschaftlichen Vorstellungen vom Bedürfnisphänomen. Brentano stellt sich die Menschen abhängig von dem Vorhandensein optimaler Lebensbedingungen vor. Er schreibt: „Damit sie aber überhaupt existieren können, ist nötig, daß diese Bedingungen in einem Mindestmaß gegeben sind und ein Maximalmaß nicht überschreiten. Unterhalb wie oberhalb dieser Grenze ist der Tod [35, S. 41 f.]." Brentano hält aber noch an der alten Zweiteilung in „körperliche" und „psychische" Bedürfnisse fest. Die „körperlichen" Bedürfnisse unterliegen bei ihm der Konstantbedingung,[2] während das für ihn bei den „psychischen" Bedürfnissen nicht der Fall ist. Er sagt aber auch nicht, welchen Bedingungen diese Bedürfnisse

[2] Brentano erwähnt den Eiweiß-, den Fett- und den Kohlehydratehaushalt [35, S. 13].

gehorchen müssen. Erst die Entdeckung des Phänomens der endogenen Reizerzeugung durch Craig (1910), v. Holst (1936, 1938) und Lorenz (1954) machte es möglich, auch für „psychische" Bedürfnisse Bedürfnisinhalte anzugeben, für die die Konstantbedingung gilt [180, Bd. II, S. 208 ff.]. Lorenz selbst war dann der erste, der in seiner Arbeit „Das sogenannte Böse" schrieb, daß bei den Menschen sowohl für die Bedürfnisse des organischen Bedarfs (Blutzucker, Körpertemperatur) als auch für die Bedürfnisse des psychischen Energiebereichs (Aggression, Flucht/Angstenergie) das Konstantprinzip gilt[3].

Ebenfalls schon 1859 formuliert C. Bernard: „Alle Lebensvorgänge, wie verschieden sie auch immer sein mögen, haben nur ein einziges Ziel, das ist, die Bedingungen des Lebens im inneren Milieu konstant zu halten [136, S. 48]." Diese These legt es nahe, die Bedürfnisse als Systeme von *Regelmechanismen* (Regelkreise) aufzufassen. Cuhel weist – ohne Berücksichtigung von Bernards Konstanthypothese – darauf hin, daß schon in v. Herrmanns Definition des Begriffs Bedürfnis die Vorstellung enthalten ist, daß das Gefühl des Mangels und das Streben, diesen zu beseitigen, Ausdruck eines tatsächlichen physiologischen Mangels seien [61, S. 78 f.]. Dieser Gedanke findet sich 1907 auch in Cuhels eigener Arbeit wieder. Er spricht von einem System von subjektivem Wohlfahrts-, Verwendungs- und Verfügungsbegehren, das in einem dienenden Verhältnis zu den jeweiligen objektiven Wohlfahrtszuständen steht [61, S. 32]. „Als erster hat der Physiologe Richard Wagner das Prinzip der selbsttätigen Regelung auf biologische Vorgänge übertragen [234, S. 6]." Die Entdeckung physiologischer Regelkreise ist aber vor allem mit dem Namen Walter B. Cannon verbunden[4]. Cannon hat dem Konstantprinzip des inneren Milieus des Menschen mit dem Ausdruck Homöostase (homeostasis) den heute üblichen Namen gegeben [45, S. 24]. Bei ihm findet sich eine Fülle von Beispielen für angeborene physiologische und psychische Bedürfnismechanismen, die zu einem Regelkreis mit dem Ziel der Erhaltung der Homöostase verschmolzen sind. Cannon beschreibt die internen homöostatischen Einrichtungen, mit denen der menschliche Organismus Verletzungen der Homöostase zu verhindern bzw. zu beseitigen sucht. Aber auch psychische Erscheinungen, wie Durst, Hunger und das Gefühl, satt zu sein, werden als in die Regelkreise der betreffenden Bedürfnisse eingefügt aufgefaßt [45, S. 61 ff.].

Der Nachweis, daß auch *Lernleistungen* ihren Platz in den organischen Regelkreisen (Bedürfnissen) haben, gelang ab 1901 Pawlow mit der Entdeckung der Gesetze der „Bedingung" (englisch: Conditioning) [284, S. 28 ff.; 216, S. 9 ff.]. Rohracher weist darauf hin, daß häufig übersehen wird, daß „die Komponente ‚Futter' das unerläßliche Vermittlungsglied zwischen Glocke und Speichelfluß bildet" [235, S. 259 f.]. Erst durch das Futter werden die kogniti-

[3] Vgl. Konrad Lorenz [177, S. 129 und S. 335 ff.]; Hebb [123, S. 438 ff.] und Alexander [4, S. 474].

[4] Cannon, Walter B.: The Wisdom of the Body [45] und ders.: Bodily Changes in Pain, Hunger, Fear and Rage [46].

ven Strukturen des ZNS, die von dem bedingten Reiz erregt werden, mit angeborenen Bedürfnismechanismen „fest" zu den organischen Regelkreisen „Nahrungsbedürfnisse" verbunden.

Unter dem Einfluß der Kybernetik, die angemessene nachrichtentechnische Modelle entwickelt hat, ist es heute eine weitverbreitete Übung, derartige Modelle zur Veranschaulichung des Bedürfnisphänomens heranzuziehen[5].

Aus der Nachrichtentechnik abgeleitete Bedürfnismodelle, die angeborene (starre) und bedingte (plastische) Bedürfnismechanismen berücksichtigen, wenden auf den Menschen unter anderem Claessens [55, S. 158 f.], Rohracher [234], Tolman [297, S. 279 ff.] und N. Wiener [309, S. 55 ff.] an.

C. Übertragung des Modells eines Regelkreises auf die menschlichen Bedürfnisse

1. Zur Problematik der Anwendung kybernetischer Modelle in der Bedürfnisforschung

Die Methode, Forschungsergebnisse in der Terminologie der Kybernetik darzustellen, hat heute neben der Technik auch Anhänger in der Physiologie, der Psychologie, der Soziologie und den Wirtschaftswissenschaften gefunden[6]. In diesen Wissenschaften hat sich die Kybernetik zweifach bewährt. Einmal haben sich kybernetische Modelle – vor allem das Regelkreismodell – als hervorragende Mittel zur Analyse und Veranschaulichung der Forschungsgegenstände dieser Wissenschaften erwiesen. Zum anderen hat diese Methode die Technik zur Konstruktion von automatischen Regelkreisen angeregt, die vom Menschen gestellte Aufgaben lösen, ohne daß er steuernd eingreifen muß. Es ist der Technik in vielfacher Weise gelungen, theoretische Regelkreismodelle mit konkretem Inhalt zu füllen.

Wenn eine theoretische und eine Anwendungswissenschaft (hier die Technik) dieselbe Sprache sprechen, so ist damit für die theoretische Wissenschaft die Gefahr verbunden, daß Außenstehende die empirische Fundierung der Theorie überschätzen. Im Fall der kybernetischen Fachsprache ist diese Gefahr besonders groß, weil die großen Erfolge der Technik in der Anwendung kybernetischer Modelle dazu geführt haben, daß diese Sprache, die eigentlich ein der Mathematik verwandtes, abstraktes Instrument ist, häufig nur noch als Sprache der Technik angesehen wird. Das ist aber kein ausreichender Grund dafür, in

[5] Vgl. u. a. Claessens [55, S. 158 ff.]; Rohracher [234]; Poletajew [224, S. 135 ff.]; Steinbuch [281, S. 1 ff.]; Tinbergen [295, S. 118 f.]; Schmidtker [252, S. 705 ff.] v. Uexküll [301, S. 243 ff.] und Young, J. Z. [321].

[6] Eine Aufzählung der Namen der Forscher findet sich bei Steinbuch [281, S. 150].

der Bedürfnisforschung auf die kybernetische Terminologie ganz zu verzichten, wie es Rohracher vorschlägt [236, S. 84 f.; 234, S. 6]. Es ist nur erforderlich, deutliche Trennstriche zwischen Theorie und empirischen Forschungsergebnissen zu ziehen. Das wird z. B. von allen Forschern versäumt, die angesichts der analogen Leistungen der Rechenmaschine und des Gehirns behaupteten, beide Mechanismen seien gleich oder doch sehr ähnlich aufgebaut[7].

Der empirischen Bedürfnisforschung ist es bisher zwar nur bei wenigen psychischen Bedürfnisinhalten (psychische Energien) gelungen, Zusammenhänge aufzuzeigen, die die Annahme gestatten, daß hier Regelsysteme nach der Art eines Regelkreises bestehen. So sprechen Untersuchungen von Rohracher dafür, daß ein innerpsychischer Regelkreis das Selbstwertgefühl und die psychische Grundspannung konstant hält [234, S. 16 ff.]. Andererseits haben R. Wagner und W. Cannon die Aufmerksamkeit der Bedürfnisforschung auf eine Fülle von Regelelementen gelenkt, die den Blutdruck und die Zusammensetzung des Blutes konstant halten [303, S. 125 ff.; 45, S. 27 ff.]. In jüngster Zeit sind hochkomplizierte Mechanismen entdeckt worden, die die menschliche Körpertemperatur konstant zu halten suchen.[8] Es liegen auch schon Beweise für das Auftreten von Programmregelung vor. So hat sich gezeigt, daß das Blutkreislaufprogramm dem Körpertemperaturprogramm untergeordnet ist. Wenn die Gefahr einer Körpertemperaturabweichung droht, so wird unter bestimmten Umständen das Kreislaufprogramm geändert [18]. Das Körpertemperaturprogramm wieder rangiert bei vielen Krankheiten vorübergehend unter dem Bekämpfungsprogramm[9]. Insgesamt gesehen berechtigen die Ergebnisse der empirischen Arbeit, die auf die Existenz organischer Regelkreise hinweisen, die Bedürfnisforschung, ihre theoretischen Erkenntnisse ebenfalls nach kybernetischen Gesichtspunkten zu ordnen.

Angesichts der geringen Höhe des tatsächlichen Wissens über das Bedürfnisphänomen erscheint es nicht gerechtfertigt, dem Regelkreismodell der Bedürfnisforschung hochverwickelte Strukturen zu geben. Überdies lassen einfache Strukturen die Zusammenhänge schneller erkennen. Und genau das soll ja in den folgenden Kapiteln auch nur erreicht werden.

[7] „Die Rechenmaschine und das Gehirn" lautet der Titel einer Schrift, in der John v. Neumann kurz vor seinem Tod auf die wesentlichen Unterschiede hingewiesen hat, die im Aufbau und in der Funktionsweise zwischen beiden Gebilden wahrscheinlich bestehen [201]. Dagegen wird der hier geforderte Trennstrich in der Schrift „Neurokybernetik" nicht deutlich genug gezogen [34]. Vgl. hierzu auch Schaefer [244]; Norbert Wiener [312, S. 178 ff.; 311, S. 223] und [91].

[8] Vgl. Berkefeld [18]; Rohracher [234, S. 8 ff.] und Max Schneider (Rein-Schneider): Physiologie des Menschen [257, S. 228 ff.].

[9] „Unter der Einwirkung von Bakterientoxinen kommt es auf noch unbekannte Weise zu einer Verstellung des (Temperatur-)Reglers, wobei seine Funktionstüchtigkeit erhalten bleibt. Abkühlung und Erwärmung lösen dieselben Regulationsvorgänge aus wie bei Normaltemperatur. Durch die Stoffwechselbeschleunigung bei erhöhter Temperatur wird zwar sekundär die Wärmebildung erhöht, aber es handelt sich nicht um ein Versagen der Wärmeabgabe. Es liegt also keineswegs eine Lähmung der Regulation vor, aber diese erfolgt auf einem höheren Niveau" [257, S. 239].

2. Die Elemente eines Bedürfnisses

Bei einem Bedürfnismodell müssen konstitutive und mögliche Elemente unterschieden werden. Die konstitutiven Elemente können durch die Frage bestimmt werden: Was wird warum geregelt? Mit „möglichen" Elementen sind die Regelmechanismen der Bedürfnisse gemeint. Sie werden in der vorliegenden Arbeit „mögliche" genannt, weil die Ausstattung der Bedürfnisse mit Regelmechanismen unterschiedlich ist. Einige Bedürfnisse scheinen z. B. überhaupt keine möglichen Bedürfnismechanismen zu haben.

Die möglichen Bedürfnismechanismen können untergliedert werden in mögliche angeborene und mögliche bedingte Bedürfnismechanismen. Die möglichen angeborenen Mechanismen sind teilweise Mechanismen mit reinen Innenfunktionen (interne homöostatische Einrichtungen) [136, S. 49] und teilweise Mechanismen mit Außenfunktionen, die wirksam werden, wenn die automatische Innenregelung zu versagen oder überfordert zu werden droht. Wird ein bestimmtes Bedürfnis betrachtet, so hat jeder Mensch bei diesem Bedürfnis die gleichen möglichen angeborenen Mechanismen. Die Ausrüstung der Bedürfnisse mit bedingten Mechanismen kann dagegen bei verschiedenen Menschen völlig anders sein. Dabei darf aber nicht übersehen werden, daß homogene Umweltseinflüsse auch bei verschiedenen Menschen gleiche bedingte Bedürfnismechanismen entstehen lassen können.

a) Die konstitutiven Elemente eines Bedürfnisses: die Bedürfnisbasis

Die Bedürfnisbasis wird von den folgenden drei Elementen gebildet:

(1) dem Bedürfnisinhalt,

(2) den Bedürfnisbedingungen und

(3) dem Störbereich.

Zu (1): Mit Bedürfnisinhalt werden in der vorliegenden Arbeit physikalisch-chemische Variablen des inneren Milieus des lebenden menschlichen Organismus bezeichnet, die für ihn existentielle Bedeutung haben. Beispiele für Bedürfnisinhalte sind: die Körpertemperatur, der Blutdruck, der Blutzucker, das Blut-CO_2, Explorationsenergie (spontan) und aggressionsspezifische Energie (exogen) [S. 46 f.]. Der Bedürfnisinhalt entspricht der Regelgröße in der Regeltechnik. Im Gegensatz zu den technischen Regelgrößen, die der Mensch setzt, haben organische Bedürfnisinhalte ihre Bedeutung im Laufe der Evolution erlangt. Der Mensch kann Bedürfnisinhalte nicht bedeutungslos machen. Desgleichen liegt unabänderlich fest, was für den Menschen, wie ihn die Evolution heute präsentiert, bedeutungsvolle physikalisch-chemische Variablen sein können. Es kann deshalb schon hier gesagt werden, daß es auf der Analyseebene der Bedürfnisinhalte keine neuen Bedürfnisse geben kann.

Zu (2): Die Bedürfnisbedingungen sind die Anforderungen, die der Organismus an die Zustände der Bedürfnisinhalte stellt. Beim Bedürfnisinhalt „Körpertemperatur“ heißt die Bedingung für den Normalfall: die Körpertemperatur soll zwischen 36,3° C und 37,3° C betragen; eine zweite Bedingung lautet: auch im Notfall darf die Körpertemperatur selbst kurzfristig nicht 43° C übersteigen [45, S. 177 ff.]. Beim Bedürfnisinhalt „Blutzucker“ lautet die Bedingung für den Normalfall: der Traubenzucker-(Glukose-)Gehalt des Blutes soll „100 Milligramm in 100 Kubikzentimeter Blut“ betragen [45, S. 98]. Die Bedürfnisbedingungen werden durch das Erbgut des Menschen bestimmt. Eine willkürliche Manipulation der Istwerte der Bedürfnisinhalte durch den Menschen ist ohne Existenzgefährdung und -vernichtung nicht möglich. Die Evolution konnte den Menschen vom Zwang, in einer äußeren Umwelt zu leben, in der die „Normal“-Bedürfnisbedingungen erfüllt sind, nur durch ein inneres Milieu befreien, in dem die nicht ubiquitären Umweltfaktoren geregelt werden.

Bei den Bedürfnisinhalten, die im inneren Milieu geregelt werden, wurde dem Organismus ein Bedürfnisprogramm vorgegeben, in dem die Bedingungen für die Gestaltung des Bedürfnisinhalts vorgeschrieben sind. Die Istwerte der Bedürfnisinhalte sind im Normalfall für einen Menschen so invariabel, daß sie von einigen Forschern als Naturkonstante bezeichnet werden [234, S. 7]. Dabei darf aber nicht außer acht gelassen werden, daß auch feststeht, wie sich die Istwerte der Bedürfnisinhalte in Ausnahmesituationen verändern dürfen.

Eine erste eingehende Beschreibung vieler Bedürfnisprogramme der durch das innere Milieu geregelten Bedürfnisinhalte verdankt die Bedürfnisforschung Walter B. Cannon. Er erkannte, daß eine Bedürfnisbedingung im allgemeinen keine Punktbedingung, sondern „a condition which may vary, but which is relatively constant“ ist [45, S. 24]. Weiter erkannte Cannon, daß die Bedürfnisprogramme auch Bedingungen enthalten, die die Art der Beziehungen zu anderen Bedürfnissen festlegen. Für die Bedürfnisbedingungen, die der Istwert des Bedürfnisinhaltes im Normalfall einhalten muß, prägte Cannon den Ausdruck „Homöostase“ (homeostasis).[10]

In Deutschland wird oft „die Gesamtheit aller Regelvorgänge, welche bewirken, daß gewisse Zustände des Organismus in den für das Weiterleben zulässigen Grenzen bleiben“ als Homöostase bezeichnet [281, S. 144 f.; 136, S. 48]. Im Gegensatz dazu wird das Wort Homöostase in der vorliegenden

[10] Bei Cannon [45, S. 24] heißt es: „The constant conditions which are maintained in the body might be termed equilibra. That word, however, has come to have fairly exact meaning as applied to relatively simple physico-chemical states, in closed systems, where known forces are balanced. The coordinated physiological processes which maintain most of the steady states in the organism are so complex and so peculiar to living beings – involving, as they may, the brain and nerves, the heart, lungs, kidneys and spleen, all working cooperatively – that I have suggested a special designation for these states, homeostasis. The word does not imply something set and immobile, a stagnation. It means a condition – a condition which may vary, but which is relatively constant.“

Arbeit aber mit dem im englischsprachigen Bereich üblichen [322, S. 109 f.], von Cannon geprägten Begriffsinhalt verwendet.

Die Bedürfnisbedingungen können bisher nur durch Beobachtungen der krankhaften Veränderungen des menschlichen Organismus bei verschiedenen Werten der Bedürfnisinhalte empirisch bestimmt werden. Bei dem Bedingungswert für den Normalfall dürfen sich keine krankhaften Veränderungen zeigen.

Zu (3): Der Störbereich ist der Teil der menschlichen Innen- oder Außenwelt, der auf den Bedürfnisinhalt so einwirkt, daß er dazu tendiert, von der Bedürfnisbedingung abzuweichen. Z. B. sind beim Bedürfnisinhalt Körpertemperatur unter anderem die wechselnde Temperatur der Außenwelt, das Schwanken der Verbrennungswärme, die durch die Organarbeit erzeugt wird, und die Notwendigkeit, Krankheiten durch erhöhte Körpertemperatur wirksam zu bekämpfen, Störgrößen. Beim Bedürfnisinhalt Blutzucker wirkt „das Recht" der wärmeerzeugenden und das der Organarbeit leistenden Elemente, Blutzucker zu verbrauchen, als Störgröße, die den Organismus zwingt, sich ständig um Zuckerzufuhr von außen zu bemühen. Bei der psychischen Energie für die Verarbeitung von Sinneseindrücken wirkt vor allem das Schwanken der Menge und Art der Sinneseindrücke, die in der Wachzeit verarbeitet werden müssen, als Störgröße.

Zusammenfassung:

Die „Bedürfnisbasis" wird vom Bedürfnisinhalt, von den Bedürfnisbedingungen und vom Störbereich gebildet. Jede Bedürfnisbasis kann als Aufgabe für den Organismus aufgefaßt werden. Beim Körpertemperaturbedürfnis lautet diese Aufgabe beispielsweise: Der Organismus muß die Körpertemperatur (Bedürfnisinhalt) trotz zahlreicher Störgrößen im Normalfall zwischen 36,3° C und 37,3° C (Homöostase) festhalten. Diese Aufgabe ist dem Organismus des Menschen immanent. Sie wird nicht von außen gesetzt. Die Bedürfnisbasen sind die Daten, die einem Konstrukteur des Menschen vorzugeben wären.

b) Die möglichen Elemente der Bedürfnisse: die Bedürfnismechanismen

Für die Beantwortung der Frage nach den starren und den plastischen Determinanten des menschlichen Verhaltens ist die Gliederung der Bedürfnismechanismen in angeborene und bedingte am wichtigsten. Bei den angeborenen Bedürfnismechanismen ist es für diese Frage weiterhin wichtig, danach zu gliedern, ob sie Innen- oder Außenfunktionen für das Bedürfnis wahrnehmen. „Innenfunktionen wahrnehmen" bedeutet, den Bedürfnisinhalt ohne Beeinflussung des Verhaltens regeln. Dagegen *treiben* Bedürfnismechanismen mit Außenfunktionen den Verhaltensapparat teilweise oder ganz in den Dienst des Bedürfnisses.

(1) Die möglichen angeborenen Bedürfnismechanismen mit Innenfunktionen

Hierher sind alle „internen homöostatischen Einrichtungen“ [136, S. 49] zu rechnen, die die Einhaltung der Bedürfnisbedingungen im inneren Milieu ohne Rückgriff auf den Verhaltensapparat gewährleisten. Die internen homöostatischen Mechanismen eines Bedürfnisses bilden einen Regelkreis, der aus innerer Kraft automatisch für die Einhaltung der Bedürfnisbedingungen sorgt. Die Konstruktion und die Funktionsweise interner homöostatischer und technischer Regelkreise ähneln einander sehr. Der Bedürfnisinhalt (Regelgröße) wird durch einen Meßfühler ermittelt und wirkt über eine Vergleichseinrichtung, eine Korrektureinrichtung und deren Stellwerk so auf sich zurück, daß Abweichungen vom Bedürfnisprogramm ausgeglichen werden[11]. Zu den möglichen angeborenen Regelkreiselementen mit Innenfunktionen sollen auch alle Zufuhr-, Verarbeitungs- und Abfuhrmechanismen für Stoffwechselprodukte gerechnet werden.

Wird als Maßstab für die Leistungsfähigkeit der internen homöostatischen Einrichtungen eines Bedürfnisses die Länge der Zeitspanne gewählt, die der Mensch ohne Kontakt mit der Außenwelt (Reizung durch die Außenwelt, Stoffwechsel) überleben kann, so ist z. B. die Leistungsfähigkeit der internen homöostatischen Mechanismen des Blutsauerstoffbedürfnisses sehr gering, während die der internen homöostatischen Mechanismen für Zufuhr- und Abfuhrwasser (vor allem Speicher im Körpergewebe, in der Blase und im Darm) wesentlich größer ist.

(2) Die möglichen angeborenen Bedürfnismechanismen mit Außenfunktionen

Die Frage, welche Faktoren in der Stammesentwicklung des Menschen dafür bestimmend waren, ob und in welchem Verhältnis der menschliche Organismus für die Lösung einer bestimmten Bedürfnisaufgabe heute mögliche angeborene Mechanismen mit Innenfunktionen, mögliche angeborene Mechanismen mit Außenfunktionen oder die Fähigkeit, bedingte Mechanismen zu lernen, besitzt, wird hier nicht untersucht. Der Mensch entwickelte sich auf jeden Fall so, daß er die Homöostase vieler Bedürfnisinhalte langfristig nicht ohne Außenkontakt erhalten kann. Zugleich bedeuten für den Menschen aber alle Abweichungen der Umweltverhältnisse von dem sehr engen optimalen Rahmen eine entscheidende Existenzgefährdung. So vermag z. B. der ausschließlich von seinen internen homöostatischen Mechanismen unterstützte Mensch nur in einem eng begrenzten Außentemperaturbereich seine Körpertemperatur konstant zu halten. Ein komplizierter angeborener Mechanismus warnt den Menschen beim Erreichen des zulässigen Außentemperaturbereichs. Unbedingte

[11] Vgl. Cannon [45, S. 27 ff.]; Poletajew [224, S. 135 ff.]; Schouten [260, S. 49 f.]; Steinbuch [281, S. 142 ff.]; Wagner [303, S. 17 ff.]; v. Uexküll, Thure [301, S. 243 ff.].

und bedingte Mechanismen verhelfen ihm dann zu einer relativ sicheren Problemlösung.

Die angeborenen Bedürfnismechanismen mit Außenfunktionen und die bedingten Bedürfnismechanismen sorgen dafür, daß der Organismus sich seiner Außenwelt gegenüber gemäß der Bedürfnisaufgabe verhält. Die angeborenen Mechanismen mit Außenfunktionen nehmen dabei im Menschen zugleich eine Mittlerstellung ein. Sie bilden die Koppelungsstellen, durch die die bedingten Mechanismen auf den Anspruch des Bedürfnisses auf Erhaltung der Homöostase geeicht werden.

Bei einer Gliederung danach, wie weit sich die Aktivität der angeborenen Bedürfnismechanismen mit Außenfunktionen am Anspruch (an den Anforderungen) des Bedürfnisses orientieren, ergeben sich folgende Untergruppen:

(aa) angeborene Mechanismen ohne individuelle Verbindung zum Bedürfnisinhalt (Reflexe mit Außenfunktionen),

(bb) angeborene Mechanismen mit individueller Verbindung zum Bedürfnisinhalt (Instinkte, Instinktelemente, Instinktsysteme).

Zu (aa): Typisch für einen Reflex ist es, daß ein unbedingter Reiz unabhängig vom Zustand des Bedürfnisinhalts die Reflexreaktion auslöst. Im Gegensatz zur Instinkthandlung wird der Reflexablauf nicht angestrebt [180, Bd. I, S. 337]. „Es gehört zu den konstituierenden und seinen Namen bestimmenden Merkmalen des Reflexes, daß er, sozusagen wie eine ungebrauchte Maschine, unbegrenzt lange unbemerkbar bereitliegen kann, um beim Eintreten der auslösenden Reizsituation die zentralwärts geleitete Erregung in arterhaltend sinnvoller motorischer oder sekretorischer Antwort wieder in die Außenwelt hinauszuprojizieren [180, Bd. II, S. 209].“ Hier wird die Auffassung vertreten: Reflexe sind organische Regelkreise, die nur entwicklungsgeschichtlich mit einem Bedürfnis verknüpft sind. Jeder Reflex hat ein eigenes Regelprogramm, das vorschreibt, wie groß der Einfluß der Regelgröße auf das System sein darf. Von wenigen Ausnahmen (z. B. dem Pupillenreflex) abgesehen, heißt die Reflexbedingung immer, die Regelgröße (= Reiz) soll gleich Null sein.

Hier wird die Abgrenzung zwischen Mittelreflexen und Aktivierungsmechanismen erforderlich.

Als Mittel werden alle Reflexe bezeichnet, deren Vorhandensein sich nur aus einer fremden Bedürfnisbasis verstehen läßt.[12] Die Mittelreflexe sind in den Regelmechanismus des betreffenden Bedürfnisses eingefügt, ohne daß eine Rückkopplung zwischen dem Bedürfnisinhalt und dem Reflex besteht. Sie bilden die hier zunächst nur interessierenden angeborenen Bedürfnismechanismen ohne Verbindung zum Bedürfnisinhalt.

Bei den Aktivierungsmechanismen verursachen unbedingte exogene Reize zunächst nur die Energieversorgung von Leistungszentren im ZNS. Diese Leistungszentren sind die Regelstrecke der Typ-III-Bedürfnisse [S. 78 ff.]. Nach

[12] Z. B. die Speichelsekretion, der Schluckreflex usw. oder das Kältezittern.

Ansicht des Verfassers wird z. B. die Entstehung von Aggression (aggressionsspezifischer Energie) von einem Aktivierungsmechanismus kontrolliert. Exogene Reize bilden – so wird dann angenommen – die unerläßliche Voraussetzung für die Entstehung von aggressionsspezifischer Energie im Menschen, aber diese Energie bleibt auch nach Beendigung der Einwirkung exogener Reize im Organismus eine Zeitlang erhalten.[13]

Zu (bb): Instinktmechanismen sollen in Anlehnung an Lorenz alle angeborenen Bedürfnismechanismen mit Außenfunktionen genannt werden, bei denen eine angeborene, regelnde Verbindung zum Bedürfnisinhalt besteht.[14] Das Wirken der Instinktmechanismen ist abhängig vom jeweiligen Istwert des Bedürfnisinhalts. Auf exogene Reize wird immer so reagiert, daß Abweichungen des Bedürfnisinhalts vom Bedürfnisprogramm aufgehoben bzw. verhindert werden. Neben der Rückkopplung mit dem Bedürfnisinhalt besteht bei den Instinktmechanismen eine zweite Rückkopplung, durch die alle Bedürfnisse in einem „zentralen Koordinierungsprozeß" aufeinander zurückwirken. Die Instinktmechanismen können nur über ein „zentrales Koordinierungssystem", in dem die Interessenlage des Gesamtorganismus entscheidet, Verhalten durchsetzen.

Diese Vorstellung von einer doppelten Rückkopplung hat durch Gossen mit dem Sättigungs- und dem Grenznutzengesetz schon früh in die sozialökonomische Theorie Eingang gefunden [110, S. 4 f.; 215, S. 143 ff.]. In der Fassung, die das Sättigungsgesetz bei Friedrich von Wieser gefunden hat, sind die Merkmale der Rückkopplung besonders deutlich zu erkennen. Wieser schreibt: „Bei jedem teilbaren Bedürfnis wird innerhalb jedes Bedürfnisabschnittes der mit der ersten Verwendungseinheit vorzunehmende Befriedigungsakt mit höchster Intensität begehrt, jede Verwendung weiterer Einheiten derselben Art wird mit abnehmender Intensität begehrt, bis der Sättigungspunkt erreicht ist, darüber hinaus schlägt das Bedürfnis in Widerwillen um [314, S. 148]."

Hier wird bei der Besprechung der einzelnen Instinktmechanismen von Tinbergen und Claessens ausgegangen. Tinbergen definiert einen kompletten Instinkt „als einen hierarchisch organisierten nervösen Mechanismus, der auf bestimmte vorwarnende, auslösende und richtende Impulse, sowohl innere wie äußere, anspricht und sie mit wohlkoordinierten, lebens- und arterhaltenden Bewegungen beantwortet" [295, S. 104]. Die moderne Instinktforschung stellt

[13] Vgl. hierzu die Kontroverse zwischen K. Lorenz und D. Claessens zum Thema: Mensch und Aggression. Lorenz vertritt die These, daß die Aggression beim Menschen eine „endogen-automatische Grundlage" hat, die ohne äußere Einwirkung zur „Kumulation aktionsspezifischer Energie" und, falls der „normale Anlaß" für aggressives Verhalten fehlt, zwangsläufig zu „ihrem Hervorbrechen in einer völlig inadäquaten Reizsituation führt" [180, Bd. II, S. 165 und S. 188]; vgl. auch ders.: Das sogenannte Böse [177, S. 335 ff.]. Für D. Claessens ist der Mensch nicht „angeboren aggressiv", „aber vermutlich das am leichtesten aggressiv zu stimmende Lebewesen [55, S. 58]; vgl. auch [S. 60 ff. und S. 71 ff.].

[14] Vgl. Lorenz [180, Bd. I, S. 276]. Diesen Unterschied zwischen Reflex und Instinkt hat Pawlow nicht richtig gesehen, als er beide Phänomene gleichsetzte. Vgl. Pawlow [218, S. 6 ff.].

als wesentliche Qualität der Instinktmechanismen heraus, daß sie die individuelle innere Interessenlage der Bedürfnisse sowie die Bedeutung bestimmter Außenreize für die Bedürfnisse erfassen können und daß sie dem Individuum die Auswahl der der inneren und äußeren Lage angemessenen Reaktionen abnehmen. Diese Qualitäten macht besonders Claessens deutlich, der den Instinkt bezeichnet als ein „vererbtes assoziatives Gedächtnis ..., das ... zusammen mit den Auslösern erworben wurde, so daß nur die Zulassung je eines Assoziations-Kettengliedes ... geschieht; und das so lange, bis ... der innere Bedürfnisdruck vegetativer Natur befriedigt ist.[15]"

Sowohl Tinbergen als auch Claessens sprechen vom Instinkt als einem nervösen Mechanismus, der als unteilbare Ganzheit die dargelegten Leistungen erbringt. Claessens macht in seiner Schrift „Instinkt, Psyche, Geltung" aber zugleich darauf aufmerksam, daß die philosophische Anthropologie unter der Führung von A. Gehlen schon seit langem betont, daß der Mensch nervöse Mechanismen besitzt, die vieles mit einem Instinkt gemeinsam haben, deren Leistungen sich aber auch deutlich von denen kompletter Instinkte unterscheiden. Gehlen hat für diese Mechanismen das Wort Instinktresiduen eingeführt. Als Beispiele für Instinktresiduen erwähnt Claessens besonders die Gruppe der nervösen Mechanismen, die den Menschen als Antwort auf bestimmte Außenreize veranlassen, allgemein aktiv zu werden[16]. Weitere Beispiele für Instinktresiduen sind die nervösen Mechanismen, die den Menschen beim Erlebnis bestimmter Innenreize (z. B. einem H_2O-Gehalt des Blutes, der unter der Homöostase liegt) allgemein aktiv werden lassen. Zu diesen „Instinktresiduen" fehlen dem Menschen offenbar Schaltmechanismen, die als Antwort auf die Erregung der „Instinktresiduen" bestimmte, bewährte Instinktbewegungen schalten. Daher ist der Mensch zu einer individuellen Auswahl aus seinem Reaktionsrepertoire gezwungen.

Diese Überlegungen lassen es richtig erscheinen, statt von „dem Instinktmechanismus" von einer Reihe von Instinktmechanismen zu sprechen, die einem bestimmten Bedürfnis mehr oder weniger vollständig zur Verfügung stehen. Aus den vorstehenden Definitionen des Instinktbegriffs können folgende *Teil*-Instinktmechanismen abgeleitet werden:

(aa) Die instinktiven Kontrollmechanismen;
(bb) die instinktiven Einwirkungsprognosemechanismen;
(cc) die Schaltmechanismen für Instinktbewegungen und
(dd) die die Bedürfnisbefriedigung einschränkenden Mechanismen:
   1. Auslösemechanismen und
   2. Hemmungsmechanismen.

[15] Claessens [55, S. 101]; vgl. auch Legewie, Hermann: Organismus und Umwelt [169], zitiert ebenda.

[16] Vgl. Die Besprechung von Arnold Gehlens Gedankengang bei Claessens [55, insb. S. 116 ff.].

Der Umfang der Bedürfnismechanismen und damit auch der Instinktmechanismen, die sich zu den konstitutiven Elementen eines Bedürfnisses gesellen, ist sehr unterschiedlich groß. Bei der Besprechung der einzelnen Instinktmechanismen wird auch darauf einzugehen sein, ob sie isoliert von den anderen Mechanismen vorkommen und wie ihre Wirkungen sich im anderen Fall ergänzen. Besonders die Schaltmechanismen für Instinkthandlungen (Ausnahme: Gehen) und die Auslöse- und Hemmungsmechanismen können praktisch nie ohne die anderen Instinktmechanismen des Bedürfnisses gedacht werden.

Zu (aa): Die instinktiven Kontrollmechanismen werden von Bedürfnisabweichungen erregt, die von den internen homöostatischen Mechanismen der Bedürfnisse nicht mehr ausreguliert werden können. Der Mensch erlebt die Aktivität der Kontrollmechanismen eines Bedürfnisses als Unlust und als Drang, aktiv zu werden. Sind spezielle Schaltmechanismen für Instinktbewegungen vorhanden, so wird der Drang erlebt, diese Bewegungen hervorzubringen. Die Verringerung der Aktivität der Kontrollmechanismen wird als lustvoll erlebt [S. 97 f.].

Zu (bb): Die instinktiven Einwirkungsprognosemechanismen erkennen die Bedeutung eines Außenreizes, bevor der Reiz auf die Regelstrecke einwirkt. Wird die Gefahr einer Bedürfnisabweichung erkannt, so erlebt der Mensch den Drang, von dem Reiz wegzukommen. Wird die Chance erkannt, eine Bedürfnisabweichung beseitigen zu können, so erlebt der Mensch einen Drang hin zu dem Reiz. Die Einwirkungsprognosemechanismen können einen bestimmten Außenreiz (z. B. süß) erkennen und ihn je nach dem Bedürfnisstand als Lock- (Hin-zu-Drang) oder Warnsignal (Von-weg-Drang) bewerten. Subjektiv wird die Reizung durch Locksignale als Lust, die durch Warnsignale als Unlust erlebt [136, S. 83; S. 100 ff.].

Anschließend sollen auch einige Aspekte von Aufbau und Funktionsweise der restlichen Instinktmechanismen besprochen werden, die über den Mittelaspekt hinausreichen.

Zu (cc): Die Schaltmechanismen für Instinktbewegungen: Ihre Aufgabe ist es, den Verhaltensapparat des Körpers so zu steuern, daß die Bedürfnisbefriedigung erreicht wird. Unter Verhaltensapparat sollen alle die Organe des Menschen verstanden werden, die der Umwelt die Bedürfnisbefriedigung abzwingen. Typisch für den Menschen ist das Zusammenspiel eines vielfältig einsetzbaren Verhaltensapparates (Muskel, Drüsen) und spezieller, starrer Schaltzentralen der Bedürfnisse. Bleibt man auf der Ebene der Instinkte, so wird dadurch eine beträchtliche Reduzierung des Umfangs des notwendigen Verhaltensapparates erreicht.

Gemäß dem noch zu besprechenden formalen Instinktprinzip der kleinen Schritte[17] wird der instinktive Schaltprozeß, der die Befriedigung eines Bedürf-

[17] Zum formalen Instinktprinzip der kleinen Schritte vergleiche Claessens [55, S. 128 ff.; S. 92 ff].

nisses bewirken soll, meist von mehreren Schaltzentren geleistet, die jeweils Teilschritte zur Lösung hin aktivieren. Z. B. löst beim Sexualbedürfnis des Mannes ein Zentrum erster Ordnung nur das Appetenzverhalten nach der Trägerin der starren (Körperformen, Stimme, Hautbeschaffenheit, Körpertemperatur, Geruchsreize) und dynamischen (Sprödigkeitsverhalten [177, S. 146]) weiblichen Reize aus. Diese Reize veranlassen ein Zentrum zweiter Ordnung, speziellere Formen des Appetenzverhaltens wie Blickverfolgung, effektive Verfolgung und engeres Explorationsverhalten freizugeben. Ein Zentrum dritter Ordnung löst die Suche nach den erogenen Partnerzonen und das letzte Zentrum, das zusätzlich das Erlebnis weiterer speziellerer Reize braucht, gibt dann das eigentliche Sexualverhalten (Endhandlung – consumatory action) frei.[18]

Jedes Zentrum dieser Zentrenhierarchie besteht aus einem Energie-(Potenz-) Speicher, einem Schaltprogramm sowie afferenten und efferenten Verbindungen. Die Schaltzentren können nach dem starren Programm teilweise hochkomplizierte Verhaltensimpulse an den Verhaltensapparat senden.

Die Schaltzentren haben teilweise eine eigene spontan-automatische Basis für die Energieversorgung. Die Einflüsse von Hormonen, inneren Reizen und anderen inneren stimmenden Faktoren wirken in diesen Fällen als spezifische endogene Reizerzeugung, die eine spontan-automatische Energieversorgung erzwingt. Sie allein führt langsam zur Auf- und schließlich zur Überladung des Zentrums mit reaktionsspezifischer Energie[19]. Lorenz erläutert das Problem der Spontaneität an den Ergebnissen einer Untersuchung von René Spitz über das Leerlauf-Saugen bei Säuglingen. René Spitz „beobachtete, daß Säuglinge, denen Milch in einer allzu leichtgehenden Saugflasche geboten wurde, nach völliger Sättigung und Ablehnung der Flasche noch einen überschüssigen Restbestand an Saugbewegung zurückbehielten, den sie an Ersatzobjekten abreagieren mußten“ [177, S. 132]. Die Untersuchungsergebnisse von René Spitz bestätigen die hier zur Natur der Instinktmechanismen vorgetragenen Thesen. Der Säugling zeigt Saugappetenz, wenn das Nahrungsbedürfnis den Verhaltensimpuls der Instinkthandlung Saugen nicht häufig genug abruft. Die Rückkopplung mit dem Bedürfnisinhalt „Nährstoff“ bewirkt zwar, daß es nur dann zum „Leerlauf“-Saugen kommt, wenn dem keine Übersättigung durch zusätzliche Nahrungsaufnahme folgt. Die Saugappetenz zeigt aber, daß der Organismus Regelmechanismen besitzt, die die Schädigung der Schaltzentren mit spontan-automatischer Energieversorgung durch Unter- oder Überbeanspruchung verhindern[20]. Das Problem der Spontaneität ist identisch mit dem der

[18] Zu diesem Beispiel vgl. Claessens [55, S. 113 ff.]. Zur Frage der Zentrenhierarchie vgl. Tinbergen [295, S. 118 ff.].

[19] Vgl. dazu Tinbergen [295, S. 117]; Lorenz [180, Bd. II, S. 132 ff., S. 208 ff.]; Eibl-Eibesfeldt [77, S. 171]; Thorpe [293, S. 34 ff.].

[20] So können manche Nerven bereits verkümmern, wenn sie nur für wenige Stunden ungereizt bleiben. Um dies zu verhindern, so wird vermutet, betreibt das Traumzentrum während des Schlafes etwa alle Stunde mit dem Gehirn ca. 20 Minuten Nerven-Beschäftigungstherapie. Vgl. [71].

spontan-automatischen Energieversorgung von Leistungszentren des ZNS. Das wird vom Verfasser dadurch berücksichtigt, daß diese Leistungszentren als Regelstrecken einer besonderen Bedürfnisart (Typ-II) angesehen werden.

Zu (dd): Die die Bedürfnisbefriedigung einschränkenden Mechanismen: Bei vielen Schaltmechanismen werden die efferenten Verbindungen durch Auslöse- und/oder Hemmungsmechanismen kontrolliert. Die Auslösemechanismen blockieren die efferente Verbindung, bis der Mensch den auslösenden Reiz erlebt, während die Hemmungsmechanismen diese Verbindung blockieren, wenn der Mensch den hemmenden Reiz erlebt [180, Bd. I, S. 363; 295, S. 120].

Über Aufbau und Funktionsweise der Auslöse- und Hemmungsmechanismen wird im vierten Kapitel ausführlich berichtet [S. 108 ff.]. Hier soll nur schon versucht werden, die Stellung dieser Mechanismen im Bedürfnis deutlich zu machen. Mit Ausnahme des zentralen Koordinierungsprozesses, der dafür sorgt, daß der Mensch als Ganzheit handelt, dienen alle bisher besprochenen Mechanismen dem Ziel, einen Bedürfnisinhalt in den Grenzen der Homöostase zu halten. Das Wirken der Auslösemechanismen z. B. verträgt sich dagegen nur teilweise mit den Interessen der Bedürfnisse eines bestimmten Menschen. Auslösemechanismen haben im Organismus für die Lösung folgender Aufgaben Verwendung gefunden:

(1) Sie sorgen für eine ökonomische Verwendung menschlicher Energie, indem sie dem Menschen nur dort zu reagieren gestatten, wo sich das laut Statistik der Stammesgeschichte lohnt.

(2) Sie bewirken, daß der Mensch für regelmäßig anfallende Aufgaben, die ihn als Gesamtorganismus betreffen, ausreichend Energie staut.

(3) Daneben haben Auslösemechanismen die Aufgabe, die einzelnen Menschen fest zu Gruppen zu verbinden.

Das Bedürfnisphänomen ist nicht zu verstehen, wenn man den Menschen nur als Einzelwesen betrachtet. Der einzelne Mensch ist nicht mehr als eine Zelle eines größeren Lebewesens, der Gruppe, auch wenn ihm aus strategischen Gründen in vielen Punkten gestattet wurde, als Einzelwesen zu operieren. Eine Aufgabe der angeborenen auslösenden Mechanismen ist es nun, den Zusammenhang zwischen den einzelnen Zellen der Menschheit herzustellen und dafür zu sorgen, daß alle Einzelindividuen zusammen eine Einheit bilden. Wenn die Menschen z. B. durch angeborene auslösende Mechanismen dazu gebracht werden, sexuelle Energie nur für die Fortpflanzung zu verwenden, so steht der das bewirkende Auslösemechanismus im Dienste der Integration der Menschheit. Die Auslöse- und Hemmungsmechanismen der artspezifischen Aggression, des Prestigestrebens, des Imponierens, des Pflegeverhaltens, des Familieninstinktes, der beispringenden Verteidigung, der Kooperation, der Kommunikation (Mitteilungsdrang) sind weitere Beispiele aus dem Bereich der starren Strukturen des Organisationsgefüges der menschlichen Gruppe. Aus der Sicht des einzelnen Bedürfnisses beschränken die Auslösemechanismen aber nur die Möglichkeit, die Bedürfnisse zu befriedigen. Im allgemeinen empfindet der

Mensch diese Einengung nicht. Er beklagt sich z. B. nur, daß geeignete Geschlechtspartner so knapp sind, und zeigt damit, daß er biologisch gesehen voll integriert ist.

Die auslösenden und die hemmenden Mechanismen der Schaltmechanismen der Bedürfnisse sind dadurch, daß sie zum Stau der Instinktenergie führen, eine der Ursachen der Befriedigungsproblematik vieler Bedürfnisse.

(3) Die möglichen bedingten Bedürfnismechanismen

Das Sauerstoff-(Bedürfnisinhalt-)Bedürfnis ist eines der wenigen Bedürfnisse, bei denen es dem Menschen grundsätzlich gelingt, die Bedürfnisbefriedigung von der Geburt an während des ganzen Lebens nur durch die angeborene Mechanismenausstattung gestützt, zu erreichen. Die Befriedigung der meisten seiner Bedürfnisse erreicht der Mensch aber nur mit Hilfe von individuell erworbenem (bedingtem) Wissen (Wissen des Individuums). Bei der Mehrzahl dieser Bedürfnisse wird die Aufgabe der täglichen Bedürfnisbefriedigung – entgegen der weitverbreiteten Ansicht –[21] aber nicht allein vom bedingten Wissen gelöst, sondern es muß ein verwickeltes Zusammenwirken zwischen angeborenen Mechanismen mit Außenfunktionen und bedingtem Wissen erreicht werden. Das ZNS des Menschen ist angeboren so beschaffen, daß es dem Menschen ermöglicht, individuelles Wissen zu erwerben und sich von diesem Wissen im Bedarfsfall leiten zu lassen. Das bedingte Wissen der Bedürfnisse kann sehr unterschiedlich umfangreich sein, es läßt sich prinzipiell aber auf die folgenden zwei Arten zurückführen:

(aa) Bedingte Signalmechanismen und
(bb) Bedingtes Wissen der Folgen von Verhalten.

Zu (aa): Bedingte Signalmechanismen[22].

Wenn nach einem Sinnesreiz ein zweiter intero- oder exterozeptiver Sinnesreiz empfunden wird, so entsteht im Menschen ein Mechanismus, der so wirkt, daß der Mensch allein unter dem Einfluß des ersten Sinnesreizes auch die Vor-

[21] Vgl. hierzu die Besprechung der Gedanken von: Scheler, Max: Die Stellung des Menschen im Kosmos [246]; Plessner, Helmuth: Die Stufen des Organischen und der Mensch [223]; Gehlen: Der Mensch [103]; ders.: Urmensch und Spätkultur [104], in Claessens [55, S. 20 ff.] und Scherhorn, Bedürfnis und Bedarf [248, S. 66 ff.].

[22] In der Literatur findet man hierfür auch die Ausdrücke bedingter Reiz – Pawlow [218] spricht von der Signalfunktion bedingter Reize – und erfahrungsabhängiger Auslöser – nach K. Lorenz bei Hofstätter [136, S. 56]. Der Ausdruck bedingter Reiz sollte nicht in die Menschverhaltensforschung übernommen werden, da die „neutralen" Sinnesreize auch schon vorher vielfältige Reizwirkungen beim Menschen verursachen. Der Reiz wird von den Sinnesorganen empfunden und veranlaßt den Menschen, falls es sich um einen neuartigen Reiz handelt, zum instinktiven Erforschen. Erweist er sich dabei für ein bestimmtes Bedürfnis als bedeutungslos, so verschwinden die Alpha-Reaktionen genannten Wirkungen meist nach wenigen Darbietungen des Reizes. Vgl. dazu auch Klaus Foppa: Lernen, Gedächtnis, Verhalten [90, S. 18]. Desgleichen haben die bedingten Signale beim Menschen nur eine sehr begrenzte Auslösewirkung.

stellung (Erregung) des zweiten Reizes erlebt.[23] Ist der zweite Sinnesreiz ein unbedingter Reiz, so kommt es zu einer unbedingten Reaktion [236, S. 107 f.]. Die Verbindung zwischen einem neutralen Reiz und einem Bedürfnis ist dann hergestellt, wenn einer der folgenden äußeren oder inneren Sinnesreize einen angeborenen Bedürfnismechanismus aktiviert. Diese Verbindung wird hier bedingter Signalmechanismus genannt. Ein bedingter Signalmechanismus entsteht z. B. nach dem Anblick und dem Verzehr eines Bonbons schon beim Erlebnis des Süßgeschmacks, der angeboren als für das Blutzuckerbedürfnis bedeutsam verstanden wird. Weitere Verbindungsmöglichkeiten ergeben sich über die Sinnesorgane des Magens und die instinktiven Kontrollmechanismen, die die Veränderungen des Zuckergehalts des Blutes ermitteln.

Die Funktionsweise der bedingten Signalmechanismen sei am Beispiel der Saugbewegung des Säuglings verdeutlicht. Die Instinkthandlung Saugen wird beim Baby angeboren (unbedingt) durch die Berührung der Wange oder der Lippen ausgelöst. Nach einiger Zeit reagiert das „trainierte" Baby aber bereits auf den optischen Reiz der Nahrungsquelle (Brust, Flasche) mit der Saugbewegung. Der Anblick oder die schriftliche Beschreibung einer saftigen, tropfenden Zitronenscheibe sind bedingte Signale des Speichelsekretionsreflexes, die dem Erwachsenen ein ähnliches Erlebnis vermitteln [90, S. 15].

Bedeutsam für das Verstehen des Phänomens der bedingten Signale ist nicht allein, daß nach dem Training bereits der Anblick der Nahrungsquelle beim Säugling die Saugbewegung auslöst, sondern daß diese visuellen Reize der Flasche (Brust) wie ein unbedingter taktiler Reiz wirken [235, S. 279 ff.].

Es gibt aber noch eine zweite Art bedingter Signalmechanismen, die in umgekehrter Richtung wirkt. Die Erregung des Blutzucker-Kontrollmechanismus durch eine Abweichung vom Bedürfnisprogramm aktiviert ihrerseits die Vorstellung des bedingten Signalreizes *(CS)*, die dann als Leitbild des Verhaltens wirkt. Als Beispiel mag der Durstige dienen, dem seine „Phantasie" eine Quelle vorgaukelt.

Bedingte Signalmechanismen wirken demnach in zwei Richtungen: Einmal gestatten sie es dem Menschen, die individuelle Bedeutung einer Reizquelle schon „per Distanz" vor dem unbedingt bedeutungsvollen Erlebnis zu erfassen. Zum anderen bedeutet das von den Bedürfnisinhalten nach außen zielende Wirken der zweiten Art bedingter Signalmechanismen die „Bildbesetzung", die „Formierung" der Bedürfnisse, was „zugleich deren Einengung und Vereinseitung auf spezifische Erfüllungsobjekte" ist. „Beim kleinen Kind ist Hunger ein ungedeuteter, bildloser, als Unlust ... einhergehender ... Gesamtzustand [104, S. 73; 248, S. 66]." Die Wahrnehmung des Anblicks der Mutter führt zur ersten Bildbesetzung. Die meisten Bedürfnisse werden nicht nur mit einem, sondern mit vielen Bildern besetzt [55, S. 54].

[23] Diese Aussage ist der Inhalt des „allgemeinen Assoziationsgesetzes" [236, S. 100].

Zu (bb): Wissen der Folgen von Verhalten.

Der menschliche Organismus vermag, aus einer Vielzahl von spontan auftretenden Verhaltensweisen diejenigen zu erkennen, die Einfluß auf ein bestimmtes Bedürfnis haben. Wenn sich die Reizkonstellation der Lernphase wiederholt, kann der Mensch Verhaltensweisen mit positiven Folgen ohne weitere Versuche sofort produzieren und Verhaltensweisen mit negativen Folgen am spontanen Hervorbrechen hindern. Der Organismus zeigt durch sein Verhalten, daß ihm bekannt ist, welche Folgen eine Verhaltensweise in einer Situation haben wird. Bei diesen Schaltvorgängen sind damit zu unterscheiden:

- Mechanismen zum Hervorbringen von Verhaltensweisen,
- Mechanismen zum Verhindern (Hemmen) von Reaktionen.

Gehlen behauptet: „Beim kleinen Kind ist Hunger ein ungedeuteter, bildloser, als Unlust und Unruhe mit planloser Ausdrucksmotorik einhergehender Zustand, ein Gesamtzustand [104, S. 73]." Dem kann man nicht voll zustimmen, denn in diesem Bild kommt nicht zum Ausdruck, daß das Neugeborene von einem Zielplan gestützt wird. Der Säugling „weiß" angeboren, daß das Ziel seines Verhaltens die Wiederherstellung der Homöostase, z. B. des Blutzuckers, ist. Denn nachdem sein Hunger gestillt ist, hört er auf, unruhig zu sein. Weiter weiß er: daß Süßschmeckendes, Schluckbares gut ist und mit Speichelsekretion und Schluckreaktionen beantwortet werden muß, daß Berührungen der Mundzone gut sind und daß ihnen bei Hunger Kopfbewegungen zum Suchen der Brustwarze und die Saugbewegung zu folgen haben. Er weiß aber auch, daß die Instinkthandlung Schreien bei Hunger zur Bedürfnisbefriedigung führt. Dieser angeborene Plan reicht beim Kleinkind zur Wiederherstellung der Homöostase aus.[24] Von Planlosigkeit des Verhaltens kann nur insoweit gesprochen werden, als dieser Teilplan des Menschen in einem späteren Stadium nicht ausreicht, um zur Bedürfnisbefriedigung zu kommen. Der Plan ist falsch, sobald in der Umwelt keine Nahrungsquelle ist, die durch Schreien herbeigeholt werden kann. Für diesen Fall muß der angeborene „Zielplan" erweitert und der angeborene „Mittelplan" teilweise revidiert werden. Das Verhalten muß in der neuen Umwelt verankert, es muß an ihr orientiert werden. Wie besprochen ist die Bildbesetzung der Bedürfnisse ein Teil dieses Mechanismus der Umweltorientierung [S. 40 f.]. Kennt der Säugling nur die Bedeutung der Reize, die die Flasche ausübt, so muß sein Verhalten im Gehlenschen Sinne planlos bleiben, bis er diese Reize empfindet. Erst sie richten die Motorik des Kindes. Es lernt, die Flasche zu greifen und zu halten. Die Reize der Flasche aktivieren bei einem trainierten Säugling jedesmal die Bewegungsfolge Flasche-greifen und Flasche-halten. Später lernt das Kind z. B. alle Signale und alle dazu passenden Bewegungsfolgen, die vom Kinderzimmer

[24] Zur Ausstattung der „Nahrungsbedürfnisse" des Säuglings mit angeborenen Mitteln vgl. u. a. Claessens [55, S. 111 f.] und Spitz, René A.: Vom Säugling zum Kleinkind [277, S. 61 ff., S. 79 ff.].

durch die Wohnung über Küchenstuhl und Tisch bis zum Behälter mit Bonbons führen.

3. Die Unfertigkeit der Bedürfnisse zum Zeitpunkt der Geburt

Von Unfertigkeit eines Bedürfnisses soll immer dann gesprochen werden, wenn die Bedürfnisbasis oder die Ausstattung mit Bedürfnismechanismen, wie man sie beim Erwachsenen findet, bei Neugeborenen noch fehlt. Unfertigkeit der Bedürfnisse ist typisch für den menschlichen Säugling. Auch wenn man annimmt, bei Bedürfnissen handle „es sich um ‚Fließgleichgewichte' (steady states), d. h. um kontinuierliche Formen, deren Elemente ständig wechseln (Beispiel: die Flamme)" [136, S. 94], kann man nicht nur von einer qualitativen Unfertigkeit sprechen. Entscheidend ist die quantitative Unfertigkeit zum Zeitpunkt der Geburt. Die Mechanismen des Neugeborenen reichen nach Claessens nur dazu aus, im „Nest" der „Kernfamilie" die Bedürfnisbefriedigung zu erlangen, während der Erwachsene ohne diese fremde Hilfe auskommen kann [48, S. 68].

Mit der Erkenntnis der Unfertigkeit der Bedürfnisse des Säuglings taucht die Frage nach den Faktoren auf, die die Entwicklung der Bedürfnisse bis zu der beim Erwachsenen erreichten Höhe bewirken. Die Antwort lautet: Es können entweder angeborene Elemente (Bedürfnisbasen und Mechanismen) aufgrund angeborener Dispositionen heranreifen, oder der Mensch kann individuell bedingte Mechanismen erwerben [53, S. 70 ff.]. Da der Mensch während seines ganzen Lebens lernt, ist seine Mechanismenausstattung grundsätzlich auch immer „unfertig". Wie das Klimakterium zeigt, darf auch die biologische „Reifung" auf der Basis angeborener Dispositionen bis in ein relativ hohes Alter hinein nicht vernachlässigt werden.

Beispiele für biologische Reifungen der Bedürfnisse sind:

1. Das Sexualbedürfnis (Bedürfnisinhalt).

2. Das Explorationsbedürfnis. Eine ursprüngliche Erkenntnistendenz liegt zwar schon beim Kleinkind vor. „Bei einem Säugling, der sich in einem angenähert homogenen Ganzfeld (weiße Tücher, weiße Zimmerdecke) befindet, stellt sich z. B. durch die unzureichende Befriedigung der Erkenntnistendenzen ein körperlicher Verfall ein [55, S. 112]." Die endogene, spontan-automatische Energieversorgung der Leistungszentren zur Verarbeitung von Sinneseindrükken scheint ihre volle Stärke aber erst einige Zeit nach der Geburt zu erreichen.

3. Der interne homöostatische Mechanismus, der die Körpertemperatur konstant hält [257, S. 228], und die Mechanismen, die der Nahrungsverarbeitung und Speicherung von Reserven für Zeiten ohne die Möglichkeit zum Stoffwechseln mit der Umwelt dienen.

4. Das Aufrechtgehen des Menschen. „Von menschlichen Säuglingen weiß man, daß die Behinderung ihrer Motilität durch Bandagierung, Einschnürung in engen Krippen oder durch Tragevorrichtungen am Rücken der Mutter die Entwicklung ihrer Körperbeherrschung kaum beeinträchtigt [136, S. 92].“

Beispiele für einen reifungsbedingten Abbau von angeborenen Reaktionstendenzen sind der Sauginstinkt [55, S. 11] und der Lächelreflex[25]. Auch im Wunsch (in der Appetenz) nach affektiver Zufuhr scheint sich bei Neugeborenen und kleinen Kindern ein Bedürfnis anzukündigen, das bei Erwachsenen in dieser Form fehlt[26].

D. Zusammenfassung

In diesem Kapitel wurde der Versuch unternommen, die Bedürfnisse des Menschen als Regelkreise darzustellen. Mediziner, Physiologen und Regeltechniker haben gezeigt, daß die Evolution des Menschen es mit ähnlichen Aufgaben zu tun hat wie die Regeltechnik[27].

Sowohl für die phylogenetisch und ontogenetisch ausgebildeten Regelkreise menschlicher Physiologie wie auch für technische Regelsysteme kommt es darauf an, Regelinhalte trotz störender Einflüsse in den Grenzen bestimmter Bedingungen zu halten. Die Modelle der Kybernetik, die durch die Regeltechnik schon ihre erste Bewährung erfahren haben, sollen daher auch hier den die Analyse organisierenden Rahmen bilden. Wegen der z. Z. noch relativ schmalen empirischen Basis der Bedürfnisforschung ist es aber nicht angebracht, ein in hoch entwickelte mathematische oder graphische Formen gefaßtes Modell zu konstruieren. Das richtige Verfahren scheint heute noch eine rein verbale Beschreibung der Bedürfniselemente und des Zusammenhangs zwischen ihnen zu sein[28].

Es sollen nun nochmals die wichtigsten Begriffe zusammengestellt werden, die im Bedürfnismodell dieser Arbeit verwendet werden. Bei den Bedürfniselementen kann zwischen konstitutiven und möglichen Elementen unterschieden werden.

Die konstitutiven Bedürfniselemente, die die Voraussetzung dafür bilden, daß von einem Bedürfnis gesprochen wird, sind: Der Bedürfnisinhalt, die

[25] Der Lächelreflex reift etwa in der Zeit zwischen dem 60. und 180. Lebenstag und verschwindet danach bald wieder. Vgl. Spitz [275].

[26] Zur Problematik des affektiven Kontaktes bei Kindern vgl. Claessens: Familie und Wertsystem [48, S. 72 f.].

[27] Vgl. hierzu auch noch Ashby [12, S. 255 ff.]; Bishop [28, S. 122 ff.]; Flechtner [88]; Fleming [89, S. 76 ff.]; George [106, S. 132 ff.]; Goldman [109, S. 108 ff.]; Hassenstein [122, S. 55 ff.]; Klaus [155]; Steinbuch [282]; Swetschinski & Braines [286, S. 236 ff.]; Richard Wagner [304, S. 14 ff.]; Walter [306]; Wiener [310, vor allem S. 116 ff.].

[28] In diesem Sinne äußert sich auch Rohracher [236, S. 84 f.].

Bedürfnisbedingungen und der Störbereich. Sie werden zusammen als Bedürfnisbasis bezeichnet. Die konstitutiven Bedürfniselemente waren der Ausgangspunkt für die Konstruktion der Mechanismen der Bedürfnisse.

Den Bedürfnismechanismen fällt die Aufgabe zu, den Bedürfnisinhalt in den Grenzen der Bedürfnisbedingungen, im Normalfall in den Grenzen der Homöostase, zu halten [45, S. 24]. Neben den natürlichen Umweltfaktoren bewirken bioökonomische und soziale Einflüsse, daß die Ausstattung der Bedürfnisse mit Regelelementen sehr verschieden ist. Das Individuum Mensch ist – so wird in diesem Zusammenhang ausgeführt – wahrscheinlich so gestaltet, daß es sich nur wie ein den Interessen der Menschheit insgesamt untergeordnetes Teil verhalten kann. Die möglichen Elemente eines Bedürfnisses gliedern sich in die möglichen angeborenen Mechanismen mit Innenfunktionen, die möglichen angeborenen Mechanismen mit Außenfunktionen und in die möglichen bedingten Mechanismen. Die möglichen angeborenen Mechanismen besitzen alle Menschen mit gleicher biologischer Reife, während die bedingten Mechanismen individuell verschieden sind.

Bei den angeborenen Mechanismen mit Außenfunktionen können die Reflexe, die nur stammesgeschichtliche und die Instinktmechanismen, die individuelle feed-back-Verbindungen zum Bedürfnisinhalt haben, unterschieden werden. In dieser Arbeit werden folgende Instinktmechanismen berücksichtigt: Instinktive Kontrollmechanismen, instinktive Einwirkungsprognosemechanismen, Schaltmechanismen für Instinktbewegungen und die Bedürfnisbefriedigung einschränkende Mechanismen (Auslöse- und Hemmungsmechanismen). Die Schaltmechanismen für Instinktbewegungen haben teilweise Auslösesperren, die sich öffnen (Auslösemechanismen) bzw. senken (Hemmungsmechanismen), wenn der Mensch bestimmte Außenreize erlebt. Die die Bedürfnisbefriedigung einschränkenden Mechanismen erfüllen entweder bioökonomische oder soziale Aufgaben.

Die möglichen bedingten Bedürfnismechanismen sind die bedingten Signalmechanismen und bedingtes Wissen über die Folgen von Verhaltensweisen.

Bei der Konstruktion eines Modells des Bedürfnisbefriedigungsprozesses erweisen sich folgende Merkmale der Bedürfnisse als besonders bedeutsam:

Die Mechanismenausstattung aller Bedürfnisse kann sich während des ganzen Lebens durch biologische Reifung und durch Lernprozesse (kulturelle Reifung) ändern.

Die Bedürfnisse können nur im Ausnahmefall in Form von Reflexen oder Notfallsfunktionen unter Umgehung des zentralen Koordinierungsprozesses ohne Rücksicht auf die Interessenlage des Gesamtorganismus ihre Befriedigungsansprüche unmittelbar durchsetzen.

III. Die konstitutiven Elemente der Bedürfnisse (die Bedürfnisbasis)

A. Zum Begriff Bedürfnisbasis

Die konstitutiven Elemente der Bedürfnisse sind Bedürfnisinhalt, Bedürfnisbedingung und Störbereich [S. 30].

Als Bedürfnisinhalt wird hier eine physikalisch-chemische Variable des inneren Milieus des Menschen bezeichnet, die für den lebenden menschlichen Organismus existentielle Bedeutung hat. Einige Bedürfnisinhalte sind nicht direkt für den gesamten Organismus, sondern nur für „Teile von ihm" (die Regelstrecke) bedeutsam. Die Bedürfnisinhalte scheinen in der Fachliteratur nach sehr verschiedenen Prinzipien gegliedert zu werden. Der Grund für diesen Eindruck ist in der Benennung der Bedürfnisinhalte zu suchen. Bei näherer Untersuchung zeigt sich, daß fast überall die erste Unterteilung nach körperlichen (organischen) und psychischen Bedürfnisinhalten erfolgt. Den körperlichen Bedürfnisinhalten wird dabei ein Einfluß auf den gesamten menschlichen Organismus eingeräumt, während von den psychischen Bedürfnisinhalten angenommen wird, daß sie direkt nur für das Zentralnervensystem (abgekürzt ZNS) des Menschen bedeutsam sind[1].

Die folgende Gliederung der Bedürfnisinhalte stützt sich vor allem auf Überlegungen von K. Lorenz und Hofstätter. Aus Lorenz' Arbeit „Über die Bildung des Instinktbegriffes" lassen sich drei Arten von Bedürfnisinhalten ableiten[2]:

(1) Der organische Bedarf,

(2) die psychische „Energie", die in Leistungszentren des ZNS (spontan-automatisch) durch den Einfluß endogen (innerhalb des ZNS) produzierter Reize entsteht und

[1] Hofstätter [136, S. 50], stellt „Bedürfnissen" wie Hunger, Durst, Verlangen nach Schlaf usw. die „große Gruppe primärer Bedürfnisse, die auf die Betätigung einmal ausgereifter Funktionen abzielen" sowie die Bedürfnisse gegenüber, „die durch bestimmte Reizkonfigurationen (– angeborene Schemata –) ausgelöst werden". Hofstätter kommt mit dieser Dreiteilung der hier vertretenen Auffassung sehr nahe. Eine sehr ähnliche Gliederung findet sich bei K. Lorenz, der die biologischen Bedürfnisse von dem Phänomen endogene Reizerzeugung des ZNS abgrenzt. Vgl. Lorenz [180, Bd. I, S. 323 ff.]. Statt von organischen wird häufig auch von biologischen oder von homöostatischen Bedürfnisinhalten gesprochen, die von psychischen oder von emotionalen Bedürfnisinhalten unterschieden werden. Vgl. dazu auch Davis [64, S. 479 ff.]; Lersch [171, S. 125 ff.]; Rohracher [234]; Steinbuch [281, S. 142 ff.] und Young [322, S. 109 ff., S. 344 ff.].

[2] Lorenz [180, Bd. I, S. 283 ff., besonders S. 318 ff.]; vgl. auch Hofstätter [136, S. 50].

(3) die psychische „Energie“, die in Leistungszentren des ZNS durch den Einfluß exogener Reize entsteht.

Dabei bilden die folgenden Gesichtspunkte die entscheidenden Gliederungskriterien:

a) Liegt die Regelstrecke innerhalb oder außerhalb des ZNS?
b) Sind es endogene oder exogene Einflüsse, die zu Bedürfnisabweichungen führen?

Bei der Entscheidung des Verfassers für die vorstehende Gliederung standen im Vordergrund der Wunsch, die volle Bandbreite der Bedürfnisse des Menschen deutlich zu machen, und die Absicht, im Rahmen der konventionellen Gliederungen zu bleiben. Unter dem Gesichtspunkt der Bedürfnis-Befriedigungsproblematik läge es z. B. näher, nur nach dem zweiten Kriterium zu gliedern. Aber dann würden sich die Bedürfnisse der Gruppen (1) und (2) der obigen Gliederung nicht mehr unterscheiden.

Da einem bestimmten Verhalten Abweichungen mehrerer Bedürfnisinhalte von der Homöostase zugrundeliegen können, ist es für die empirische Bedürfnisforschung teilweise sehr schwierig, die Bedürfnisquellen des Verhaltens zu isolieren. Ebenso schwer ist es oft festzustellen, ob ein Verhalten eine Abweichung von oder eine Wiederherstellung der Homöostase bewirkt. Häufig wird eine Abweichung von der Homöostase bei einem Bedürfnisinhalt nicht erkannt, weil subjektiv im gleichen Augenblick eine höher bewertete Wiederherstellung der Homöostase bei einem anderen Bedürfnisinhalt erlebt wird. Auf diese Fragen wird aber, weil dabei vor allem Mängel im Regelsystem der Bedürfnisse berücksichtigt werden müssen, erst im letzten Kapitel dieser Arbeit genauer eingegangen.

Die Bedürfnisbedingungen sind die Anforderungen, die der Organismus an die Zustände der Bedürfnisinhalte stellt. Die Bedürfnisbedingung für den Normalfall (Optimum) wird Homöostase genannt [S. 31]. Bei allen drei Arten von Bedürfnisinhalten haben zunehmende Abweichungen des Istwerts von der Homöostase zunächst Schädigungen und zuletzt den Tod des Menschen zur Folge.

Beim Störbereich eines Bedürfnisses ist an alle Teile der menschlichen Innen- und Außenwelt zu denken, die auf den Bedürfnisinhalt einen von der Homöostase abweichenden Einfluß ausüben. Durch den Störbereich wird die Erhaltung der Homöostase eines Bedürfnisinhalts für den Organismus zu einer Aufgabe.

B. Die Benennung der Bedürfnisse

Die Benennung der Bedürfnisse erfolgt in der Bedürfnisforschung bisher noch nicht nach einem einheitlichen Prinzip. Dasselbe Bedürfnis wird z. B. gleichzeitig nach dem Bedürfnisinhalt (Blutzucker), nach einem Bedürfnismechanismus (Hunger, Nahrungserwerb), nach dem Befriedigungsmittel (Nahrung) und nach dem biologischen Ziel aus der Sicht des Individuums (Selbsterhaltung) bzw. der Art (Arterhaltung) bezeichnet[3].

Für eine einheitliche Benennung der Bedürfnisse kommt nur ein konstitutives Element der Bedürfnisse infrage. Ginge man von den Bedürfnisbedingungen oder dem Störbereich der Bedürfnisse aus, so müßten bei vielen Bedürfnissen Mehrfachbenennungen in Kauf genommen werden. Daher sollen sich die Namen der Bedürfnisse in der vorliegenden Arbeit nach den Bedürfnisinhalten richten. Dieses Benennungsprinzip hat sich bei Cannon bereits für die Bedürfnisse des organischen Bedarfs bewährt [45].

Die Bedürfnisinhalte der „psychischen Energiebedürfnisse" werden hier nach den Aufgaben, die sie lösen können, benannt. Die Leistungen „spezifischer psychischer Energie" [S. 53] lassen sich aber oft nur in sehr weiten Grenzen, d. h. nicht eindeutig angeben. In diesen Fällen wird daher weitgehend die vorwissenschaftliche Bezeichnung des Bedürfnisses beibehalten. Um den „Typ" dieser Bedürfnisse deutlich zu machen, wird sie aber durch den Einschub des Wortes „Energie" verlängert. Aus demselben Grund wird bei den psychischen Bedürfnissen durch die Klammerzusätze *„spontan"* bzw. „exogen" angegeben, ob die spezifische psychische Energie wahrscheinlich *„spontan-automatisch"* oder erst unter dem Einfluß *„exogener"* Reize produziert wird. Für die psychischen Bedürfnisse ergeben sich dann Namen wie Explorations-Energiebedürfnis (spontan) statt Neugier oder Flucht/Angst-Energiebedürfnis (exogen) statt Fluchtbedürfnis.

Vor allem für das Verstehen der Bezeichnungen der Bedürfnisse des organischen Bedarfs ist es wichtig, noch einmal auf den Unterschied zwischen den Explikaten und den Explikanden einzugehen. Wenn in dieser Arbeit vom Blutzuckerbedürfnis des Menschen gesprochen wird, so ist die Notwendigkeit für den Organismus, die Homöostase des Blutzuckers zu erhalten, sowie das ganze System, das der Regelung des Zuckergehaltes des Blutes dient, gemeint. Das Explikat Zuckerbedürfnis hat damit eine wesentlich weitere Bedeutung als das Explikandum. Der wichtigste Unterschied zwischen beiden Begriffsinhalten ist, daß das Explikandum die Möglichkeit von Abweichungen unter und über die Homöostase berücksichtigt. Vor allem diese Beschränkung der Explikate der Bedürfnisse führt dazu, daß die populären Bezeichnungen der „psychischen Energiebedürfnisse" mehr zur Verwirrung als zur Klärung der Problematik beitragen. Beim Bedürfnisinhalt Explorationsenergie (spontan) steht bei der populären Bezeichnung Neugier die Vorstellung von einem Überschuß an psychischer Energie im Vordergrund – dabei wird übersehen, daß bei demselben Bedürfnisinhalt auch ein Mangel vorliegen kann, der dann zur „Flucht" vor dem „Auslöser" führt.

[3] Vgl. [45, S. 98; 136, S. 50; 177, S. 126; 235, S. 364].

C. Arten von Bedürfnisbasen

1. Der organische Bedarf (Bedürfnistyp I)

Die Zellen des Menschen können nur in einem streng definierten Milieu leben. Die physikalischen und chemischen Bestandteile dieses Ideal-Milieus werden Bedürfnisinhalte des organischen Bedarfs genannt[4]. Die Bedürfnisbedingungen des organischen Bedarfs können ganz allgemein als die Voraussetzung dafür charakterisiert werden, daß der Organismus bestehen (kurzfristig), wachsen und Stoffwechsel durchführen (langfristig bestehen) und sich fortpflanzen (über das individuelle Leben hinaus bestehen) kann. Physiologische Untersuchungen haben ergeben, daß das Idealmilieu nicht für alle Zellarten (Nerven-, Leber-, Knochenzellen usw.) gleich ist und daß es innerhalb einer Zellart Untergruppen gibt, die unterschiedlich empfindlich gegenüber Abweichungen des Istmilieus vom Idealmilieu der Zellart sind.

Die genaue Bestimmung der Bedürfnisinhalte des organischen Bedarfs wurde lange dadurch erschwert, daß der Mensch in begrenztem Umfang komplexe organische Substanzen in Bausteine zerlegen und aus diesen andere komplexe organische Substanzen aufbauen kann[5].

Der Mensch ist in der Lage, die Befriedigung eines Bedürfnisses (Blutzucker) durch den Verzehr sehr verschiedener Substanzen (Fett, Zucker) zu erreichen. Häufig wird der Bedürfnisforschung der Zugang zur Frage nach dem Bedürfnisinhalten auch dadurch erschwert, daß der Mensch die gleiche organische Substanz in äußerlich sehr verschiedenen Formen in seiner Umwelt vorfindet. Beispiele hierfür sind z. B. Säugetiere (Rinder, aber auch Hunde), Fische, Schlangen und Insekten als Lieferanten von tierischem Eiweiß [135, S. 190].

Durch die Entdeckung der prinzipiellen Gleichheit der inneren Milieus der Menschen ist ein einheitlicher Ausgangspunkt für eine alle Menschen umfassende Bedürfnistheorie gegeben. Die Bestimmung der Bedürfnisbasen des organischen Bedarfs des Menschen ist aber auch heute noch sehr schwierig, weil es nur in engen Grenzen möglich ist, die Werte dieser Bedürfnisinhalte im Experiment systematisch zu manipulieren, um so die günstigsten Werte sowie die Folgen von Abweichungen von der Homöostase zu ermitteln. Denn die bis zum Tod reichenden Folgen solcher Versuche können nicht in Kauf genommen werden. Das Wissen über Bedürfnisinhalte und -bedingungen, über das die Bedürfnisforschung z. Z. verfügt, wurde durch systematische Beobachtungen an gesunden und „zufällig" kranken Menschen gewonnen. Bei den kranken

[4] Der Ausdruck „organischer Bedarf" wird entsprechend von Hofstätter [136, S. 49] gebraucht.

[5] Der Mensch kann Atome nicht verändern. Auch auf der Ebene der Moleküle und chemischen Verbindungen ist seine Synthesefähigkeit noch sehr begrenzt. So ist der menschliche Organismus z. B. nicht in der Lage, aus „Fett oder Kohlehydraten unter Einbau molekularen Stickstoffs Eiweiß zu bilden". Vgl. Schneider [257, S. 244].

Menschen konnten die Wirkungen von unbeabsichtigten Veränderungen von Faktoren des inneren Milieus beobachtet werden. Diese Messungen ergaben, daß die konstanten Verhältnisse des inneren Milieus, die im Normalfall beobachtet werden können, den günstigsten Existenzbedingungen entsprechen.

Beispiele für Bedürfnisse des organischen Bedarfs sind: Die große Gruppe der Bedürfnisse, die die „chemische Zusammensetzung der Körpersäfte, namentlich des Blutes“ [136, S. 48; 45, S. 2 ff.] betrifft. Von diesen Bedürfnisinhalten kommt bei einer mengenmäßigen Betrachtung den folgenden besondere Bedeutung zu: Wasser (H_2O), Salze (an erster Stelle NaCl), Zucker (Glukose), eine Reihe von Eiweißen, mehreren Fettarten, Kalzium, Sauerstoff (O_2), Kohlensäure (CO_2) und H-Ionen-Konzentration (Neutralität des Blutes). Neben diesen Bedürfnisinhalten, die rein quantitativ gesehen, die Hauptfaktoren dieser Gruppe sind, wären eine Fülle anderer Bestandteile zu nennen, die im Blut regelmäßig in kleinen Mengen vorhanden sein müssen. Weitere Bedürfnisse des organischen Bedarfs sind das Blutdruck- und das Körpertemperaturbedürfnis.

Beim Bedürfnisinhalt Körpertemperatur sind die Bedürfnisbedingungen und -programme weitgehend bekannt. Sie sollen hier als Beispiel ausführlicher herangezogen werden, da sie leicht in einer auch für Nicht-Mediziner verständlichen Form dargestellt werden können. Die Grenzwerte der Homöostase der Körpertemperatur liegen etwa bei 36,3° C und 37,3° C. Bei alten Menschen kann auch ein Wert von 36° C noch als normal angesehen werden [257, S. 228]. Der Wert der Homöostase der Körpertemperatur schwankt in einem 24-Stunden-Rhythmus. Er ist gegen 6 Uhr morgens am niedrigsten (etwa 36,3 °C) und abends gegen 18 Uhr am höchsten (etwa 37,3° C) [257, S. 227].

Beim Temperaturbedürfnis sind Überwärmungs- und Auskühlungsgrenzen zu unterscheiden. Erhöhungen der „Kerntemperaturen über 42° sind immer kritisch. Erholungen nach Erreichen von mehr als 43° ist in Einzelfällen beobachtet worden, niemals aber, wenn 44° überschritten waren [10, S. 353]. „Nach unten ist bei Menschen eine Wiederbelebung noch nach einem Absinken der Kerntemperatur auf 27°–25° C gelungen. Etwa bei 25° C setzt die Spontanatmung aus, schon bei Temperaturen um 29° C beginnt die „Gefahr des Herzflimmerns“. Zwischen 30° und 28° C endet die Ansprechbarkeit (Bewußtseinsschwund). An die Erlebnisse während einer Zeitperiode, in der die Kerntemperatur unter 33° C lag, kann sich der Mensch nicht mehr erinnern.[6] Es muß aber betont werden, daß es „die“ Körpertemperatur nicht gibt. Besonders temperaturempfindlich ist der Körperkern[7]. Dagegen sind die Extremitäten mit zunehmender Entfernung vom Kern immer unempfindlicher für Temperaturschwankungen. Bei niedrigen Außentemperaturen (unbekleidet 20° C) liegt

[6] Vgl. zur Frage der Auskühlungsgrenze: Aschoff [10, S. 353 f.] und Schneider [257, S. 241 f.].

[7] Der Körperkern besteht aus Kopf und Rumpf abzüglich der diese Körperteile umgebenden Körperschale, die am Rumpf etwa 2–5 cm dick sein kann.

nach einer Anpassungszeit die Kerntemperatur immer noch bei 37° C, während die Temperatur in der Hand nur noch 28° C beträgt. Will man genau sein, so darf daher nicht von der Homöostase der Körpertemperatur gesprochen werden, sondern es müssen mehrere Homöostasen für die verschiedenen Zonen des Körpers gedacht werden [257, S. 227]. Während die Homöostase der Körperkerntemperatur sehr enge Grenzen (1° C Freiheit) zeigt, ist der Spielraum der Homöostase der Handinnentemperatur sehr viel größer. Inwieweit die Verhältnisse bei den anderen Typ-I-Bedürfnissen in diesem Punkt ähnlich liegen, muß jeweils neu untersucht werden.

Zur Analyse der Basis eines Typ-I-Bedürfnisses muß nun noch gefragt werden, an welchen Stellen das System offen für der Homöostase entgegengerichtete Einflüsse ist. Neben einer Unterteilung in Innen- und Außenwelt läßt sich über den Störbereich der Bedürfnisse allgemein nur wenig sagen, da die Bedürfnisse für sehr unterschiedliche Einflüsse offen sind. Es muß berücksichtigt werden, daß die Bedürfnisse durch die „stabilisierenden" Elemente wie Haut, Fettschichten, Knochengerüst (hier als gegeben angesetzt, aber ebenfalls aus der Warte der Bedürfnisse regeltechnisch betrachtbar) von der Außenwelt teilweise isoliert sind. Trotz dieser Isolierung ist z. B. das Körpertemperaturbedürfnis unmittelbar „relativ" offen gegenüber der Außentemperatur. Relativ offen heißt: ohne Gegenkräfte würde es mit einer gewissen Verzögerung[8] zu einer Anpassung der Körpertemperatur an die jeweilige Außentemperatur und somit fast überall auf der Erde zu einer Abweichung von der Körpertemperatur-Homöostase kommen. Der Tendenz nach kann es durch die Außentemperatur zu Abweichungen über und unter den Wert der Homöostase kommen.

Die innerhomöostatischen Korrektureinrichtungen eines Bedürfnisses arbeiten teilweise auf Kosten anderer Bedürfnisse. Bei Abkühlungsgefahr erfolgt die Wärmeproduktion u. a. zu Lasten des Zucker-, Fett-, Eiweiß-, Sauerstoff- und Blutdruckbedürfnisses. Bei Überhitzungsgefahr kommt es durch den Korrekturvorgang Schwitzen vor allem zur Belastung des Wassers-, des NaCl-, des Blutdruck- und des Sauerstoffbedürfnisses. Einem Vorschlag von Davis folgend kann von Heterostase gesprochen werden, wenn im Organismus angeboren programmiert ist, daß unter bestimmten Umständen ein neues Regelprogramm geschaltet wird, in dem für einen Bedürfnisinhalt eine neue von der Homöostase abweichende Bedürfnisbedingung enthalten ist.[9] Letztlich bedeutet die Heterostase eine Erweiterung der Bedürfnisbedingungen, die vom Organismus beherrscht werden. Zur Problemlage: für den Organismus gilt es, die Folgen von Abweichungen von den Homöostasen bei verschiedenen Bedürfnissen zu

[8] „Nach den Erfahrungen des letzten Krieges – solche Versuche sind damals u. a. im KZ Dachau gemacht worden – kann der unbekleidete Mensch in Luft von + 1° nach 4 Stunden noch eine normale Körpertemperatur aufweisen, bei einstündigem Aufenthalt im Wasser gleicher Temperatur tritt jedoch schon eine tödliche Auskühlung auf 25° C ein; die gleiche Auskühlung in Luft von – 6° kommt nach 14 Std. zustande." Schneider [257, S. 232].

[9] Vgl. dazu und zum folgenden Beispiel, Davis [64, S. 484 f.].

vergleichen und falls unvermeidbar, dort eine Störung hinzunehmen, wo die Folgen am harmlosesten sind. Hat der Organismus diese Aufgabe gelöst, so ist der Sachverhalt der Heterostase gegeben. Mit Heterostase wird eine Bedürfnisbedingung für den Krisenfall bezeichnet. So kann z. B. die Heterostase, nach der die Ansprüche des Körpertemperaturbedürfnisses innerhalb bestimmter Grenzen über denen der Bedürfnisse des Bluthaushaltes liegen, so verstanden werden, daß diesem erblich fixierten Subordinationsverhältnis unter dem Aspekt der Folgenschwere ein entsprechendes logisches Verhältnis zugrunde liegt [64, S. 19 ff.]. Die Grenzen der Unterordnung der Ansprüche der Bluthaushaltsbedürfnisse unter die des Temperaturbedürfnisses zeigen sich bei Überhitzungsgefahr. Der Körper kann „über das Stellglied Wärmebildung nicht unbedingt frei verfügen", „da jede Art von Lebensäußerung mit einem Stoffwechsel verbunden ist" [10, S. 331]. Die Wärmebildung durch die Kreislauforgane Herz, Nieren usw., kurz letztlich durch die Biomorphose, erweist sich als innere Störquelle, die über dem Temperaturbedürfnis rangiert [10, S. 331].

Für jedes Bedürfnis sind mehrere Heterostasen denkbar. Neben den hier angedeuteten Heterostasen der Bluthaushaltsbedürfnisse für die verschiedenen Temperaturkrisen bestehen z. B. beim Wasserbedürfnis u. a. Heterostasen für Sauerstoff-, Zucker- und Harnstoff-(Stoffwechselabfälle)-Krisen [45, S. 80 f., S. 98 f.].

Doch zurück zur Frage nach dem Störbereich des Körpertemperaturbedürfnisses. Häufig wirken die Bedürfnisse, die den Menschen veranlassen, Arbeit zu leisten, durch die dabei entstehende Wärme als Störgrößen des Körpertemperaturbedürfnisses. Etwas anders liegen die Dinge, wenn Krankheitserreger zum Fieber führen. Zur Erläuterung muß erneut der Besprechung der Bedürfnismechanismen mit Innenfunktionen vorgegriffen werden. Die Erreger der Krankheit bewirken nämlich eine „Sollwert"-Verstellung (Programmregelung) des Körpertemperatur-Programms [10, S. 360 ff.]. „Unter der Einwirkung von Bakterientoxinen kommt es auf noch unbekannte Weise zu einer Verstellung des Reglers, wobei seine Funktionstüchtigkeit erhalten bleibt [257, S. 239]. Die Programmregelung der Körpertemperatur im Krankheitsfall kann wie folgt interpretiert werden: Für den gesunden menschlichen Organismus ist eine Körpertemperatur von etwa 37° C objektiv am existenzförderndsten. Der Mensch hat das im Laufe seiner Stammesentwicklung „erkannt"[10] und sich einen Regelmechanismus geschaffen, dessen Programm die Erhaltung der

[10] Derartige „Erkenntnisse" müssen zum Wissen der Art gerechnet werden. Sie werden dadurch erworben, daß sich eine unbeabsichtigte Änderung des Erbgutes bewährt. Der Menschentyp, der nach dem geänderten Bauplan konstruiert wurde, hat eine größere Überlebens- und Fortpflanzungschance. Indem der neue Menschenschlag den alten verdrängt, erfährt ein immer größerer Teil der Menschheit die neue lebensfördernde Erkenntnis. Zum Begriff Wissen der Art vgl. v. Frankenberg, G.: Instinkt als „Gedanke der Art" [92], zitiert bei Claessens [55, S. 98]; vgl. auch Claessens [55, S. 98 und S. 101].

Homöostase ist. Bei einer Infektion liegt der objektiv günstigste Wert der Körpertemperatur höher. Der Mensch hat auch das „erkannt" und hat den Körpertemperaturregler deshalb mit einem zweiten Programm ausgerüstet, nach dem die Temperaturregelung im Krankheitsfall erfolgt.

Neben den Faktoren Krankheitserreger und Alter führt u. a. noch der Faktor Sexualhormone zur Verstellung des Temperaturreglers.

Ähnlich wie für die Körpertemperatur lassen sich auch für die Bedürfnisinhalte der anderen Typ-I-Bedürfnisse Bedürfnisbedingungen und äußere sowie innere Störgrößen aufzeigen. Das Beispiel der Körpertemperatur hat gezeigt, daß nie vergessen werden darf, daß die Einhaltung der Werte der Homöostasen des inneren Milieus eine Existenzbedingung des Menschen ist. Das ließe sich, wie beim Körpertemperaturbedürfnis, auch bei allen anderen Typ-I-Bedürfnissen aufzeigen.

2. Bedürfnisbasen im psychischen Energiebereich des Menschen [130, S. 103]

a) Zum Begriff psychischer Energiebereich

Energie ist die Fähigkeit, Arbeit zu leisten. Von Konrad Lorenz ist diese Vorstellung auch auf psychische Vorgänge übertragen worden [180, Bd. I, S. 334]. Psychische „Energie" ist nach diesem mechanischen Modell die Fähigkeit, psychische Arbeit zu leisten. Die Auslösung, Steuerung und Inganghaltung von Verhalten sind die für die Zielsetzung dieser Arbeit wichtigsten Beispiele für psychische Arbeit. Wird im folgenden Text das Wort Energie ohne Zusatz gebraucht, so ist immer die im Menschen aufgespeicherte Fähigkeit, Arbeit zu leisten, gemeint.

Bevor auf die Besonderheiten psychischer Energie eingegangen werden kann, müssen einige Aspekte des übergeordneten Begriffs organische Energie behandelt werden. Der Mensch speichert seine Energie zum größten Teil in Formen (Fett, Stärke, Zucker), die unter den Bedingungen des inneren Milieus relativ passiv sind. Passiv heißt hier, daß die Energie ohne einen inneren Anstoß in der Speicherform im Körper erhalten bleibt. Erst unter genau bestimmten Umständen erfolgt durch einen inneren Anstoß die Aktivierung, d. h. die Umwandlung passiver Energie, z. B. von Fett, in die leichter mobilisierbare Form Zucker und dann z. B. in Wärme- oder Bewegungsenergie. Nur ein quantitativ gesehen sehr geringer Teil der gesamten Energiereserve wird in Formen gespeichert, die im inneren Milieu sehr labil sind. Labilität bedeutet: sehr leicht in andere Energieformen umwandelbar. Wie es zu dieser Aktivierung kommt, ist noch recht unklar. Im Prinzip muß es sich um die Verbindung von Teilen (z. B. chemischen Stoffen) mit sehr hoher Affinität handeln, bei deren Verbindung

Energie in einer anderen Form (z. B. chemische Energie, Elektrizität, exotherme Prozesse) frei wird. Erweisen sich diese Annahmen als richtig – und vieles spricht dafür –[11] so schließen sich zunächst zwei Fragen an:

(1) Was veranlaßt die Herstellung aktiver Energieteile?

(2) Wann kommt es zur Verbindung der Teile und damit zur Arbeit (Leistung)?

Wie es zur Herstellung der Teile aktiver Energie kommt, ist noch weitgehend ungeklärt. Grundsätzlich darf angenommen werden, daß die Herstellung aktiver Energie von endogenen Urreizen veranlaßt wird, die als sich selbstrealisierende Arbeitspläne für jede Zelle prinzipiell bereits bei der Zeugung des Menschen bereitliegen. Die von W. R. Hess, E. v. Holst und P. Weiß entdeckte spontane, automatische, rhythmische Erzeugung von Reizen, die eine Elementarleistung des zentralen Nervensystems ist [55, S. 49; 180, Bd. I, S. 208 ff.], ist bereits eine Folge des Wirkens dieser Urreize. Die Urreize veranlassen das Wachstum des Menschen und führen bei Erreichung eines bestimmten Entwicklungsstandes automatisch zum Beginn der Erzeugung von psychischer Energie. Ergänzend sei mitgeteilt, daß in Tierversuchen ermittelt werden konnte, daß sich die Energieerzeugung nach dem voraussichtlichen Bedarf richtet, wie er sich in der Erfahrung der Art darstellt[12]. Bei diesen Versuchen wurde auch festgestellt, daß Energieerzeugung und Energieverbrauch nicht immer Zug um Zug erfolgen, sondern daß die Energie teilweise unabhängig vom jeweiligen Verbrauch vorproduziert wird [323, S. 66 f.]. Das liegt anscheinend daran, daß der Organismus in manchen Organen Energie schneller verbrauchen als erzeugen kann. Will er seine kurzfristige Leistungsfähigkeit erhöhen, so muß er aktivierbare Energie vorproduzieren.

Die Bedeutung bzw. das Wirken der vorproduzierten aktiven Energie im Menschen hängt davon ab, wann es zur Arbeitsleistung durch Verbindung der Energieteile kommt. Daraus ergibt sich die Frage, wann die Energieteile die Möglichkeit zur Verbindung haben. Als Antwort sind wahrscheinlich drei Möglichkeiten zu nennen:

1. Die Energieteile verbinden sich sofort nach ihrer Erzeugung;

[11] Es sei hier nur auf die aktive Rolle hingewiesen, die die Hormone Insulin und Adrenalin bei der Bildung von Vorratsformen des Blutzuckers (Glykogen, Fett) und deren schnellem Abbau in Notfällen spielen. Vgl. dazu Schneider [257, S. 362 ff., S. 367 f., S. 376]; Cannon [46, S. 49 ff.] und Göpfert [108, S. 306 ff.]. Cannon weist auch darauf hin, daß Adrenalin schon in einer Verdünnung von 1/1 400 000 000 Teilen im Blut ein isoliertes Herz zum schnelleren Schlagen veranlassen kann [46, S. 74].

[12] Das bekannteste Experiment zu dieser Frage wurde von Leyhausen durchgeführt. Er „gab jagdfreudigen Katzen eine Maus nach der anderen und beobachtete die Reihenfolge, in der die Teilhandlungen des Beutemachens und Fressens eine nach der anderen ausfielen. Die Katze hörte zuerst zu fressen auf, tötete aber noch einige Mäuse und ließ sie liegen. Als nächstes erlosch die Neigung zum Tötungsbiß. Die Katze fuhr aber noch fort, Mäuse zu beschleichen und zu haschen. Noch später, als auch die Bewegungsweisen des Fangens erschöpft waren, hörte das Versuchstier noch nicht auf, Mäuse zu belauern und sich an sie anzuschleichen.“ Lorenz [177, S. 131].

2. die Energieteile sind voneinander getrennt, aber sie können diesen Trennwiderstand überwinden, wenn sich eine ausreichende Menge von ihnen an den Erzeugerorten angesammelt hat;
3. die Energieteile sind vollwirksam voneinander getrennt; die Ansammlung einer bestimmten Menge von Energieteilen am Erzeugerort wirkt auf die Herstellungsorgane hemmend.[13]

Bei der einfachsten Form verbinden sich die beiden Energieteile sofort nach ihrer Erzeugung. Die Energieherstellung kann als geschlossenes System gedacht werden, in dem zwei selbständig arbeitende Erzeugerteile jeweils über einen eigenen Pol die von ihnen produzierten Energieteile abgeben. Sobald sich an jedem Pol eine Energieeinheit befindet, kommt es zur Arbeitsleistung. Erfolgt die Energieteilefreisetzung rhythmisch, so kommt es auch zu einer rhythmischen Arbeitsleistung. Nach diesem Prinzip sind im Menschen z. B. die Reizzentren des Herzens und der Lunge gebaut [257, S. 546]. Sie liefern rhythmisch den Innenreiz, den die passive Energie der Muskeln dieser Organe als inneren Anstoß benötigt.

Für die weitere Verhandlung wird die Untergliederung in freiverfügbare und spezifisch gebundene Energie bedeutsam. Die freiverfügbare Energie kann noch für alle Aufgaben im Organismus eingesetzt werden. Sie ist teilweise im Blut fließend enthalten und in dieser Form schnell zu allen Stellen im Körper transportabel. Wie die Untersuchungen zur Homöostase des organischen Bedarfs beweisen, muß diese Energie ständig in der gleichen Menge verfügbar sein. Kleine Schwankungen durch Entnahmen sind zwar kurzfristig ohne Schädigung des Menschen möglich, langfristig müssen sie aber ausgeglichen werden. Der größere Teil der Reserven an freiverfügbarer Energie befindet sich in Körperdepots, die nicht den engen Bedingungen der Homöostase des Blutes unterworfen sind. Bei der spezifisch gebundenen Energie liegt dagegen fest, an welcher Stelle (in welcher Zelle) der Energieverbrauch erfolgen wird. Die Evolution hat den Menschen mit mindestens zwei Verfahren ausgestattet, Energie gezielt einzusetzen. Beim ersten Verfahren – es wurde bereits beschrieben [S. 53 ff.] – wird die Spezifität dadurch erreicht, daß Energieteile in einem geschlossenen System erzeugt und verbraucht werden. Beim zweiten Verfahren werden Energieteile (z. B. Hormone) an verschiedenen Stellen erzeugt. Sie wirken dadurch spezifisch, daß sie nur zu einem bestimmten Partnerteil eine Affinität besitzen, sich mit allen anderen Substanzen des inneren Milieus aber nur schwer bzw. überhaupt nicht verbinden. Beim Vorliegen bestimmter innerer und/oder äußerer Umstände wird die Energie aus den Depots des Erzeuger-

[13] K. Lorenz, der als erster auf die Wirkung vorproduzierter aktiver Energie aufmerksam gemacht hat, berücksichtigt vor allem die ersten beiden Möglichkeiten. Vgl. dazu z. B. Lorenz [177, S. 121 ff.]. Daß der menschliche Organismus aber auch die dritte Technik beherrscht, beweisen die humoralen Rückkopplungen – vgl. Göpfert [108, S. 308] – und die vielen Reflexe, die beliebig lange ungenutzt bereitliegen können, ohne dadurch in ihrer Wirksamkeit beeinträchtigt zu werden.

organs in den Blutstrom geschüttet. Der Blutstrom transportiert die Energie dann zum Einsatzort. Zu einer gezielten lokalen Wirkung kommt es dann, wenn ein Energieteil beweglich, das andere aber ortsgebunden ist. Die Hormonlösung erwies sich als optimal, wenn in der Auslösesituation an mehreren Stellen Leistungen erbracht werden mußten. [108, S. 306 ff.]

Zurück zur Frage, wann es zur Verbindung der aktiven Energieteile kommt. Es müssen nun noch die Fälle besprochen werden, in denen der Organismus einen Widerstand gegen die Aktivierung der Energie aufgebaut hat. Gleichzeitig sollen zwei Phänomene interpretiert werden, die mit den Stichworten „Leerlauf"[14] und „in Wut bringen"[15] gekennzeichnet werden können. Schon bei den Reizzentren des Herzens scheint ein geringfügiger Widerstand gegen den Energieverbrauch zu bestehen, der beispielsweise beim Atrio-Ventrikularknoten regelmäßig erst durch einen „anfeuernden Tritt" [177, S. 128] des vorgesetzten Sinusknotens überwunden wird. Fällt der „Sporenstoß" des Sinusknotens aus, so gelingt es dem Atrio-Ventrikularknoten aber schon nach wenigen Sekunden aus eigener „Kraft", den Widerstand zu überwinden. Er verfällt dann in einen eigenen, etwa halb so schnellen Arbeitstrott wie vorher unter der Tyrannis des Sinusknotens [257, S. 63]. Offensichtlich besteht aber auch im Sinusknoten ein gewisser Widerstand gegen den Verbrauch von Energie. Normalerweise wird dieser Widerstand durch die Affinität der Energieteile überwunden. Eine Reihe von Außenreizen können aber direkt oder über höhere Zentren des ZNS zu einer erhöhten Herzschlagzahl, dem von außen leicht meßbaren Anzeichen für die Verringerung der Entladehemmung, führen. So kann auch noch am isolierten Herzen beobachtet werden, daß sich bei Überwärmung die Herzschlagzahl erhöht [257, S. 61]. „Seelische Erregungen, besonders Affekte, sind nicht selten von Änderungen der Herzfrequenz begleitet. Trauer, Depression, Verstimmung und Schreck haben meist eine Verlangsamung, dagegen haben Freude, Erwartung, Zorn, eventuell auch Angst eher eine Beschleunigung des Herzschlags zur Folge [238, S. 41]." Die Beeinflussung des Schrittmachers des Herzens erfolgt dabei von höheren Zentren über die Nervenbahnen und über den Blutweg[16].

Bei der weiteren Besprechung der Frage, wann es zum Energieverbrauch kommt, müssen die energieverbrauchenden Systeme in solche mit spontanautomatischer Energieversorgung (Typ II) und solche unterschieden werden, die nur unter dem Einfluß exogener Reize mit Energie versorgt werden (Typ III).

Die Leistungszentren, die hier zum Typ II gerechnet werden, unterscheiden sich von dem Herzschrittmacher nur dadurch, daß ihr Widerstand gegen den

[14] Der Ausdruck „Leerlauf" stammt von Konrad Lorenz [180, Bd. I, S. 107, S. 274]. Der Sachverhalt wurde aber bereits vorher u. a. von Craig [59] erkannt.

[15] Vgl. hierzu die Kritik, die Claessens [55, S. 58], an den Thesen von Konrad Lorenz zum Thema „spontan-automatischer, rhythmischer Erzeugung von Reizen durch das ZNS und Aggression" übt.

[16] Gauer [101, S. 148 ff.]; Cannon [45, S. 244 ff.; 46, S. 20 ff.].

Verbrauch der gestauten Energie wesentlich größer ist. Über diese Leistungszentren mit spontan-automatischer Energieversorgung schreibt „der Spiegel" in Anlehnung an Konrad Lorenz: diese „Energie staut sich auf wie Wasser in einem Staubecken, das stetig neuen Zufluß hat [323, S. 66]." Lorenz selbst wählt statt des hydraulischen Modells das Bild eines Behälters, in den dauernd Gas gepumpt wird, „in dem der Druck daher kontinuierlich im Wachsen ist [180, Bd. I, S. 334 f.]", weil – so muß hinzugesetzt werden – der Behälter kein Loch hat, durch das die Energie sofort verpuffen kann, wie das annähernd beim Sinusknoten des Herzens der Fall ist. Der Behälter hat, so fährt Lorenz fort, einige Hähne, die nur von bestimmten Umweltreizen geöffnet werden können. Je größer der innere Druck ist, desto geringer sind die Anforderungen an den auslösenden Reiz [180, Bd. I, S. 335]. Das Staubecken-(Staubehälter-) Modell hat sich bereits in Tierversuchen bewährt. Wurden den Tieren die Auslöser vorenthalten, so produzierten sie die Reaktion (dann Leerlaufreaktion) auch ohne Bezug zur biologisch vorgeschriebenen Umwelt. Nach extrem häufig wiederholter Reizung blieb die Reaktion bei einer erneuten Begegnung mit dem Auslöser aus. Vom „Spiegel" wird das Ausbleiben der Reaktion damit erklärt, daß sich das betreffende Energiereservoir entleert hat. „Das Tier muß erst wieder neue Energie ansammeln." [323, S. 66] Lorenz gesteht aber, daß diese Vergleiche hinken, weil sie „die Leerlaufreaktion nicht, oder nur schlecht modellmäßig darzustellen vermögen. Das elementare, geradezu explosive Hervorbrechen der Reaktion, welches das Tier bis zur Erschöpfung ‚auspumpt', läßt sich unmöglich als ein Druckablassen durch eine Art Sicherheitsventil darstellen; es ließe sich am besten noch durch ein Platzen des ganzen Behälters versinnbildlichen [180, Bd. I, S. 335]." Hier soll daher davon ausgegangen werden, daß bei Leistungszentren des Typs II in einem geschlossenen System (ZNS-Zelle, -Zellenverband) zwei affine Energieteile hergestellt werden, die zwar im System, dort aber getrennt gelagert werden. Die Trennung – besser der Widerstand (Auslösemechanismus) gegen die Energieumwandlung – wird von der „Anziehungskraft" der Energieteile und von bestimmten Außenreizen beeinflußt. Wenn im System keine „reaktionsspezifische Energie[17]" vorhanden ist, ist der Widerstand gegen eine Reaktion unüberwindbar groß. Bei einem bestimmten maximalen Energiestau ist die Affinität der Energieteile so groß, daß sie allein den Widerstand überwinden kann. Es kommt zur Leerlaufreaktion. Dazwischen liegt ein weites Übergangsfeld, in dem immer weniger adäquate Außenreizung erforderlich ist, um die Auslösesperre zu überwinden. Das Bauprinzip der Leistungszentren vom Typ Herzschrittmacher entspricht somit dem der Leistungszentren des Typs II. Nur ist die „Leerlaufreaktion" beim Herzschrittmacher das normale Entladungsverfahren, während sie bei den Leistungszentren des Typs II die Ausnahme ist [177, S. 121 ff.].

[17] Ausdruck nach Lorenz [180, Bd. I, S. 334].

Die Charakteristika eines Leistungszentrums, das erst unter dem Einfluß exogener Reize mit reaktionsspezifischer Energie versorgt wird (Typ-III-Leistungszentrum), sollen am Beispiel des „Aggressionszentrums“ aufgezeigt werden. Das Beispiel eignet sich gut zur Einführung in die Problematik, weil es in der Bedürfnisforschung sehr gegensätzliche Theorien darüber gibt, wie aggressions-spezifische Energie entsteht. Die Frustrations-Aggressions-Hypothese behauptet, „daß der Eintritt von Aggression stets die Existenz der Frustration voraussetzt und daß die Existenz von Frustration immer zu irgendeiner Form von Aggression führt[18]“. Wie Miller et al. in einer Kritik zu ihren eigenen Aussagen bemerken, ist die Formulierung des zweiten Teils der Hypothese in der vorstehenden Form angreifbar, da „versäumt wurde, zwischen der Erregung aggressiver Tendenzen und dem tatsächlichen Eintreten einer Aggression zu unterscheiden. Daher übersieht sie die Möglichkeit, daß andere Reaktionen dominant werden und das Eintreten von aggressiven Handlungen verhindern [194, S. 205 f.].“ Auch mit dieser Einschränkung steht die Frustrations-Aggressions-Hypothese im Gegensatz zur Ansicht von Konrad Lorenz, nach der Aggression spontan-automatisch entsteht[19]. Da in jüngster Zeit überzeugend Zweifel an den Thesen Lorenz' zum Ursprung der Aggression angemeldet wurden, die sich mit der Frustrations-Aggressions-Hypothese decken [55, S. 58], soll hier mit der Hypothese gearbeitet werden, daß die Aggression ein Beispiel für das Wirken eines Typ-III-Leistungszentrums ist. Es wird hier angenommen, daß sich das Aggressionszentrum erst unter dem Einfluß bestimmter Reize (Bedarfsfallreize) mit aggressionsspezifischer Energie füllt.

Da der Mensch sehr schnell in sehr große, umfangreiche Reaktionen heizende Wut geraten kann, muß zwar unterstellt werden, daß die aggressionsspezifische Energie bereits vor dem wutauslösenden Erlebnis im Organismus vorhanden ist. Die Energieteile müssen so gelagert sein, daß sie im Bedarfsfall schnell in das Aggressionszentrum fließen können, ohne Aktivierung aber dauernd blockiert bleiben. Untersuchungen über die Entstehung des Adrenalins haben gezeigt, daß der Organismus dieses für eine „emergency reaction“, d. h. die Fähigkeit zu Angriff oder Flucht, so wichtige Hormon nur in ganz geringen Mengen speichert. Diese Normalreserve wird im Ruhefall dadurch konstant gehalten, „daß ein Überschuß von produziertem Hormon die weitere Produktion hemmt, während ein Mangel sie fördert“ [108, S. 308]. Im Bedarfsfall kann der Körper Adrenalin jedoch sehr schnell in großen Mengen aus bereitliegenden Vorformen herstellen [108, S. 323]. Als Bedarfsfallreize wirken dabei „Außenreize wie mechanische Trauma, Temperaturreize oder Schreck, aber auch innere Angst oder starke muskuläre Anstrengungen“ [108, S. 323].

[18] Miller, N. E.; Sears, R. R.; Mower, O. H.; Doob, L. W. und Dollard, I.: Die Frustrations-Aggressions-Hypothese [194, S. 205]. Zur Frustrations-Aggressions-Hypothese vgl. auch dieselben: Frustration und Aggression, New Haven 1939; Rohracher [235, S. 429 ff.] und Young [322, S. 539 ff.].

[19] Vgl. dazu Lorenz [177, S. 121 ff.; 180, Bd. II, S. 126 ff. und 179, S. 296 ff.].

Unter den Regelmechanismen eines Typ-III-Bedürfnisses befindet sich demnach ein *Aktivierungsmechanismus,* der den Energiezufluß bei fehlender Außenreizung blockiert, weshalb es im Ruhefall in diesen Zentren nicht zu einem Stau reaktionsspezifischer Energie kommen kann. Bei fehlender Bedarfsfallreizung verhindert der Aktivierungsmechanismus, ähnlich wie beim Reflex, daß die Aktivität des Zentrums auf ein Niveau steigt, bei dem es das Verhalten beeinflussen kann. Der Aktivierungsmechanismus gibt die Energieversorgung (Erregungsbildung) angeboren zwar nur dann frei, wenn seine rezeptive Stelle („emotive analyzer" [157, S. 256]) von bestimmten inneren[20] oder äußeren Reizen (Bedarfsfallreizen) erregt wird. Durch die Lernfähigkeit des Menschen kann die rezeptive Stelle des Aktivierungsmechanismus aber auch von bedingten Signalen erregt werden [157, S. 280]. Die Energieversorgung bleibt bestehen, solange der Bedarfsfallreiz auf den Organismus einwirkt. Die Energieproduktion scheint von der „Stärke" des Außenreizes bestimmt zu werden. Wenn es bei wiederholter Reizung durch den gleichen Bedarfsfall (Situation, Reizquelle) z. B. zu einer Steigerung der Aggressionsbereitschaft kommt, so muß das auf das Wirken von Lernprozessen nach Art der Konditionierung bedingter Signalmechanismen zurückgeführt werden. Diese Erklärung bietet sich auch bei Veränderungen im menschlichen Verhalten an, die Konrad Lorenz an seiner auf die Fehler ihres jeweiligen Hausmädchens konditionierten Tante beobachtete[21].

Auch bei den Typ-III-Leistungszentren kann beobachtet werden, daß einer Bedarfsfallreizung nicht sofort adäquates Verhalten folgt. Weiter zeigt sich, daß ein Mensch, der bereits eine Bedarfsfallreizung erlebt hat, *ohne* daß es zu einer Reaktion kommen konnte, bei einer *kurzfristig* folgenden zweiten Reizung wesentlich schneller bzw. intensiver reagiert als ohne vorhergehende Reizung. Aus diesen Beobachtungen ergeben sich zwei Fragen, deren Beantwortung für die Charakterisierung der Leistungen der Typ-III-Zentren sehr bedeutsam ist.

(1) Wie kommt es bei Typ-III-Zentren zu einem Stau der reaktionsspezifischen Energie, z. B. der Aggression?

(2) Wie lange bleibt dieser Energiestau nach Beendigung des Bedarfsfallreizes erhalten?

[20] „inneren" bedeutet hier: Innerhalb des Organismus, aber außerhalb des ZNS entstehende Reize.

[21] Lorenz, Konrad: Über tierisches und menschliches Verhalten [180, Bd. II, S. 165 f.], schreibt: „Eine meiner Tanten bekam in völlig regelmäßigen Abständen Krach mit ihrem Hausmädchen und kündigte diesem. Die typische Verschiebung des Wahrnehmungsfeldes, die mit den Veränderungen des Aktualspiegelwertes reaktionsspezifischer Energie bekanntermaßen einhergeht, drückte sich bei der alten Dame ganz wundervoll darin aus, daß sie von der jeweils neuen Hausgehilfin, die sie unmittelbar nach der Entladung ihres Aggressionszustandes kennenlernte, jedesmal über alle Maßen entzückt war und ihre Eigenschaften nicht genug zu rühmen wußte. Es fiel ihr nie auf, daß sich die ‚Perle' immer wieder im Lauf weniger Monate ganz zwangsläufig in ein geradezu hassenswertes Geschöpf verwandelte."

Auch nach der Bedarfsfallreizung scheint z. B. im Aggressions-Zentrum noch ein „Mindestwiderstand“ gegen den Verbrauch der zufließenden Steuerenergie zu bestehen. Dieser Mindestwiderstand ist biologisch sinnvoll, weil bei aggressivem Verhalten nicht nur aggressionsspezifische Energie, sondern in erheblich größerem, schwerer ersetzbarem Umfang auch kostbare, vielseitig einsetzbare „Arbeitsenergie“ konsumiert wird. Der Abfluß der Aggression wird durch konkurrierende Tendenzen wie den Familieninstinkt und die Fluchttendenz und Reize wie das Kindchenschema (Pflegetendenz und Beschwichtigungsgesten) gehemmt. Zu einem über dem Aktivierungswert des jeweiligen Einzelreizes liegenden Aggressionsstau kommt es durch das Phänomen der Summation. Wie die Ausdrücke Rache/Rachsucht deutlich zeigen, wird die aggressionsspezifische Energie nicht sofort nach dem Aufhören des Bedarfsfallreizes abgebaut. Sie bleibt vielmehr einige Zeit im Aggressions-Zentrum erhalten. Folgen dem ersten Bedarfsfallreiz kurzfristig weitere Reize, so kann es zur Summation der unter der Einwirkung der „unterschwelligen“ Reize in das Aggressions-Zentrum fließenden Energie kommen. Dieses Summationsphänomen läßt sich am Beispiel des Nießreflexes gut beobachten. „Ein ganz schwacher Reizzustand der sensiblen Nervenendigungen in der Nasenschleimhaut führt schließlich, wenn er lange genug einwirkt, zur Entladung des Reflexes [257, S. 522].“ Bezogen auf das Aggressions-Zentrum bedeutet das z. B.: wenn ein Mensch mit verschiedenen anderen Menschen in schneller Folge das gleiche unangenehme Erlebnis hat, so führt das Summationsphänomen dazu, daß es nach Erreichen des Schwellwerts bzw. nach dem Sinken des Schwellwerts zu einer aggressiven Reaktion kommt, die in keiner Weise der Energiezufuhr angemessen ist, die durch den letzten Anstoß aktiviert wurde. Eine Kleinigkeit schlägt dann, wie der Volksmund sagt, „dem Faß den Boden aus“.

Endet der Aggression erzeugende Reiz, bevor die gestaute Energie die Auslöseschwelle überschritten hat, so muß der Organismus diese aktive Energie ohne aggressive Handlung abbauen können. Es sei nur daran erinnert, daß auch bei großer Wut ein schneller Sieg gelingen kann bzw. wegen starker Gegentendenzen der Schwellwert nicht erreicht wird. Ein endogener Mechanismus, dessen abgestuftes Wirken der Mensch je nach dem Umfang der aggressions-spezifischen Restenergie als Triumphgefühl, Begeisterungsschauer oder als Siegesfreude erlebt, scheint im Erfolgsfall die Energie zu verbrauchen. Aber auch im Fall der ohnmächtigen Wut erfolgt nach Beendigung der Reizwirkung ein endogener Energieverbrauch. Wie das im einzelnen geschieht, ist noch ungeklärt. Bei dem für aggressives Verhalten wichtigen Kreislaufhormon Adrenalin erfolgt die Passivierung sehr rasch durch Oxydation [108, S. 323]. Andere Hormone haben aber „Halbwertzeiten“ von mehreren Tagen. Für die im Aggressionszentrum gestaute Energie läßt sich nur sagen, daß sie abgebaut wird. Wie lange das dauert, ist bisher noch ungeklärt.

Wenn Konrad Lorenz schreibt: „Die bei Mitgliedern von Expeditionen, bei der Besatzung kleiner Schiffe usw. auftretende ‚Polarkrankheit‘ ist nichts anderes als eine gewaltige Schwellenerniedrigung der Verhaltensweisen des Wutausbruches. Wer sie kennengelernt hat, weiß, wie lächerlich kleine Reize schließlich zornerregend wirken. Selbst bei völliger Einsicht in die eigene Reaktion kann man nicht verhindern, daß einen gewisse kleine Eigenheiten eines Kameraden, ein Hüsteln, eine eigenartige Sprechart usw. zur Weißglut bringen" [180, Bd. II, S. 166]; so ist auch nach den Abhandlungen in dieser Arbeit noch unbestimmt, ob es sich dabei um die Folgen der Konditionierung bedingter Signale oder von Energiestau handelt. Im übrigen kündigen ja auch bedingte Signale nur an, daß ein Energiestau folgen wird. Sie wirken dadurch gleich so stark wie die summierten Reize und lösen so eine der Reizsumme angemessene Reaktion aus.

Vergleicht man die beschriebenen Leistungszentren miteinander, so müssen neben den Unterschieden auch die Gemeinsamkeiten aufgezählt werden. Für alle Leistungszentren gilt, daß die sich in ihnen stauende Energie im Organismus nur bestimmte Leistungen zu vollbringen vermag. Dabei ist die Leistung bei Zentren vom Typ Herzschrittmacher sehr genau bestimmbar, während sie sich z. B. beim Aggressionszentrum nur innerhalb weiter Grenzen festlegen läßt. Die Leistung des Aggressionszentrums kann nur als Tendenz, diffuses Verhalten zur Außenreizbeseitigung (Reizvernichtung) im Rahmen einer übergeordneten Hin-Tendenz zu initiieren, beschrieben werden. Aggressionsspezifische Energie (Aggression) bewirkt, daß jedes Verhalten abgebrochen wird, das fort vom Reiz führt. Nur im Rahmen dieser Bedingung wird die Reizbeendigung als Erfolg erlebt. Durch die übergeordnete Hintendenz kann Energie, die sich im Aggressionszentrum angesammelt hat, nicht Fluchtverhalten bewirken, das unter der Leitung einer Weg-Tendenz steht, obwohl in beiden Fällen das Ende der Außenreizung die Voraussetzung für die Bedürfnisbefriedigung ist[22].

Das Bauprinzip der Leistungszentren vom Typ II und Typ III unterscheidet sich von dem des Herzschrittmachers prinzipiell nur in der unterschiedlichen Konstruktion des Auslösewiderstandes. Während die Schwelle beim Herzschrittmacher nur bewirkt, daß sich genügend Energie ansammelt, um eine ausreichende Mindestleistung zu erbringen, soll sie bei den Leistungszentren des Typs II und III dafür sorgen, daß die Leistung nur als Antwort auf bestimmte Außenreize erbracht wird. „Leerlaufreaktionen" des Herzschrittmachers sind biologisch sinnvoll. Leistungen der Zentren vom Typ II und III sind ohne exakte Umweltorientierung für den Menschen wertlos. Bei den Zentren vom Typ II kommt es unter dem Einfluß endogener Reize zu einer

[22] Danach bestimmt bereits der Bedarfsfallreiz und nicht erst eine Hinweisfunktion, ob der Mensch sich aggressiv oder furchtsam verhält. Als Beweis dafür, daß Wut und Furcht Folgen von Erregungen verschiedener Zentren sind, führt Hebb an, daß beide nicht in gleicher Weise durch das Sexualhormon Testosteron gefördert werden. „Das müßte jedoch der Fall sein, wenn die Erregung beide Male wirklich die gleiche wäre." Hebb, Donald Olding: Einführung in die moderne Psychologie [124, S. 239 f.].

spontanen, automatischen Energieversorgung. Als Folge kommt es zu Überladung und Selbstauslösung, wenn der Energieabruf geringer als die Zufuhr ist, und zur Erschöpfung, wenn der Abruf einige Zeit über der Zufuhr von Energie liegt. Bei Zentren vom Typ III, z. B. dem Aggressionszentrum, fehlt diese spontane, automatische Energieversorgung. Erst unter dem Einfluß exakt definierter Bedarfsfallreize kommt es zur Energiebildung und in ihrem Gefolge bei zu geringem Energieabruf als Folge einer übergeordneten Hemmung auch zur Überladung, zur Schwellwertsenkung und zur Selbstauslösung.

Welche Bedürfnisarten sind nun im psychischen Energiebereich des Menschen zu unterscheiden? Als Bedürfnisinhalte kommen spezifische Energien in Leistungszentren vom Typ Herzschrittmacher sowie in Typ-II- und Typ-III-Leistungszentren infrage. Die spezifische Energie in Leistungszentren vom Typ Herzschrittmacher soll hier nicht als selbständiger Bedürfnisinhalt betrachtet werden, weil die Energieverwendung in diesen Zentren automatisch sowie biologisch und organologisch sinnvoll erfolgt. Anders bei den Leistungszentren vom Typ II und III; hier kann es dadurch zu Störungen des Energiehaushalts kommen, daß dem Organismus die in einem bestimmten Umfang erwarteten[23] Außenreize vorenthalten werden. Bei den Zentren des Typs II scheint es zu Störungen zu kommen, wenn das tatsächliche Außenreizniveau über oder unter dem erwarteten liegt. Bei Zentren des Typs III müssen dagegen die Ebene des Bedarfsfallreizes und die des Verhaltens getrennt betrachtet werden. Wenn die Bedarfsfallreizung ein bestimmtes von Null bis „*X*" reichendes Niveau überschreitet, kommt es zu Störungen im Haushalt der Vorenergie. Zu Störungen in den Zentren vom Typ III direkt kommt es, wenn nach der Bedarfsfallreizung das tatsächliche Verhalten vom biologisch erwarteten Verhalten abweicht.

Um von Bedürfnissen des psychischen Energiebereichs sprechen zu dürfen, muß noch der Nachweis erbracht werden, daß die Einhaltung der Homöostasen der psychischen Energie in den Zentren vom Typ II und III für das Funktionieren des menschlichen Organismus existentielle Bedeutung hat. Es ist hier also nicht zu fragen, welches die Folgen für den Menschen wären, wenn der Mensch z. B. kein Aggressionszentrum hätte, sondern welche Folgen es für den Gesundheitszustand eines Menschen hat, wenn er seinen aggressiven Tendenzen nicht nachgibt bzw. nicht nachgeben kann. Forschungsergebnisse der psychosomatischen Medizin[24], der Psychoanalyse[25] und der Physiologie[26] zeigen, daß Abweichungen von der Homöostase der Zentren vom Typ II und III

[23] „erwartet" heißt, dem Wissen der Art zufolge.

[24] v. Uexküll berichtet, daß es heute bei Störungen im Energiehaushalt des Aggressions- oder des Fluchtzentrums vor allem zu „Erkrankungen des Herzens und der Gefäße", zu „Magen- und Zwölffingerdarmgeschwüren" und zu einer Reihe anderer, z. T. weniger genau profilierter Krankheiten kommt [301, S. 16 ff.].

[25] Hier ist vor allem Freud zu nennen.

[26] Von ihr wird behauptet, daß Energiestau in Zentren des Typs II Zerstörungen im ZNS nach sich zieht. Vgl. Dröscher [71] und Hebb [123, S. 436 ff.].

zu schwerwiegenden Schädigungen des Organismus, ja bis zum Tod führen können.

Vor der anschließenden vertieften Behandlung dieses Themenkreises seien die folgenden Thesen nochmals hervorgehoben: Ein Bedürfnisinhalt im psychischen Energiebereich des Menschen ist Energie, die in einem ZNS-Zentrum vom Typ II oder III lokalisiert ist und dort spezifisch wirkt. Für diese spezifische Energie gelten ebenfalls eine Homöostase sowie Heterostasen, d. h. Bedürfnisbedingungen für den Normal- sowie für Ausnahmefälle.

b) Arten von Bedürfnisbasen im psychischen Energiebereich des Menschen

(1) Vorbemerkung

In der Bedürfnisforschung besteht leider noch keine Übereinstimmung darüber, welche spezifischen psychischen Energien der Mensch spontan-automatisch und welche er nur unter dem Einfluß exogener Reize produziert. Der Hauptgrund dafür ist, daß fast nur aus den Veränderungen des Verhaltens bei unterschiedlicher Außenreizung auf die Art der Energieversorgung geschlossen wird[27]. Ein direkter physiologischer Zugang zur Bestimmung der Entstehungsursachen spezifischer Energie ist bisher nur bei einigen Hormonen gefunden worden[28]. Weiter wurde bei einigen „Zentren vom Typ Herzschrittmacher" „spontane, automatisch-rhythmische Erzeugung von Reizen" nachgewiesen, aus der auf spontan-automatische Energieproduktion geschlossen wurde [180, Bd. II, S. 135]. Trotz mannigfaltiger Ungewißheiten sollen aber hier die wichtigsten psychischen Leistungszentren danach gegliedert werden, ob sie eher zum Typ II oder zum Typ III zu rechnen sind.

(2) Leistungszentren mit spontaner, automatischer Energieversorgung als Bedürfnisbasen (Bedürfnistyp II)

Bedürfnisse des Typs II haben spezifische Energie in Leistungszentren des ZNS zum Bedürfnisinhalt, die spontan-automatisch produziert wird. Zum Wesen spezifischer „psychischer" Energie gehört es, daß sie nur bestimmte Aufgaben zu lösen vermag. Während bei einigen Tierarten bereits Zentren

[27] Bei der Analyse der Leistungszentren des Menschen mit Hilfe von Verhaltensforschung ergibt sich die Schwierigkeit, daß viele der von außen beobachtbaren Verhaltensweisen von der Aktivität mehrerer Zentren gemeinsam getragen werden. Konrad Lorenz, von dem die wichtigsten Hinweise zu diesem Problem stammen, hat vor allem den Einfluß des Mischungsverhältnisses von Aggression, sozialer Furcht und Sexualität auf das Verhalten verschiedener Tiere untersucht. Vgl. Lorenz [177, S. 121 ff.]; vgl. auch Tembrock [288, S. 62 ff.].

[28] Die Neurologie hat durch elektrische Reizung der verschiedenen Gehirnpartien bei Tieren – vgl. dazu Tembrock [288, S. 261 ff.] und Eibl-Eibesfeldt [77, S. 172 ff.] – sowie durch systematische Untersuchungen an Gehirnkranken viele Beweise dafür gesammelt, daß es im Gehirn höhere Leistungszentren gibt – vgl. Rohracher [235, S. 47 f.].

vom Typ II mit sehr genau definierbaren Leistungen gefunden wurden,[29] konnten beim Menschen fast nur Typ-II-Zentren mit wenig bestimmten Leistungen entdeckt werden. Einige der bis heute gefundenen Ausnahmen sind beim Säugling das Saugzentrum,[30] beim geschlechtsreifen Mann das Ejakulationszentrum bzw. bei der Frau entsprechende Zentren und das Augenbewegungszentrum[31]. An spontan-automatisch produzierten spezifischen psychischen Energien mit nur in weiten Grenzen bestimmbaren Leistungen sind zu nennen: Die Sexualenergie; eine Gruppe von auf Erfahrungserwerb und Übung des Gehirns zielenden Energien, wie Energie zur Aufnahme und Verarbeitung von Sinneseindrücken (Explorationsenergie) und Assoziationsenergie; Energie zur Steuerung von Bewegungsvorgängen und Energien, die zur Gruppenbildung führen, wie Gesellungsenergie, Mitteilungsenergie, Energie zur Wahrnehmung affektiven Kontaktes (affektive Energie) und Sprechenergie.[32]

Die Mehrzahl der Typ-II-Bedürfnisse sind noch keiner gründlichen Analyse unterzogen worden. Selbst von dem seit langem bekannten Sexualenergiebedürfnis (spontan) ist nur die Entstehungsursache und die Wirkung von einigen „Hormon-Energiearten" untersucht worden. Ob „die" Sexualenergie auch aus anderen, „psychischen Energieformen" besteht, ist noch weitgehend unbestimmt. Man weiß auch noch nicht, ob sich beim Menschen „die" Sexualenergie teilweise erst unter dem Einfluß (äußerer) Bedarfsfallreize bildet oder ob das beim Menschen im Gegensatz zu vielen Tierarten[33] nicht der Fall ist.

[29] Die Tierverhaltensforschung nimmt an, daß Verhaltensweisen, die bei unerfahrenen Tieren ohne erkennbaren Auslöser auftreten, auf das Überfließen von in Typ-II-Zentren gestauter reaktionsspezifischer Energie zurückzuführen ist. Lorenz hatte „einen jung aufgezogenen Star, der, obwohl er nie in seinem Leben im Fluge eine Fliege gefangen hatte, doch das ganze dazugehörige Verhalten ausführte, aber ohne Fliege, auf Leerlauf." Lorenz [180, Bd. I, S. 107].

[30] Eibl-Eibesfeldt [77, S. 60], berichtet, daß Ploog und Spitz bei Säuglingen eine deutliche Abhängigkeit zwischen Sättigungsgrad und Anzahl der Saugbewegungen fanden. „Wenn die Säuglinge eine bestimmte Menge 20 Minuten saugend aufgenommen hatten, schliefen sie befriedigt ein. Hatte der Sauger jedoch eine zu große Öffnung, so daß sie die gleiche Menge oder sogar 50 Prozent mehr in 5 Minuten ersogen, dann blieben sie unbefriedigt. Sie sogen im Leerlauf weiter und begannen zu schreien. Gab man ihnen die leere Flasche, sogen sie daran weiter 10 bis 15 Minuten und zeigten sich dann befriedigt."

[31] Bei Blinden kommt es zum Blindennystagmus, einer Leerlaufbewegung in Form eines unentwegten Augenrollens – vgl. Eibl-Eibesfeldt [77, S. 396] und Müller-Limmroth [200, S. 889].

[32] Vgl. zu dieser Aufzählung der Typ-II-Bedürfnisse: Bindra [27]; Charlotte Bühler [39, S. 109 ff.]; Claessens [48, S. 62 ff.; 55, S. 100 ff.]; Eibl-Eibesfeldt [77, S. 391 ff.]; Fuller [98]; Gehlen [102, S. 25 ff.]; Hebb [124, S. 233 ff.]; Hofstätter [135, S. 82 ff.; 136, S. 48 ff.]; Homans [137, S. 1 ff.]; Lersch [171, S. 99 ff.]; Konrad Lorenz [177; 180]; Lückert [186, S. 100 ff.]; Rohracher [235, S. 356 ff.]; Schelsky [247]; Thomae [292]; Young [322].

[33] Es handelt sich hier nicht um die Frage nach der Wirkung des Auslösers auf den angeborenen Auslösemechanismus (AAM), sondern darum, ob sich die Sexualenergie teilweise erst unter dem Einfluß von Außenreizen bildet. So berichtet Eibl-Eibesfeldt [77, S. 63], daß balzende Kanarienmännchen die Östrogen*produktion* beim Weibchen anregen. Ähnliche Beobachtungen wurden bei Lachtauben, Stichlingen und Hausmäusen gemacht. Vgl. [77, S. 63 ff.].

Zu den wenigen Bedürfnissen des Typs II, über die empirische Untersuchungen vorliegen, gehören das Explorations- und das Assoziations-Energiebedürfnis (spontan) sowie das affektive Energiebedürfnis (spontan). Sie sollen als Beispiele dienen, um Besonderheiten der Typ-II-Bedürfnisse zu veranschaulichen.

Zunächst werden einige Beobachtungsergebnisse berichtet, die vermuten lassen, daß Tiere und Kleinkinder Typ-II-Zentren für Explorations- und Assoziationsaufgaben haben. Schon seit längerer Zeit ist bekannt, daß Ratten (Affen, Katzen) in einem „Y-Laufkäfig" den Weg wählen, der ihnen die Möglichkeit bietet, Unbekanntes zu untersuchen [322, S. 52; 124, S. 261]. Weiter berichtet Kimble, daß Ratten und Affen in Laboratoriumsversuchen etwa 40 % ihrer Zeit auf visuelle Exploration verwenden. Als Beobachtungsobjekte standen bei Affen andere Affen an erster Stelle, es folgten eine elektrische Eisenbahn, Nahrung und ein leerer anderer Käfig. Auch das Hören von Geräuschen anderer Affen oder des Zuges wurde als Belohnung empfunden. „It is of some interest that the effectiveness of visual reinforcers increases with up to 6 or 8 hours deprivation from the opportunity to engage in visual exploration. In this regard the exploratory motive resembles the homeostatic drive [134, S. 254]." „Bei einem Säugling, der sich in einem angenähert homogenen Ganzfeld (weiße Tücher, weiße Zimmerdecke) befindet, stellt sich z. B. durch die unzureichende Befriedigung der Erkenntnistendenz ein körperlicher Verfall ein [55, S. 112]." Aus dem Umgang mit Kindern weiß auch der „Laie", daß man sie z. B. zum Aufessen einer Mahlzeit veranlassen kann, wenn man ihnen als Belohnung ein Explorationserlebnis, z. B. Fernsehen verspricht [133, S. 485].

Es liegt nun nahe, das Explorationsbedürfnis (spontan) auch bei Erwachsenen systematisch zu untersuchen. Hebb berichtet von Experimenten, die sehr klar zeigen, daß auch der erwachsene Mensch das „Bedürfnis" hat, das „Gehirn zu üben", d. h. Explorations- und Assoziationsenergie abzubauen, sobald ihre Istmenge die Werte der Homöostase übersteigt. Studenten erhielten den Auftrag, „den ganzen Tag (24 Stunden) in einem bequemen Bett zu liegen, Hände, Augen und Ohren waren allerdings so abgeschirmt bzw. verstopft, daß die Wahrnehmung der Umwelt auf ein Minimum reduziert wurde. Erleichtert wurden die Bedingungen nur insofern, als der Versuchsperson erlaubt wurde, zu essen und auf die Toilette zu gehen [124, S. 259 f.]." Sieht man von der fehlenden sexuellen Befriedigung ab, so hatten die Versuchspersonen keinen Schmerz zu ertragen. „Die sekundäre Belohnung war dagegen hoch: 20 Dollar und freie Station sind mehr als 7000 Dollar im Jahr, weit mehr als ein Student auf andere Weise verdienen könnte. Die *Vpn* sollten das Experiment unter diesen Bedingungen eigentlich gerne durchführen und froh darüber sein, auf so schmerzlose und gewinnreiche Weise zur wissenschaftlichen Erkenntnis beitragen zu können. – In Wirklichkeit war die *Vp* dadurch vielleicht 4–8 Stunden hinreichend motiviert, danach wurde sie immer unglücklicher. Sie entwickelte

‚einen Drang' nach Anregungen fast jeder Art. In der ersten vorbereitenden Untersuchung konnte sie beispielsweise auf Wunsch Schallplatten hören. Einigen *Vpn* wurde ein Gespräch für 6jährige Kinder über die Gefahren des Alkohols vorgespielt. Es konnte vorkommen, daß es von einem erwachsenen männlichen Collegestudenten 15- bis 20mal innerhalb von 30 Stunden gewünscht wurde. Anderen wurde eine Platte mit einem alten Börsenbericht angeboten, und auch sie wurde wiederholt gewünscht [123, S. 436]." Dieser Wunsch „zu handeln und auf Wahrnehmungen zu reagieren, erlangte schließlich die Oberhand und bedingte die Entscheidung, den gut bezahlten Job aufzugeben". „Diese leichte Art Geld zu verdienen ... wurde nur von wenigen länger als drei Tage ausgehalten (die Höchstdauer betrug 6 Tage). [124, S. 260]" Die Studenten berichteten, „daß sie bereits nach 4 bis 5 Stunden Isolation keinen zusammenhängenden Gedanken mehr fassen konnten (und) daß ihr Interesse für ihr Studium und dergleichen für 24 Stunden und länger nach der Isolierung ernsthaft gestört war" [123, S. 437]. Das Traumzentrum [S. 124, Fn. 8] kann demnach beim Menschen nur in begrenztem Umfang Explorations- und Assoziationsenergie abbauen, anderenfalls verfiele der sensorisch unterversorgte Mensch ersatzweise in eine Art Winterschlaf.

Die Untersuchungen, über die Hebb berichtet, befassen sich nur mit den Folgen eines Überschusses an Explorationsenergie. Die Folgen von Überlastungen des Explorations- und des Assoziationszentrums, d. h. eines zu großen Abrufs an Energie, sind ebenfalls wenig geklärt. Neuerdings wird angenommen, daß die Explorations- und Assoziationstätigkeit psychisch gesehen aus einem ständigen Wechsel von Erholungs- und Leistungsphasen besteht, daß aber „bei intensiver geistiger Arbeit die Energien, die von den Ganglienzellen durch Erregungsproduktion verbraucht wurden, in den Erholungsphasen zwar ersetzt (werden), aber nur gerade in dem Ausmaße, das notwendig ist, um die Zellen wieder aktionsfähig zu machen (d. h. neue Erregungsproduktion zu ermöglichen); eine restlose ‚Auffüllung' der Ganglienzellen, wie sie wahrscheinlich während des Schlafes stattfindet, ist im Wachzustand während der kurzen ‚Erholungs-'(Alpha-)Perioden nicht möglich. Durch diese nur gerade ausreichende Versorgung werden bei längerer geistiger Beanspruchung nicht nur immer häufiger Alpha-Phasen notwendig, sondern es entsteht auch ein ständig wachsendes Defizit an verbrauchbarer Energie, weil der Nachschub in den Regenerationsphasen nur gerade für eine kurzzeitige Wiederherstellung der Aktionsfähigkeit ausreicht. Der dauernde Verbrauch bei ungenügendem Nachschub führt dazu, daß schließlich ein Zustand eintritt, in welchem die Ganglienzellen nicht mehr genug Erregung produzieren können. Dann sinkt die objektive Leistung rapid ab; und subjektiv entsteht der Drang nach Beendigung der Arbeit, die man nur mehr mit größter Anstrengung aufrecht erhalten kann – eben der Zustand der Ermüdung, der bei weiterer Beanspruchung in Erschöpfung übergeht und dadurch das Ende der Arbeit erzwingt [235, S. 493]."

Die hier angeführten Untersuchungsergebnisse stützen sehr stark die Hypothese, daß für das Explorationsenergie- und das Assoziationsenergiebedürfnis (spontan) Homöostasen gelten, von denen Abweichungen nach oben (Energiestau) und nach unten (geistige Erschöpfung) möglich sind.

Offen ist zur Zeit noch die Frage, ob der Mensch ein Explorationszentrum und ein Assoziationszentrum oder mehrere Zentren hat, die jeweils eigene reaktionsspezifische Energien produzieren. Offen ist also beispielsweise die Frage, was geschieht, wenn der Mensch nur mit Hilfe seines Gehörs explorieren darf. Die sogenannte Neugier zielt ja darauf, daß der Mensch sich einen allumfassenden Einblick in die Natur des mit Hilfe eines Sinnes lokalisierten Reizes verschafft. Erreicht den Menschen ein neuer optischer Reiz, so will er wissen, ob diese Reizquelle Furcht verursacht, wie sie schmeckt, riecht, sich anfühlt, wie schwer sie ist, ob sie eß-, trink- oder sonstwie konsumierbar ist. Kurz, er will der neuen Reizquelle möglichst viele Erfahrungen abgewinnen. Dieses „totale" Neugierverhalten kann allerdings nur bei unerfahrenen Menschen (z. B. Kleinkindern) beobachtet werden. Bei erfahreneren Menschen erfolgt die Prüfung für einen Beobachter scheinbar nur noch in einer abgekürzten Form, weil der Organismus dort auf die tatsächliche Prüfung verzichtet, wo z. B. eine bestimmte Konstellation von optischen Reizen durch frühere Erfahrungen bereits mit den Ergebnissen der Prüfungen durch andere Prüforgane assoziiert ist. Zusammenfassend kann als Antwort auf die Frage, ob es mehrere – etwa ein visuelles, ein akustisches und ein olfaktorisches – oder nur ein Explorationsbedürfnis gibt, gesagt werden: die „totale" Neugiertendenz spricht für mehrere Explorationszentren, die Tendenz, die tatsächliche Prüfung der Natur einer Reizquelle durch Assoziationsarbeit zu ersetzen, aber dagegen. Vielleicht erfolgt auch erst im Laufe der menschlichen Entwicklung der Zusammenschluß mehrerer Zentren zu einer großen Explorations- und Assoziationseinheit mit spontan-automatischer Energieproduktion. Die Frage ließe sich endgültig aber nur durch Untersuchungen über die Folgen von totalem Entzug der verschiedenen Außenreizarten entscheiden.

Bei den anderen Typ-II-Bedürfnissen sollen hier nur noch einige Überlegungen zum affektive-Energie-Bedürfnis (spontan) des Kindes angestellt werden. Die nachstehende Zusammenfassung der wichtigsten Untersuchungsergebnisse über Folgen von Abweichungen von der Homöostase dieses Bedürfnisses findet sich bei René Spitz. Bei der Lektüre der Tabelle I muß beachtet werden, daß für die Ausfallkrankheiten in erster Linie ein qualitativer Faktor, für psychotoxische Erkrankungen dagegen ein quantitativer Faktor verantwortlich ist. Psychotoxizität zeigt sich bei Kleinstkindern, wenn bei ausreichender Kontaktzeit von Mutter und Kind die Qualität der mütterlichen Einstellung nicht den „Anforderungen" des Säuglings entspricht. Woran das Kind die negative Einstellung der Mutter erkennt, kann aufgrund der wenigen Einzelfallstudien noch nicht gesagt werden. Anders bei Mangelerscheinungen: hier erhält das Kind zu wenig affektiven Kontakt. Nach der Trennung von Mutter und

Kind sind die Folgen um so schlimmer, je besser die Qualität der zuvor erlebten affektiven Zufuhr war. [Spitz, 277, S. 213 ff.]

Eine genaue Beschreibung dessen, was als der Außenreiz „affektive Zufuhr" zu verstehen ist, gibt es in der Literatur noch nicht. Es wäre nun zu prüfen, ob es ein gesondertes Zentrum vom Typ II für die Verarbeitung affektiver Zufuhr gibt, das etwa auf Küssen, Streicheln, Herzen, Lächeln, leises Sprechen und Singen (von Wiegenliedern[34]) anspricht, oder ob die psychogenen Krankheiten im Säuglingsalter nur die Folgen von Abweichungen von den Homöostasen anderer Bedürfnisse sind.

Tabelle 1
Klassifizierung mütterlicher Haltungen und die im Zusammenhang damit auftretenden psychischen Störungen beim Säugling[35])

	Psychogene Krankheiten im Säuglingsalter Ätiologische Klassifizierung	
	Mütterliche Haltung	*Krankheiten des Säuglings*
Psychotoxische Krankheiten	Primäre unverhüllte passive Ablehnung des Kindes	Koma des Neugeborenen (Ribble)
	Aktives Nichtakzeptieren	Erbrechen
	Primäre ängstl. Besorgnis	Dreimonatskolik
	Feindseligkeit in Form ängstlicher Besorgnis	Atopische Dermatitis des Säuglings
	Pendeln zwischen Verwöhnen und Feindseligkeit	Hypermotilität (Schaukeln)
	Zyklische Stimmungsverschiebung	Koprophagie
	Bewußt kompensierte Feindseligkeit	Aggressiver Hyperthymiker (Bowlby).
Ausfallkrankheiten	Partieller Entzug affektiver Zufuhr	Anaklitische Depression
	Völliger Entzug	Marasmus

Eine entsprechende Fragestellung findet sich auch bei Claessens [48, S. 62 ff.; 55, S. 111 f.]. Wahrscheinlich ist, daß doch neben diesen Bedürfnissen ein Zentrum vom Typ II beteiligt ist, dessen Aufgabe es ist, den Kontakt zu vertrauten Menschen (Lebewesen?) aufrechtzuerhalten. Durch das Erlebnis des affektiven Kontaktes wird die „affektive Energie" verbraucht. Die Auslöserwir-

[34] „J. Kneutgen (in Vorbereitung) untersuchte die Wiegenlieder verschiedenster Völker und kommt zu dem Schluß, daß hier die einheitlichste Musikform der Erde vorliegt", die im übrigen auch auf den Erwachsenen seine beruhigende Wirkung nicht verfehlt. Eibl-Eibesfeldt, Irenäus [77, S. 429].

[35] Übernommen aus Claessens[48, S. 71]. Vgl. auch Spitz, René A.: Vom Säugling zum Kleinkind [277, S. 222 ff.].

kung des Kindchenschemas veranlaßt die soziale Umwelt des Kleinkindes normalerweise, ihm diese affektive Zufuhr „kostenlos“ zu liefern. Später tritt die Auslöserwirkung des kindlichen Lächelns verstärkend hinzu. Beim Erwachsenen entfällt diese Automatik. Er muß sich die Außenreizung (affektive Zufuhr) über den Umweg der sozialen Anerkennung erwerben. Der Erwachsene besitzt aber scheinbar auch interne homöostatische Einrichtungen, deren Vorhandensein in den „Erlebnissen zur Wiederherstellung des Selbstgefühls (im Sinne von Selbstwertbewußtsein) nach“ einem Versagen in einer sozialen Situation [234, S. 16] bemerkbar wird. Es handelt sich dabei um einen psychischen Regelkreis, bei dem nach Art eines Automatismus die Regelung ohne „aktives, willentliches Eingreifen“ zustande kommt [234, S. 16] und der es dem erwachsenen Menschen ermöglicht, Ausfälle im System der affektiven Zufuhr zu verwinden. Wahrscheinlich ist das Wirken dieses Regelsystems der Erwachsenen vom Vorhandensein individuellen Wissens abhängig. Das würde dann erklären, warum Säuglinge auf die tatsächliche affektive Zufuhr angewiesen sind.

Die spontan-automatisch produzierte Energiemenge ist auf ein konstantes Leistungsniveau zugeschnitten. Als Störgrößen wirken bei den Typ-II-Bedürfnissen die Schwankungen bzw. Abweichungen der tatsächlichen gegenüber der erwarteten Energienachfrage. Wenn das Zentrum zur Wahrnehmung affektiven Kontaktes beim Kleinkind z. B. dafür eingerichtet wäre, täglich die Reizung durch viermal 20 Minuten Streicheln wahrzunehmen, so käme es zu einem Energiestau, wenn das Kind nur jeweils 5 Minuten gestreichelt würde und zu einer Überlastung, wenn es immer 40 Minuten gestreichelt würde. In ähnlicher Weise müßten auch für die anderen Typ-II-Bedürfnisse Störungen definiert werden.

(3) Leistungszentren, die nur unter dem Einfluß von Außenreizen mit Energie versorgt werden, als Bedürfnisbasen (Bedürfnistyp III)

Bedürfnisse des Typs III haben spezifische Energien in Leistungszentren des ZNS zum Bedürfnisinhalt, die erst unter dem Einfluß exakt bestimmter Außenreize (Bedarfsfallreize) produziert bzw. aus einer unspezifischen, leicht umformbaren Vorform in die spezifische Form umgewandelt werden. Zur Charakterisierung der Bedürfnisinhalte der Typ-III-Bedürfnisse müssen daher die Bedarfsfallreize, die die Energiefreisetzung erst bewirken, sowie die Leistungen, die diese Energien bewirken, gleichrangig genannt werden. Die Homöostase lautet bei Typ-III-Bedürfnissen: Es darf keine spezifische Energie im Typ-III-Zentrum gestaut sein. Der Mensch kann aber vorübergehend Stauungen von Typ-III-Energie ertragen. Zu Störungen der Homöostase der Typ-III-Bedürfnisse kommt es dadurch, daß der Mensch nicht in völliger Isolierung von der Außenwelt leben kann.

Bezogen auf das Flucht/Angstenergiebedürfnis (exogen) lauten die hier vertretenen Thesen: Würde der Mensch keine Flucht/Angst-Bedarfsfallreize erleben, so würde sich keine Flucht/Angstenergie bilden – subjektiv ausgedrückt: so würde er keine Flucht/Angst erleben. Diese Thesen stehen im Widerspruch zu den u. a. vom Starnberger Gesprächskreis 1964 unter starkem Einfluß von Konrad Lorenz entwickelten Vorstellungen, denen zufolge es im Menschen ein „erbgenetisch fixes Angstpotential (gibt), das gleichsam in konstanter Menge unter kulturell wechselnden Auslösebedingungen ausgelebt werden muß" [117, S. 129]. Auch wenn Angst in der vorliegenden Arbeit nur als reaktive Erscheinung angesehen wird, so soll nicht ausgeschlossen werden, daß nach einem entsprechenden Lernprozeß das Angsterlebnis etwa durch einen Kriminalfilm oder eine Schauergeschichte als Quelle von Explorationsmöglichkeiten geschätzt wird.

Die Wirkung des Erlebnisses der Bedarfsfallreize eines Typ-III-Bedürfnisses sei weiter am Beispiel des Flucht/Angst-Energiebedürfnisses demonstriert. Kleinkinder reagieren auf plötzliche, laute Geräusche (Bedarfsfallreiz) mit Schreien [322, S. 452]. Vom Erwachsenen ist bekannt, daß er bei plötzlichen, lauten Geräuschen einen Schreck bekommt, der deutlich als Flucht-(Zurückweiche-)Tendenz empfunden wird. Nach Lorenz ist der Schreck bzw. die Angst das Erlebnis der Energieproduktion bzw. der Anwesenheit von reaktionsspezifischer Energie „von innen, introspektiv gesehen" [178]. Das Inganghalten des Schreiens bei Kindern und der Flucht beim Erwachsenen ist die spezifische Leistung der Energie. Auch nach Beendigung des Bedarfsfallreizes bleibt die Flucht/Angstenergie eine gewisse Zeit im Menschen erhalten, da sie von inneren Regelmechanismen nur langsam abgebaut wird.

Andere unbedingte Bedarfsfallreize, die beim Menschen die Produktion von Flucht/Angstenergie aktivieren, sind: Nachgeben des Untergrundes (Fallen), plötzliche Bewegungen, Schmerz, fremde Objekte (unbekannte Sinneseindrücke), fremde Menschen, Dunkelheit und der plötzliche Anblick des verstümmelten Körpers eines Menschen [124, S. 243 ff.; 322, S. 452 f.]. Diese Reize werden teilweise aber erst nach einer Reifungsperiode des Gehirns zu Bedarfsfallreizen. Laute Geräusche, Nachgeben des Untergrundes und plötzliche Bewegungen vermögen beim Menschen spätestens vom Zeitpunkt der Geburt an, Angst zu verursachen. Fremde Menschen und fremde Objekte wirken vom 6. bis 12. Lebensmonat an als Angstbedarfsfallreiz, vorausgesetzt, daß das Kind mindestens ein anderes Lebewesen kennt. Angst bei Dunkelheit findet man nicht vor dem 3. Lebensjahr. Schlangen werden nahezu auf der ganzen Welt ungefähr vom 6. Lebensjahr an gefürchtet [124, S. 31; 322, S. 452].

Die Leistung der Flucht/Angstenergie ist es, „zur Aktivität aufzurufen" mit dem Ziel der Beendigung der Bedarfsfallreizung im Rahmen einer übergeordneten „Von-weg-Tendenz". Wie Claessens [50, S. 88] aufzeigt, ist es beim erfahrenen Menschen ungewiß, ob „Angst ... zum Ausweichen oder zum Angreifen" bewegt. Das Angreifen muß in diesem Fall aber wohl als bedingte Vermeidungsreaktion interpretiert werden, die von „bedingter Angst" (Furcht) ausgelöst wird, um das Erlebnis unbedingter Flucht/Angst-Bedarfsfallreize zu vermeiden [S. 167 f.].

Ein weiteres Typ-III-Bedürfnis, an dem sich die Eigenschaften dieser Bedürfnisart gut zeigen lassen, ist das Schmerzbeendigungs-Energiebedürfnis (exogen). Als schmerzende Bedarfsfallreize „wirken starke mechanische, extreme thermische, chemische und elektrische Reize, denen gemeinsam ist, daß sie direkt das Gewebe oder seinen Stoffwechsel schädigen" [256, S. 806]. Neuere Untersuchungen haben gezeigt, daß für die Reaktion bei schmerzunerfahrenen Menschen z. B. Kleinkindern weniger Schmerzstärke (Umfang der Verletzung) als vielmehr die Dauer des Schmerzes wichtig ist. Gerade diese Beobachtung spricht dafür, hier Zentren vom Typ III zu vermuten.

Daß der Schmerz ein Bedarfsfallreiz eines Typ-III-Bedürfnisses ist, wird weitgehend anerkannt. Dagegen ist noch umstritten, welcher Art die Leistung der Schmerzbeendigungs-Energie ist [124, S. 251 ff.]. Neben raschen gezielten motorischen Reaktionen, vor allem als Antwort auf Oberflächenschmerzen [256, S. 806], steuert die Schmerzbeendigungsenergie jedes Verhalten, das zur Beendigung des Schmerzreizes führt. Während die ersten reflexartigen motorischen Reaktionen deutlich das Kennzeichen einer Wegtendenz aufweisen („zum Beispiel ein Zurückziehen der Hand, das zur Lösung des Kontaktes mit dem schmerzerregenden Gegenstand führt" [124, S. 252]), ist das bei den mehr kortikal gesteuerten Folgereaktionen nicht der Fall. Die unter dem Einfluß von Schmerz produzierte psychische Energie befiehlt Schmerzbeendigung, ohne zusätzlich eine Hin- oder eine Wegtendenz vorzugeben[36]. Die Schmerzbeendigungsenergie kann daher je nach den individuellen Erfolgserfahrungen Flucht oder Angriff anregen.

Als nächstes soll die Entstehung von Aggression weiter untersucht werden. Das Wort Aggression bezeichnet hier mit Lorenz reaktionsspezifische Energie, die im Menschen auf Kampf mit anderen Menschen drängt [177, S. IX.]. Aggression leistet eine Hintendenz und eine untergeordnete Tendenz auf Reizbeendigung. Hat sich in zwei Menschen gleichzeitig Aggression gebildet, so ist die Folge Kampf. Wie oben schon erwähnt, wird hier, im Gegensatz zu Lorenz' Theorie der spontan-automatischen Entstehung von Aggression die Ansicht vertreten, daß Aggression bei Menschen nur reaktiv, als Antwort auf äußere Bedarfsfallreize produziert wird. Den Ergebnissen faktor-analytischer Untersuchungen zufolge führen Körpernähe, die Dominanztendenz sowie Frustration auch bei Abweichung aller anderen Bedürfnisse von der Homöostase zur Entstehung von Aggression[37]. Der Faktor Körpernähe soll hier nicht weiter

[36] Hebb weist darauf hin, daß nirgendwo im Kortex so etwas wie ein Schmerzzentrum entdeckt werden konnte. Vgl. [124, S. 252].

[37] Vgl. Denker [66, S. 92 f.]; Mandel [188]; Selg [265, S. 63 ff.]. Zur Aggression erzeugenden Wirkung von Frustrationen kann vor allem auf die Untersuchungen der amerikanischen Psychologen verwiesen werden. Vgl. u. a. Yates [320, S. 66 ff.] und Young [322, S. 534 ff.].

untersucht werden. Auch der Zusammenhang zwischen „that condition which exists when a goalresponse suffers interference[38]" (Frustration) und Aggression bedarf angesichts der Fülle amerikanischer Untersuchungen zu diesem Thema hier keiner weiteren Erläuterungen.

Beim Dominanz-Bedürfnis wird an die Tendenz gedacht „insbesondere körperlichen Vorrang ‚durchzusetzen' und/oder sich irgendwie ‚auszuzeichnen', aufzufallen (d. h. im Sinne der Instinkttheorie: selbst Auslöser zu werden!), und zwar durch akzeptierte Leistung" [55, S. 119]. Diese Dominanztendenz im weiteren Sinne muß wahrscheinlich aufgelöst werden in das Rangordnungs- und das Anerkennungsenergiebedürfnis (exogen). Diese an sich selbständigen Typ-III-Bedürfnisse haben die Gemeinsamkeit, daß ihre Bedarfsfallsituationen durch die Anwesenheit anderer Menschen gekennzeichnet sind.

Das Rangordnungsbedürfnis benötigt als zusätzlichen selbständigen Bedarfsfallreiz eine soziale Konstellation, in der das Kräfteverhältnis von Menschen unklar ist. Die Rangordnungsenergie leistet dann eine Hintendenz mit dem Ziel, die Reaktion des anderen Menschen auf „an-greifen" zu erleben und dem anderen im „An-griff" die eigene Potenz zu zeigen. Beobachtungen vor allem bei Kindern sprechen für die Annahme, daß die Produktion von Rangordnungsenergie nicht nur von Menschen, sondern von allen neuen Sinneseindrücken aktiviert wird [195, S. 355]. Schon bei mobilen Kleinkindern (1–1$^{1}/_{2}$ Jahre) kann beobachtet werden, daß dieser Angriff fast immer über das Vorstellungsvermögen des Gegners erfolgt. Man zeigt, was man kann, und wartet gespannt darauf, wie der „Gegner" auf diese Demonstration reagiert. Nur bei gleich potenten Kindern führen Rangstreitigkeiten zu körperlichen Auseinandersetzungen. Untersuchungen, aus denen sich die engen Zusammenhänge zwischen Selbstwertgefühl und Fremdeinschätzung ergeben, zeigen, daß jeder Mensch nach Anerkennung „giert", „da er auf diese Weise am leichtesten sein Selbstgefühl anhebt oder stabilisiert" [55, S. 119 f.]. Erlebt der Mensch die „Stimulation einer Gruppe", so wirkt die Mißbilligung des eigenen Verhaltens durch die soziale Umwelt als Bedarfsfallreiz für die Produktion von Anerkennungsenergie. Sie beeinflußt das Verhalten so, daß es in die Anerkennung durch die Gruppe zurückführt. Beim Anerkennungsenergiebedürfnis (exogen) ist es aber auch möglich, Argumente dafür vorzubringen, daß es sich bei diesem Phänomen nur um die Folgen von Lernen handelt.

Die aggressions-spezifische Energie hat nach dem bisher Gesagten eher den Charakter umgeleiteter Energie anderer Bedürfnisse. Zu dieser Umleitung kommt es, wenn sich dem Menschen bei der Verfolgung seiner Ziele ein Widerstand entgegenstellt, wobei die Art der Ziele und des Widerstandes zunächst ohne Bedeutung sind. Die Antwort auf die Frage, warum agressives Verhalten (Reizbeendigung im Rahmen einer übergeordneten Hintendenz) beim Menschen so häufig auf den Artgenossen gerichtet ist, heißt dann: weil einige

[38] Dollard, J. et al., zitiert nach Yates [320, S. 67].

Bedürfnisse, wie das Sexualenergie-, das Gesellungsenergie- und das affektive Energiebedürfnis (spontan) sowie das Rangordnungsenergiebedürfnis (exogen) zum Kontakt und/bzw. zum Konflikt mit anderen Menschen führen. Die konkurrierenden Ansprüche anderer Menschen bilden für den Menschen objektiv gesehen das größte Hindernis, das er vor der Befriedigung fast jedes Bedürfnisses überwinden muß.[39]

Zusammenfassung: Der Bedürfnisinhalt von Typ-III-Bedürfnissen ist Energie, die sich in Leistungszentren des *ZNS* erst unter dem Einfluß externer Bedarfsfallreize ansammelt bzw. dort wirkt. Erst über das Typ-III-Leistungszentrum wirkt diese Energie spezifisch. Die Leistung der Energie besteht dort darin, Verhalten zu aktivieren bzw. zu unterhalten, das die Beseitigung der Bedarfsfallreizung erreicht. Es darf als sicher gelten, daß auch der vom Druck anderer Bedürfnisse freie Organismus den von den Bedarfsfallreizen ausgehenden Verhaltensaufforderungen einen Mindestwiderstand entgegensetzt. Ein Mindest-Energiestau ist daher die Voraussetzung dafür, daß der Mensch überhaupt reagiert. Ist er erreicht, so können sehr kleine zusätzliche Reize Verhalten aktivieren. Gleichzeitige Abweichungen bei anderen Bedürfnissen können jedoch zu einem erheblich umfangreicheren Energiestau in Typ-III-Zentren führen. Hier hat im Einzelfall auch die Frage nach dem Störbereich einzusetzen. Es scheint so, als ob es im Menschen unter dem Einfluß von Erfahrungen zu einem höheren Energiestau kommt. Bei unerfahrenen Kleinkindern führt Energie in Typ-III-Zentren sofort nach Überschreiten des Mindest-Energiestaus zu Verhalten (vor allem Schreien). Es ist üblich zu sagen, Kinder sind leicht frustrierbar. Korrekt ist es aber, davon zu sprechen, daß Kinder sofort zeigen, daß sie frustriert sind, während der erfahrene Mensch oft auch bei sehr starker Bedarfsfallreizung die adäquate Reaktion, d. h. die Energieverwendung unterdrückt. Der Organismus baut dann die gestaute Energie langsam ab, aber es kommt dabei leicht zu Schädigungen des Organismus. Die Homöostase scheint zu lauten: Im Normalfall soll der Organismus frei von Energie in Typ-III-Zentren des *ZNS* sein. Im Ausnahmefall kann der Mensch kurzfristig erhebliche Energiestauungen ohne Schaden überleben, wobei fortwährende Reizung irgendwann sicher zu einer so großen Überladung führt, daß der Mensch Aktivität zur Reiz-Bewältigung nicht mehr unterdrücken kann[40].

Abschließend sei nochmals darauf hingewiesen, daß es schwer ist, mit Menschen Versuche durchzuführen, aus denen klar hervorgeht, ob ein Außenreiz erst die Produktion oder nur die Freisetzung der bereits vorher spontan-automatisch produzierten spezifischen psychischen Energie veranlaßt. Dazu müßte es möglich sein, vor und nach der Außenreizung die Menge der im Organismus vorhandenen (reaktions-)spezifischen Energie zu ermitteln. Bisher

[39] Vgl. vor allem die zusammenfassende Arbeit von Berkowitz, Leonard: Aggression. A Social Psychological Analysis [19].

[40] Vgl. dazu die Ausführungen zur Frage der Frustrationstoleranz in Lückert [186, S. 183 ff.].

existieren derartige Untersuchungen nur für die Hormone Adrenalin und Noradrenalin.[41]

Eine weitere Möglichkeit zur Klärung der Ursache der Energiebildung in Leistungszentren des *ZNS* ist die Erforschung des Verhaltens. Die Untersuchungsfrage würde dann lauten: Entwickelt der Mensch ein Appetenzverhalten nach bestimmten Umweltreizen (Auslösern) und ist ein spontanes Hervorbrechen der nicht abgerufenen Verhaltensweise zu beobachten oder nicht? Bei einem Experiment, das diese Frage klären soll, müßten die Auslöser sowie eventuelle Lernprozesse sorgfältig unter Kontrolle gehalten werden. Dazu ein Beispiel: Die Ergebnisse von Faktoranalysen geben zur Vermutung Anlaß, daß Körpernähe ein Bedarfsfallreiz ist, der die Produktion aggressions-spezifischer Energie aktiviert[42]. In einem Experiment, das beweisen soll, daß Aggression nicht reaktiv, sondern spontan-automatisch gebildet wird, muß daher mindestens dieser Faktor ausgeschaltet werden. Lorenz erwähnt, daß es unter Kriegsgefangenen, die in einem engen Lager eingepfercht sind, unter den Mitgliedern einer Polarexpedition oder in einer Unterseeboot-Mannschaft sehr häufig zu der als Polarkrankheit bzw. Expeditionskoller bezeichneten Überbereitschaft zu aggressivem Verhalten kommt. Da in diesen Situationen der Faktor Körpernähe nicht fehlt, sondern ganz im Gegenteil milieutypisch ist, scheint es verfehlt, hier „Ex-post-facto-Experimente unter Feldbedingungen [16, S. 70]" zu sehen, die Lorenz' These von der spontan-automatischen Entstehung von Aggression stützen. Die von Lorenz als besonders „aggressionsträchtig" beschriebenen Konstellationen bei Menschen und Tieren sind weit eher Beispiele, die die hier vorgetragene These stützen, daß sich Aggression reaktiv unter dem Einfluß von Bedarfsfallreizen bildet, als seine eigene Theorie.

3. Die Süchte (Bedürfnistyp IV)

Vorwissenschaftlich wird häufig jede nach Art oder Stärke aus dem allgemeinen Rahmen fallende Verhaltenstendenz als Sucht bezeichnet. So wird etwa zwischen Herrsch-, Geltungs-, Anerkennungs-, Streit- und Freßsucht[43] einerseits und Rauschgiftsucht andererseits kein Unterschied gemacht. Im Gegensatz dazu bezeichnet die Bedürfnisforschung mit Sucht nur solche dauerhaften Verhaltenstendenzen, die auf den Konsum von Genußgiften (Alkohol, Cola, Koffein, Nikotin, Rauschdrogen, Rauschgifte, Teein usw.) zielen [124, S. 249 ff.; 235,

[41] Vgl. Cannon [46, S. 37 ff.]; Kielholz, Paul: Angst – psychische und somatische Aspekte [153], insb. der Beitrag von Levi, L., S. 83 ff.

[42] Zur Technik der Faktoranalyse und zu diesem Ergebnis vgl. Mandel [188, S. 63 ff., S. 110].

[43] Die Hintergründe dieser Erscheinungen können hier nicht dargelegt werden. Als ihre wichtigsten Ursachen sind heterostatische Beziehungen und Mängel der angeborenen und bedingten Regelmechanismen der Bedürfnisse zu nennen.

S. 393 f.]. Erhält ein Süchtiger das gewohnte Genußgift nicht, so zeigt er „typische Zeichen physiologischer Störungen, die von Rastlosigkeit, Gähnen, Kratzen usw., sog. Entzugssymptomen, begleitet werden[44]." Der Süchtige versucht, sich ohne Rücksicht auf die Kosten in den Besitz des Genußgiftes zu setzen. „Wie der Süchtige seinen erworbenen Drang erlebt, weiß jeder Raucher aus eigener Erfahrung. Das Verlangen nach dem Gift kann stärker sein als der Nahrungstrieb; die Zigarette ist in der ersten Zeit, in der man sie entbehren muß, begehrter als jeder Leckerbissen [235, S. 394]."

Katz nimmt an, daß es unter dem Einfluß der Genußgifte zu einem relativ dauerhaften Wandel im „Chemismus" des Menschen kommt [152, S. 75 ff.]. Die Umstimmung ist abhängig von der Art und der Menge des Genußgiftes, das konsumiert wurde. Der Körper stellt sich dabei auf die Anwesenheit bestimmter Giftmengen im Blutstrom ein. Fällt die Konzentration des Giftes bzw. bestimmter von ihm abgeleiteter Substanzen unter einen „Sollwert" (Homöostase), so ergeben sich schwerwiegende physiologische Störungen [124, S. 250]. Die Süchte haben demnach ebenfalls eine physiologische Basis. Das Genußgift bzw. die Substanz, in die es im Körper umgewandelt wird, ist der Bedürfnisinhalt. Der Vergiftungswert, den der Mensch einzuhalten tendiert, entspricht der Homöostase bei den bisher besprochenen Bedürfnissen. Zu „Störungen" – d. h. Abweichungen vom Standardvergiftungswert – kommt es dadurch, daß der Organismus die Genußgifte abbaut.

Um diese physiologischen Basen der Süchte bilden sich Regelsysteme, die aus umgestimmten angeborenen Mechanismen mit Außenfunktionen und aus bedingten Mechanismen bestehen. Beim Giftsüchtigen kommt es so zum Gifthunger. Er wird zunächst nur als ein negativ beurteilter Allgemeinzustand empfunden. Der Mensch weiß im allgemeinen aber, daß er eine Droge genommen hat. Daher erkennt er meist sehr schnell den Zusammenhang zwischen Wohlbefinden und Genußgift. „Trotzdem ist es wichtig, nicht zu übersehen, daß an der Entstehung der Sucht zwei verschiedene Prozesse beteiligt sind. Der erste ist eine physiologische Veränderung gewisser Gewebe, die nun für ihre normale Funktion diese Droge brauchen, und das andere ist ein Lernprozeß [124, S. 251]."

Im Gegensatz zu den angeborenen Bedürfnisbasen ist es bei allen Süchten möglich, den Chemismus wieder in seine giftfreie Form zurückzustimmen.[45] Die subjektiven Begleiterscheinungen von Umkehrungen suchtbedingter homöostatischer Modifikationen sind aber so schwerwiegend, daß der Mensch aus eigener Kraft dazu kaum in der Lage ist. Wird die Einschränkung beachtet, daß Süchte beseitigt werden können, so dürfen sie als eigener Bedürfnistyp (IV) neben die drei anderen Bedürfnistypen gestellt werden.

[44] Die Symptome konnte Hebb [124, S. 250] an jungen Schimpansen beobachten, nachdem sie 4 bis 5 Wochen lang täglich Morphiuminjektionen erhalten hatten.

[45] Was aber nicht heißt, daß danach giftbedingte organische Schäden, z. B. der Leber (Alkoholzirrhose), des *ZNS* (Delirium tremens) oder des Herzkreislaufs heilen.

D. „Kosten" und Bedürfnisbefriedigung von der Bedürfnisbasis aus gesehen

Das Kapitel Bedürfnisbasen soll mit der Frage abgeschlossen werden, welche Wirkungen des Verhaltens auf dieser Analyseebene als für den Menschen positiv (existenzfördernd) und welche als negativ (existenzgefährdend, -vernichtend) zu klassifizieren sind. Als positiv ist jede Wirkung eines Verhaltens auf den Menschen einzuordnen, die in der Befriedigung eines Bedürfnisses besteht, als negativ jede Wirkung, die in einer Abweichung des Bedürfnisinhalts von der Homöostase besteht. Auf der Ebene der Bedürfnisbasen kann man im übertragenen Sinne Bedürfnisabweichungen als den „Aufwand" und Bedürfnisbefriedigung als die „Leistung" des Verhaltens bezeichnen. Der Begriff „Kosten" könnte im übertragenen Sinne dann angewendet werden, wenn auch die durch eine bestimmte Verhaltensweise entgangene Bedürfnisbefriedigung berücksichtigt wird[46], soweit sie „remain available throughout the period in which a particular activity is being emitted [137, S. 59]".

Bedürfnisbefriedigungen und Bedürfnisabweichungen lassen sich gegenwärtig nur bei Bedürfnissen des organischen Bedarfs und bei Süchten einigermaßen exakt ermitteln [257; 237]. Bei Typ-II- und Typ-III-Bedürfnissen sind dagegen bisher nur vage Angaben folgender Art möglich: Isolation von Explorationsreizen kann der Mensch maximal etwa 6 Tage lang ertragen [124, S. 260]; werden Tiere daran gehindert zu schlafen, so sterben sie nach 5 bis 7 Tagen [235, S. 382].

Nur im Ausnahmefall gelingt es dem Menschen, Bedürfnisbefriedigung ohne „Bedürfniskosten" zu erlangen. Normalerweise muß der Mensch Abweichungen, entgangene und erlangte Befriedigungen bei verschiedenen Bedürfnissen vergleichen, um eine optimale Entscheidung fällen zu können. Für die Lösung dieser Vergleichsaufgabe muß er alle Bedürfnisbefriedigungen und Bedürfnisabweichungen mit einem einheitlichen Maßstab messen. Bisher ist es der Bedürfnisforschung noch nicht gelungen, hierfür einen objektiven Maßstab zu entwickeln. Die Medizin verwendet als einigermaßen praktikables Maß die Überlebensdauer bei Bedürfnisabweichungen. Aber diese Werte sind nur zufällig genau zu ermitteln. Obwohl die Wissenschaft diesem Problem noch weitgehend hilflos gegenübersteht, vermag der einzelne Mensch auf der Skala *„unangenehm – angenehm"* die verschiedensten Bedürfnisabweichungen und Bedürfnisbefriedigungen miteinander zu vergleichen und eine „subjektiv richtige" Entscheidung zu fällen. Er kann sagen, ob es ihm angenehmer ist, sich frierend ein Fußballspiel anzusehen oder sich zu Hause im Warmen zu langweilen (den Stau von Explorationsenergie zu ertragen). Diese wertende Entscheidungsfähigkeit des Menschen, die die Voraussetzung für „sinnvolles" Verhalten bildet, wird im folgenden Kapitel genauer betrachtet.

[46] Zu den Begriffen „Aufwand", „Kosten" und „Leistung" vgl. Wöhe [317, S. 429 ff.].

IV. Die möglichen angeborenen Bedürfnismechanismen

A. Das Verhältnis von Bedürfnis und Gesamtorganismus

Die einzelnen Bedürfnisse sind in vielfältiger Weise verflochtene Teile eines Gesamtsystems (Gesamtorganismus Mensch). Die Homöostasen der Inhalte der einzelnen Bedürfnisse sind die Existenzbedingungen des Menschen. Die Ausrüstung eines Bedürfnisses mit angeborenen Mechanismen wurde daher phylogenetisch gesehen nicht nur von der einen Regelaufgabe, sondern auch von den Belangen der anderen Bedürfnisse des Gesamtorganismus bestimmt. Von dem zufälligen Mechanismenangebot blieb der Teil erhalten, bei dem sich die Existenzchancen maximierten. So wogen z. B. die Nachteile, die der Mensch durch umfangreiche interne homöostatische Einrichtungen für die Regelung der Körpertemperatur hatte, weniger schwer als der Vorteil, unabhängig von einem engen Außentemperaturbereich zu sein. Auch alle Bedürfnisse des Typs II und III sind Folgen von Zufallsmutationen, die erhalten blieben, weil sie die Existenzchancen insgesamt verbesserten. So hat es sich zum Beispiel bewährt, im Menschen eine so leistungsstarke Anlage für die spontan-automatische Produktion von Explorationsenergie zu installieren, daß die Menschheit heute eine umfangreiche Unterhaltungsindustrie (Rundfunk, Fernsehen, Kino, Literatur usw.) benötigt, um die „überflüssige" Explorationsenergie wieder „loszuwerden"[1].

Neben den Anforderungen des einzelnen Bedürfnisses und des Gesamtorganismus spielen die Interessen der Menschheit überhaupt bei der Festlegung der möglichen angeborenen Bedürfnismechanismen eine gleich große Rolle. Bei der Analyse des Aufbaus der Bedürfnisse ist daher, wie erwähnt, auch auf die Mechanismen zu achten, die arterhaltende Möglichkeiten zulassen, die die Befriedigung von individuellen Bedürfnissen beschränken. Die diese Aufgabe lösenden Auslöse- und Hemmungsmechanismen spielen naturgemäß nur bei „sozialen" Typ-II- und Typ-III-Bedürfnissen eine Rolle.

Bisher wurde die Analyse des Bedürfnisproblems so durchgeführt, als wäre ein Bedürfnis ein gegen die Ansprüche anderer Bedürfnisse isoliertes System. Da das nicht so ist, wird jetzt gefragt, wie es einem Bedürfnis gelingt, im Gesamtorganismus seinen Anspruch auf Bedürfnisbefriedigung gegen die Tendenz des Gesamtsystems – den Egoismus der Teilsysteme zu zügeln, d. h. sie zu zwingen, Bedürfnisabweichungen zu ertragen – durchzusetzen.

[1] Vgl. auch die Gedanken von K. Lorenz zur Frage des Umfangs der Produktion von aggressions-spezifischer Energie bei Ute-Prärie-Indianern. Lorenz [177, S. 341 ff.].

B. Arten möglicher angeborener Bedürfnismechanismen

In diesem Abschnitt wird dargestellt, welche angeborenen Mechanismen die Bedürfnisse besitzen und was sie für die Bedürfnisbefriedigung leisten. Dabei wird der bisher übliche Weg, für jeden bekannten Bedürfnisinhalt isoliert darzustellen, welche Mechanismen der Erhaltung seiner Homöostase dienen, verlassen[2]. Statt dessen wird die Vorstellung eines maximal mit Mechanismen ausgestatteten Bedürfnisses zugrunde gelegt. Es wird jede Art von Mechanismen berücksichtigt, die zu einem Bedürfnis gehören kann. Soweit wie möglich wird auch gesagt, welche Bedürfnisse mit einer bestimmten Art von Bedürfnismechanismen ausgestattet sind.

Gemäß dem zugrunde liegenden kybernetischen Bedürfnismodell [S. 30 ff.] werden unterschieden:

1. Die möglichen angeborenen Bedürfnismechanismen mit Innenfunktionen und
2. die möglichen angeborenen Bedürfnismechanismen mit Außenfunktionen.

1. Die möglichen angeborenen Bedürfnismechanismen mit Innenfunktionen

Viele Bedürfnisse sind mit internen homöostatischen Mechanismen ausgestattet, die nach Art technischer Regelkreise automatisch Gegenmaßnahmen veranlassen oder produzieren, wenn eine Abweichung von der Homöostase droht bzw. bereits eingetreten ist. Diese Bedürfnismechanismen haben reine Innenfunktionen, d. h. sie können den Gesamtorganismus nicht zu Verhalten zugunsten eines Bedürfnisses veranlassen. Z. B. bewirken die angeborenen innerfunktionalen Mechanismen des Körpertemperaturbedürfnisses nicht, daß der Mensch das Gefühl des Frierens hat oder daß er sich temperaturgerecht kleidet[3].

Die internen homöostatischen Mechanismen des Körpertemperaturbedürfnisses sind der Bedürfnisforschung mit am besten bekannt. Sie sollen daher auch hier dazu dienen, einen internen organischen Regelkreis zu veranschaulichen.

a) Messen, Vergleichen, Schalten: Die interne homöostatische Regelung der Körpertemperatur erfolgt durch zwei zentral-nervöse Mechanismen – das Kühl- und das Erwärmungszentrum [257, S. 235 ff.; 303, S. 32]. Welcher dieser

[2] Vollständige Darstellungen einzelner Bedürfnisse finden sich bei Cannon [45]; Rohracher [234]; Schneider [257] und Wagner [303].

[3] Es ist möglich, daß dieselben Partien des *ZNS* je nach dem Umfang der Bedürfnisabweichung Innen- oder Außenfunktionen erfüllen (S. 83). Dann wären Bedürfnismechanismen mit Innen- von solchen mit Außenfunktionen anatomisch gesehen nur analytisch trennbar.

Mechanismen im Normalfall dafür sorgt, daß die Körpertemperatur in den Grenzen der Homöostase bleibt, ist noch nicht völlig geklärt. Vieles spricht dafür, daß es sich dabei um denselben Mechanismus handelt, der Abkühlungen der Körpertemperatur unter den Homöostasewert erkennt und ein Erwärmungsprogramm freigibt. Das Erwärmungsprogramm besteht nach Rohracher vor allem aus einem Anstieg der als „Mikrovibration“ bezeichneten „alternierenden Kontraktion einzelner Muskelfasern“ bis zum Kältezittern [234, S. 9]. Es konnte beobachtet werden, daß die „Frequenz der Mikrovibration bei zunehmender Kälte (steigt) und mit zunehmender Hitze (sinkt) [234, S. 9]“. Das Erwärmungszentrum ist, so scheint es, das eigentliche Wärmeregulationszentrum, das die Temperatur durch Steuerung der Mikrovibration regelt. Da dieser Korrekturmechanismus zur Bekämpfung der Überwärmungsgefahr nicht ausreicht, besitzt der Mensch für diesen Fall zusätzliche Kühlmechanismen, die vom Kühlzentrum eingeschaltet werden [234, S. 11]. Das Kühlzentrum „verhält sich wie das Thermometer in einem Thermostaten, das die Temperatur mißt und bei ihrem Anstieg“ über die Obergrenze der Homöostase nach einem festen Korrekturprogramm entsprechend der Überwärmung Gegenreaktionen auslöst, die sie wieder auf das ursprüngliche Niveau absinken läßt. Das Kühlzentrum dient nur der Bekämpfung der Überwärmungsgefahr. Sinkt die Temperatur unter die Homöostase, so bleibt das Kühlzentrum passiv, was beweist, daß das Kühlzentrum kein universeller Temperaturregler ist, der je nach Bedarf Kühl- oder Erwärmungsreaktionen schaltet [257, S. 236]. Die Meß-, Vergleichs- und Schaltmechanismen (Regler) der Bedürfnisse sind – anatomisch gesehen – ebenfalls Leistungszentren des *ZNS*. Im Gegensatz zu den Leistungszentren des Typs II und III stehen die Regler aber ganz im Dienste anderer Bedürfnisse. Soweit bekannt, entwickeln sie keine eigenen Anforderungen an das Verhalten. Aber auch für die Regler scheint wie für alle Leistungszentren zu gelten, daß sie nur eine Leistung (z. B. Inganghalten der Mikrovibration) in der Intensität von Null bis X (max.) dosiert vollbringen können.

Neben diesen beiden zentral-nervösen Mechanismen besitzt das Temperaturbedürfnis noch Bedürfnismechanismen, die der Homöostase entgegengerichtete Kräfte erkennen und vorbeugende Korrekturmaßnahmen veranlassen können. Die auf der Körperschale lokalisierten Thermorezeptoren kontrollieren die Störgröße Außentemperatur. Sie führen neben lokalen Schutzmaßnahmen (die Weite der Hautgefäße hängt von der lokalen Temperatur ab) auch zu einer zentralen Störwertaufschaltung[4], indem sie eine kurzfristige, vorübergehende, vorsorgliche Anpassung der Thermoregulierungsprogramme der zentralnervösen Zentren an die Außentemperatur erzwingen [257, S. 235 ff.]. Lebt der Mensch längere Zeit in einer anderen Klimazone, so ist das gesamte interne homöostatische Wärmeregulationssystem noch zu einer langfristigen speziellen „Kälte- und Wärmeakklimatisation“ fähig. Wie es im einzelnen dazu kommt,

[4] Zum Begriff Störwertaufschaltung vgl. Wagner [303, S. 32]; Schneider [257, S. 240].

ist noch unbestimmt [257, S. 241 f.]. Wenn es beim Flucht/Angstenergie- oder beim Aggressionsbedürfnis (exogen) zu Bedürfnisabweichungen kommt, so hat das unter anderem Schwitzen und einige andere Wärmeabgabereaktionen zur Folge. Die Verhaltensforscher interpretieren diese Erscheinungen als Vorsorgemaßnahmen, zu denen es in Erwartung körperlicher Anstrengungen durch Flucht oder Kampf und der damit verbundenen Gefahr der Überwärmung kommt [195, S. 329]. Betrachtet man diese Erscheinung vom Temperaturbedürfnis aus, so liegt ihr ein Meßmechanismus für diese Störgröße und eine Störwertaufschaltung zugrunde.

Abschließend zu diesem Punkt noch einige zusammenhängende Bemerkungen zum Begriff Störwertaufschaltung. Dieser Ausdruck wird im Sinne der Technik eingesetzt, wenn ein Bedürfnis, wie hier das Körpertemperaturbedürfnis, außerhalb der Regelstrecke über zusätzliche Meßmechanismen (Thermorezeptoren der Haut) verfügt, die sozusagen eine Vorwarnung abgeben und damit Abwehrreaktionen auslösen, noch ehe sich der Istwert des Bedürfnisinhalts (Körpertemperatur) geändert hat [257, S. 235 f.]. Eine Störwertaufschaltung darf nicht mit einer heterostatischen Bedürfnisabweichung [S. 51 ff.] verwechselt werden, zu der es kommt, weil eine Abweichung um den Wert „*X*" beim Bedürfnis *A* dem Organismus weniger gefährlich erscheint als eine Abweichung „*Y*" beim Bedürfnis *B*. Diese Verwechslungsgefahr besteht, wenn z. B. Schmerzenergie, Flucht/Angstenergie und Aggression zu einer Erhöhung des Blutzuckergehaltes führen [46, S. 66 ff.]. In diesem Fall handelt es sich um eine Störwertaufschaltung; denn durch die Erhöhung des Blutzuckers wird der Gefahr vorgebeugt, daß es durch außerhalb des Systems entstehende Einflüsse zu einer schwerwiegenden Abweichung des Blutzuckergehaltes unter die Homöostase kommt.

b) Nachrichtenwege: Die zentralen Meßwerke im Zwischenhirn erhalten die Nachricht von einer Körpertemperatur-Abweichung nur dadurch, daß überwärmtes oder unterkühltes Blut in das Zwischenhirn gelangt. Demgegenüber erfolgt die Benachrichtigung über eine bedrohliche Außentemperatur auf dem schnellen Nervenweg. „Durch diese zusätzliche Kontrolle wird die Zeit, die bis zum Eintreten der Gegenmaßnahme verstreicht, wesentlich kürzer, als wenn der Apparat auf die Laufzeit des Reglers allein angewiesen wäre [303, S. 32]." Von den zentral-nervösen Temperaturreglern läuft der Korrekturbefehl ebenfalls auf den Nervenbahnen zu den Korrektureinrichtungen[5].

c) Korrektureinrichtung: Die Wärmebildung des Körpers erfolgt größtenteils nicht mit dem Ziel der Temperaturregelung, sondern ist ein Nebenprodukt des Grundumsatzes, den der Stoffwechsel und die Muskelarbeit zugunsten anderer Bedürfnisse notwendig machen. Auch für die spezielle Körpertemperaturregulation durch das Erwärmungszentrum bedient sich der Körper überwiegend allgemeiner Instrumente (Muskeln), die auch für andere Bedürfnisse da sind.

[5] Beispielsweise hört die Mikrovibration fast vollkommen auf, wenn die Nerven der Muskulatur durchschnitten werden. Vgl. Rohracher [234, S. 9].

Reicht die unvermeidbare Wärmeproduktion nicht aus, so veranlaßt das Erwärmungszentrum die Muskeln des ganzen Körpers zu rhythmischen Mikrobewegungen. Auch bei der Variation der Weite der peripheren Blutgefäße und der Hautdurchblutung, dem zweiten Wärmeregulationsmechanismus, greift das Temperaturbedürfnis auf Mechanismen zurück, die bereits anderen Bedürfnissen (Blutdruck-, Blutkreislaufbedürfnisse) dienen. Bei Überwärmungsgefahr sind weitere Kühltechniken: Schwitzen und vermehrte Atmung. In den Schweißdrüsen besitzt der Mensch angeborene Korrektureinrichtungen, die fast ausschließlich dem Temperaturbedürfnis dienen.

Das hier beschriebene System von internen homöostatischen Einrichtungen arbeitet angeboren automatisch. Es ist dem Menschen nicht möglich, das Auftreten von Korrekturreaktionen zu verhindern.

Die Frage, in welchem Umfang die einzelnen Bedürfnisse über Bedürfnismechanismen mit Innenfunktionen verfügen, die kurzfristig (vorübergehend) die Bedürfnisbefriedigung unabhängig vom Verhalten sicherstellen, ist nur noch für wenige andere Bedürfnisse des organischen Bedarfs annähernd vollständig erforscht[6]. Über welche internen homöostatischen Einrichtungen die Bedürfnisse des Typs II und III verfügen, läßt sich z. B. bisher nur vermuten.

Jetzt wird noch versucht, die internen homöostatischen Korrekturmechanismen zu klassifizieren. Dies geschieht, um die Voraussetzung für eine Diskussion der Fragen der Periodizität [S. 82 f.] und der Angewiesenheit des Menschen auf eine spezifische Umwelt [S. 85 f.] zu schaffen. Unter dem Gesichtspunkt der Aufgabe, der Regelstrecke erwünschte Bedürfnisinhalte zuzuführen und unerwünschte Bedürfnisinhalte zu entziehen, können folgende Arten von internen homöostatischen Mechanismen unterschieden werden:

(v) Mechanismen, die Bedürfnisinhalte produzieren,
(w) Vorratsspeicher,
(x) Abfallspeicher
(y) Mechanismen, die der Regelstrecke überflüssige Bedürfnisinhalte entziehen.

Zu *(v)*: Mechanismen, die Bedürfnisinhalte produzieren: Beispiele sind: die Muskeln des Menschen, die Vorratsformen der Wärmeenergie, in der Hauptsache Glukose und Glykogen [257, S. 493 f.] in Wärmeenergie umwandeln können; die Mechanismen des Körpers (Herz, Muskulatur der Blutgefäße), die den Blutdruck produzieren; die Mechanismen, die Fett, Zucker und Kohlehydrate ineinander umwandeln können, und die Zellen des *ZNS*, die die Energie der Typ-II- und III-Bedürfnisse produzieren.

Zu *(w)*: Die Vorratsspeicher sind dazu bestimmt, Bedürfnisinhalte im Körper zu halten, die nicht sofort nach der Aufnahme aus der Umwelt oder der Herstellung durch Bedürfnisinhalte produzierende Mechanismen verwertet werden können. Es lassen sich sehr vielfältig einsetzbare Vorratsspeicher, wie der Magen und die Leber, von nur ganz speziell einsetzbaren Speichern, wie etwa

[6] Vgl. Cannon [46] und [45]; Rohracher [234]; Schneider [257] und Wagner [303].

den Zellen eines bestimmten Leistungszentrums des *ZNS,* unterscheiden. Es wäre auch möglich, zwischen Speichern, die eine kurzfristige periodische Überbrückungsaufgabe haben, und Speichern, die der langfristigen Vorratshaltung dienen, zu unterscheiden.

Zu *(x):* Was allgemein über Vorratsspeicher gesagt wurde, gilt auch für die Abfallspeicher. Wichtige Abfallspeicher sind der Darm und die Blase.

Zu *(y):* Mechanismen, die der Regelstrecke überflüssige Bedürfnisinhalte entziehen, wenn eine Abweichung über die Homöostase eingetreten ist: Aus dem Bereich des organischen Bedarfs sind die Mechanismen zu nennen, die dem Körper bei Überwärmung die überflüssige Wärmeenergie entziehen, die Mechanismen, die Blut-Glukose (Zucker) in Glykogen (Stärke) umwandeln, und die Nieren. Weitere wichtige Beispiele für derartige Einrichtungen sind die Mechanismen, die Vorratsformen der Energie der Typ-III-Bedürfnisse abbauen[7], und das Traumzentrum[8].

Von Art und Umfang der internen homöostatischen Mechanismen hängt die sogenannte Periodizität der Bedürfnisse ab. Zur Erklärung ein Beispiel: Wenn der Mensch Hunger empfindet, so bedeutet das, daß je nach Art des Hungers [S. 94 ff.] die internen homöostatischen Mechanismen seines Zucker-, Fett-, Protein- usw. -bedürfnisses in einem bestimmten Umfang erschöpft sind. Diese Erschöpfung tritt in Abhängigkeit von den Umweltsverhältnissen bei fast allen „Nahrungsbedürfnissen" sowie bei den Typ-II-Bedürfnissen periodisch auf. Bei anderen Bedürfnissen, wie z. B. dem Wärmeenergie- und dem Blutdruckbedürfnis sowie den Bedürfnissen des Typs III, braucht es in einer idealen Umwelt jedoch nie zu einem Versagen der möglichen angeborenen Mechanismen mit Innenfunktionen zu kommen.

2. Die möglichen angeborenen Bedürfnismechanismen mit Außenfunktionen

Für viele angeborene Bedürfnismechanismen mit Innenfunktionen ist charakteristisch, daß sie in regelmäßigen zeitlichen Abständen nicht mehr in der Lage sind, die der Homöostase des Bedürfnisses widersprechenden Tendenzen aus-

[7] So sorgt die „humorale Rückkopplung" des Nebennierenmarks dafür, daß der dort konzentrierte Vorrat an Adrenalin bzw. Noradrenalin nie einen Umfang erreicht, bei dem es auch außerhalb des Bedarfsfalls (emergency) wegen Überfüllung zu einem Überlaufen, d. h. hier einer Abgabe der Hormone in die Blutbahn und der zwangsläufig folgenden „emergency reaction" kommen kann [108, S. 308 ff.].

[8] Nach Ansicht der modernen Traumforschung veranlaßt das Traumzentrum das Explorations- und Assoziationszentrum, während des Schlafs in regelmäßigen Abständen Energie in der Traumarbeit zu verbrauchen [71; 251]. Die Analyse der Trauminhalte gibt zu der Vermutung Anlaß, daß während der Träume auch die Reste von Energie in Leistungszentren des Typs III (z. B. Flucht/Angstenergie, Aggression usw.), die während der Wachzeit nicht verbraucht wurden, abgebaut werden. [185, S. 246 ff.]; S. Freud [96]; [207] und [324].

zuregulieren. Für die Bedürfnisinhalte NaCl, Wasser, Zucker, Proteine, Sauerstoff usw. ist typisch, daß sie periodisch knapp werden. Es droht dann jedesmal die Gefahr einer Abweichung des Werts des Bedürfnisinhaltes unter die Homöostase. Bei „Abfallstoffen" wie dem Harnstoff, der Kohlensäure usw. und bei den Inhalten der Typ-II-Bedürfnisse droht dagegen periodisch die Gefahr einer Abweichung über die Homöostase. Der Rest der Bedürfnisse wurde so geprägt, daß der Bedürfnisinhalt unter bestimmten Umweltsverhältnissen immer „intern homöostatisch" geregelt werden kann. Bestehen diese Umweltsverhältnisse aber nicht, so droht ebenfalls eine Überforderung der internen homöostatischen Einrichtungen. In all diesen Fällen brauchen die Bedürfnisse Mechanismen, um ihre Ansprüche (Aufnahme fehlender Bedürfnisinhalte, Abgabe bzw. Verbrauch überflüssiger Bedürfnisinhalte, Abwehr von Störungen) gegen die Ansprüche der anderen Bedürfnisse und gegen den Widerstand der Umwelt durchzusetzen. Diese Aufgabe besorgen die angeborenen Bedürfnismechanismen mit Außenfunktionen. Sie werden hier nur funktionell von den internen homöostatischen Mechanismen unterschieden, da noch nicht endgültig geklärt ist, ob nicht teilweise dieselben Partien des *ZNS* je nach der Stärke der Bedürfnisabweichung Innen- oder Außenfunktionen erfüllen.

Die möglichen angeborenen Bedürfnismechanismen mit Außenfunktionen werden hier, wie bereits erwähnt, danach gegliedert, inwieweit ihre Tätigkeit mit dem jeweiligen Bedürfnisstand abgestimmt ist. Es werden folgende Arten unterschieden:

a) Angeborene Bedürfnismechanismen mit Außenfunktionen ohne Rückkopplung zum Bedürfnisinhalt (Reflexe mit Außenfunktionen) und
b) angeborene Bedürfnismechanismen mit Außenfunktionen und Rückkopplung zum Bedürfnisinhalt (Instinktmechanismen).

a) Die möglichen Reflexe mit Außenfunktionen

Die Reflexe bilden nach moderner Auffassung selbständige organische Regelkreise [235, S. 367]. Sie dienen einem oder einigen genau bestimmbaren Bedürfnissen. Daher können die Reflexe funktionell gesehen diesen Bedürfnissen zugeordnet werden. Dies gilt um so mehr, als der „Reflex, wie eine ungebrauchte Maschine, dauernd bereitliegt und nur dann in Tätigkeit tritt, wenn bestimmte Schlüsselreize auf die Rezeptoren" des Reflexes einwirken [180, Bd. I, S. 337]. Ein Reflex mit Außenfunktion besteht aus einem zentripetal leitenden Nerven, einer Schaltzelle, einem Energieversorgungssystem und einer zentrifugalen Bahn, über die im Fall der Reizung durch den Schlüsselreiz unbedingt eine motorische oder sekretorische Reaktion ausgelöst wird. Es ist möglich, daß die Empfindungen mehrerer Rezeptoren über Zwischenschaltzellen zu einer zentralen Schaltzelle (-zentrum) geleitet werden [77, S. 516 ff.]. Das Schaltzentrum eines Reflexes ist „ein phylogenetisch programmierter Mechanismus [181, S. 380]", der eine Umweltswirkung, von der er über die Rezeptoren und die afferenten Nerven informiert wird, ohne Rückkopplung zum Bedürfnisinhalt mit einem systemerhaltend sinnvollen Reaktionsbefehl beantwortet.

Ob die Schaltzelle des Reflexes einen unbedingten Reaktionsbefehl produziert, hängt nur davon ab, ob ihr Außenreizung zugeleitet wird. Der tatsächliche Wert des Bedürfnisinhaltes wird von der Schaltzelle eines Reflexes mit Außenfunktion nicht berücksichtigt. Reflexe mit Außenfunktionen können daher von der Evolution nur dort eingesetzt werden, wo ein Außenreiz für das Bedürfnis immer die gleiche Bedeutung hat und wo es sinnvoll ist, ihn immer mit der gleichen Reaktion zu beantworten. In diesen Fällen bedeuten Reflexe eine Entlastung der höheren Zentren und vor allem Sicherheit für das Individuum, da schnell und richtig (fehlerfrei) reagiert wird.

Die Reflexe mit Außenfunktionen werden hier gegliedert in

- *Schutz-* (Abwehr-) und
- *Erwerbsreflexe.*

Das Funktionieren der *Schutzreflexe* wird am Beispiel der Reflexe gezeigt, die verhindern, daß die Schleimhäute des Mund-Magen-Darmtrakts von chemischen Substanzen zerstört werden bzw. daß schädliche Stoffe auf diesem Weg in den Körper (Blutbahn) gelangen können. Werden die Geschmacksrezeptoren der Zunge, die undifferenzierten Chemorezeptoren und die Berührungs- und Schmerzrezeptoren der gesamten Mundhöhle von schädlichen Substanzen (reizende Chemikalien, stark bittere, saure oder salzige Stoffe oder Sand) gereizt, so führt das zu einer unbedingten Sekretion von dünnflüssigem „Spülspeichel" mit einem sehr niedrigen Gehalt an Verdauungsfermenten, der die Schleimhäute des Mundes reinigt und die schädlichen Substanzen stark verdünnt. Die Zusammensetzung des Spülspeichels wird durch unbedingte Reflexe so variiert, daß die schädliche chemische Wirkung der Substanz möglichst weitgehend neutralisiert wird. Da gleichzeitig der Schluckreflex gehemmt wird, läuft der Abwasch-Speichel einfach aus dem Mund [257, S. 283]. Haben sich bereits größere Mengen des schädlichen Stoffes am Mundende gesammelt, so wird der Reinigungsprozeß durch einen Schlundkrampf, der den Schlundkopf verschließt, unterstützt [45, S. 218]. Bilden sich aus Nahrungsmitteln, die die Schranke der Mundreflexe bereits passiert haben, unter dem Einfluß der Magensäfte bzw. anderer Stoffe, die sich schon im Magen befanden, schädliche chemische Substanzen, so führt der Brechreflex zu einer Magenreinigung. Er beginnt damit, daß die Verdauungsdrüsen des Magens reflektorisch ein wäßriges Sekret absondern, das den Mageninhalt verdünnt, gut gleitfähig macht und so die Ausscheidung erleichtert. Während die Schutzreaktionen der Verdauungsdrüsen bereits bei geringer Reizung geschaltet werden, benötigt das Brechzentrum wesentlich „mehr" Reizung, bevor es eine komplizierte Reaktion (Erbrechen) der an Atmung und Verdauung beteiligten Muskeln innerviert, durch die dann der Mageninhalt über den Aufnahmeweg wieder abgegeben wird. Wesentlich für die Einordnung des Brechreflexes ist es, daß das Brechzentrum von der Anwesenheit schädlicher Stoffe teilweise erst auf dem Blutweg informiert wird [257, S. 558].

Von den *Erwerbsreflexen* werden hier ebenfalls nur Beispiele aus dem Komplex der „Nahrungsbedürfnisse" behandelt. Viele Autoren beginnen die Aufzählung der Nahrungsaufnahme- und Verdauungsreflexe mit dem „Saugreflex" des Säuglings [257, S. 557 f.]. Die Ergebnisse von Untersuchungen über die Spontaneität des Saugens und über die Zusammenhänge zwischen der Saugtendenz und den Werten der „Nahrungsbedürfnisinhalte" lassen es aber richtiger erscheinen, das Saugen des Säuglings zu den Instinktbewegungen zu rechnen. Die Darstellung der Nahrungsaufnahme- und Verdauungsreflexe beginnt daher hier mit dem Speichelsekretionsreflex. Sobald die Nahrung in den Empfindungsbereich hauptsächlich der Geschmacksrezeptoren der Zunge, aber auch der anderen Rezeptoren der gesamten Mundhöhle und der Geruchsrezeptoren kommt, schaltet das Speichelsekretionszentrum eine je nach der aufgenommenen Nahrung sehr unterschiedliche Speichelsekretion ein. Die Kaubewegungen können zwar willkürlich gesteuert werden, meist laufen sie aber reflektorisch nach einem angeborenen Programm des Kauzentrums ab [162, S. 237 f.]. Der Transport in den Magen wird durch den Schluckreflex eingeleitet, der ausgelöst wird, wenn die Speisen die Rezeptoren am Zungengrund und am Mundende berühren. Auch der weitere Transport in den Magen wird von reflektorischen Reaktionen geleistet. Das Magensekretionszentrum wird bereits von den Rezeptoren des Mundes von der Nahrungsaufnahme informiert. Ähnlich wie bei der Speichelsekretion ist auch bei der ersten reflektorisch von den Mundrezeptoren ausgelösten Magensekretion eine weitgehende Anpassung der Menge und Zusammensetzung an die Beschaffenheit der Nahrung zu beobachten. Die Ankunft des Speisebreies im Magen löst dann durch chemische Reizung über die Blutbahn eine mehrere Stunden dauernde, aber weniger gut auf die verzehrten Speisen abgestimmte Magensaftsekretion aus [257, S. 290]. Bei der Produktion der Verdauungssäfte zeigt sich einmal mehr, daß der Organismus die Technik, aktive Energie genau im richtigen Augenblick zu bilden, dadurch beherrscht, daß er die verschiedenen, diese Energie bildenden Substanzen an getrennten Stellen im Körper speichert und Aktivierungsmechanismen dort dafür sorgen, daß sie bis zum Bedarfsfall blockiert bleiben. So wird z. B. das Pepsin, das alle reinen Eiweißkörper angreift, in einer unwirksamen Vorstufe in den Magen sekretiert, die in Gegenwart von Salzsäure zunächst nur langsam in das wirksame Pepsin übergeht; die ersten kleinen Mengen Pepsin aktivieren dann die Ausscheidung größerer Mengen der Vorstufe [162, S. 243]. Den Abschluß der Verdauung bildet der reflektorische Abtransport des angedauten Inhaltes aus dem Magen in den Zwölffingerdarm, den Dünndarm (Resorption) und der Verdauungsrückstände von dort in den Dickdarm.

Zwischen den Reflexen mit Außenfunktionen und den internen homöostatischen Mechanismen wirken Zerlege-, Synthese- und Transportmechanismen.

Die Bestandteile der Verdauungssäfte zerlegen die aufgenommenen Nahrungsmittel, soweit sie nicht resorbierbar und nicht wasserlöslich sind, in kleinste transport- und synthesefähige Bruchstücke. Soweit die Nahrungsbruchstücke nach dem Zerlegungsprozeß nicht direkt im Körper eingesetzt werden können, beginnt bereits im Verdauungstrakt der Aufbau komplizierter meist typisch menschlicher Bausteine. Nach Abschluß der Verdauungssynthese werden die Bausteine durch die Magen- und vor allem die Dünndarmwand über den reinigenden Darm-Leberkreislauf in den Hauptblutstrom resorbiert [257, S. 285 ff.], von wo aus sie Synthesemechanismen oder dem Katabolismus zugeführt werden. Was als Nahrungsmittel des Menschen in Frage kommt und auf welche Nahrungsmittelarten der Mensch notfalls ein Leben lang verzichten kann, wird entscheidend von den Fähigkeiten seiner Zerlege-, Synthese- und Transportmechanismen bestimmt; z. B. ist der Mensch nicht in der Lage, aus Kohlehydrat oder Fett unter Einbau elementaren Stickstoffes Eiweiß zu produzieren. Er ist daher auf die Zufuhr von Eiweiß oder dessen Spaltprodukten (bis zu den Aminosäuren) angewiesen [257, S. 245]. Eine andere Begrenzung des Menschen ergibt sich daraus, daß sein Verdauungsapparat Zellulose nur mechanisch durch Kauen, nicht aber auf chemischem Wege zerstören kann. Daher sind „in Zellulose verpackte Bedürfnisinhalte" für den Menschen nur sehr begrenzt zur Befriedigung seiner „Nahrungsbedürfnisse" geeignet.

b) Die möglichen Instinktmechanismen

(1) Der Instinktbegriff

Mit Konrad Lorenz sollen unter dem Terminus instinktive Mechanismen oder Instinktmechanismen eines Bedürfnisses „alle jene verhaltensphysiologischen Mechanismen (verstanden werden), die ihre arterhaltende Angepaßtheit stammesgeschichtlicher Evolution und nicht individuellen Modifikationsvorgängen, wie z. B. dem Lernen verdanken [181, S. 377]", soweit sie durch Rückkopplung mit einem Bedürfnisinhalt verbunden sind (Prinzip der Rückkopplung). Die Rückkopplung mit dem Bedürfnisinhalt orientiert das Wirken der Instinktmechanismen an der jeweiligen Interessenlage der Bedürfnisse. Der Mensch empfindet im gesunden Zustand beispielsweise „nur[9]" Durst, wenn in ihm eine Abweichung unter den Wert der Homöostase des H_2O-Bedürfnisses vorliegt. Die Instinktmechanismen sind durch die Rückkopplung mit dem Bedürfnisinhalt wesentlich genauer auf die Belange der Bedürfnisse abgestimmt als die Reflexe. Aufgabe der Instinktmechanismen ist es, dem Menschen in einer starren, „in langer Phylogenese abgetasteten Umwelt [55, S. 109]" ein angepaßtes Verhalten zu ermöglichen.

[9] „Lernen" soll an dieser Stelle nicht berücksichtigt werden.

Im folgenden soll auf die nachstehenden Fragen aus der Instinktdiskussion, deren Beantwortung für die Definition von Instinkt als Regelmechanismus eines Bedürfnisses erforderlich ist, näher eingegangen werden:

(a) Welche Beziehungen bestehen zwischen Bedürfnis und Außenreizen?
(b) Wie beeinflußt der Bedürfnisstand ceteris paribus das Verhalten des Menschen?
(c) Aus welchen Instinktmechanismen muß ein kompletter Instinkt in der Reaktions- und in der Appetenzphase des Verhaltens bestehen?
(d) Welche formalen Konstruktionsprinzipien des Instinkts können unterschieden werden?

Die dem „Konstruktionsplan" der Instinkte zugrunde liegende Annahme ist: Die Folgen der Einwirkung eines bestimmten Außenreizes sind für den Organismus immer gleich. Für den Instinktmechanismus des Menschen, der auf den Geschmacksreiz Süß anspricht, bedeutet die Information „schmeckt süß": der Konsum[10] dieses Außenreizes bewirkt stets, daß der Wert des Bedürfnisinhaltes Zucker zunimmt. An den Süßrezeptoren der Zunge lassen sich gut die Nachteile dieses Konstruktionsprinzips für den Menschen aufzeigen. Sie können Zucker und Saccharin nicht voneinander unterscheiden [141]. Daher reagieren die von der Informationsermittlung der Süßrezeptoren der Zunge abhängigen zentralen verhaltensphysiologischen Teile dieses Instinktmechanismus auf das wertlose Saccharin objektiv gesehen falsch [136, S. 83].

Die Aufgabe eines Instinktes ist es, das Verhalten des Menschen gegenüber seiner Umwelt so zu gestalten, daß sein Bedürfnis Befriedigung findet. Um die Teilaufgaben zu erkennen, die die Instinkte dabei zu lösen haben, sollen zunächst Außenreize und Bedürfnisbefriedigung in Beziehung gesetzt werden. Eine Gliederung der Außenreize nach diesem Gesichtspunkt geschieht in folgender Weise:

Konsumreize: Die Bedürfnisbefriedigung folgt, wenn die Konsumreize (bzw. die Reizquellen) auf die Regelstrecke einwirken, bzw. bei Bedürfnissen des organischen Bedarfs, wenn sie oder die Reizquellen in die Regelstrecke eingehen.

Aversionsreize: Bedürfnisabweichungen folgen, wenn sie (bzw. die Reizquellen) auf die Regelstrecke einwirken, bzw. bei Bedürfnissen des organischen Bedarfs, wenn sie oder die Reizquellen in die Regelstrecke eingehen.

Neutrale Reize: Es folgt keine Veränderung des Istwertes des Bedürfnisinhaltes.

Bei Bedürfnissen des Typs II und III sind Bedürfnisabweichungen unter und über die Homöostase möglich. Ein bestimmter Außenreiz kann daher bei diesen Bedürfnissen je nach der Richtung der Bedürfnisabweichung einmal Konsumreiz und ein anderes Mal Aversionsreiz sein. Die Notwendigkeit,

[10] Von Konsum oder Konsumieren soll immer dann gesprochen werden, wenn das Bedürfnis einen Außenreiz bzw. die Reizquelle auf die Regelstrecke einwirken bzw. in sie eingehen läßt.

Bedürfnisbefriedigung zu erlangen, kann außerdem – je nach der Stärke der bereits vorhandenen oder vom Außenreiz drohenden Bedürfnisabweichung – mehr oder weniger groß sein. Derselbe Mensch kann bei dem gleichen Nahrungsangebot je nach der Richtung und der Stärke der Bedürfnisabweichung entweder mit „Au ja, ich habe einen mörderischen Hunger!", mit „Na gut, eine Kleinigkeit esse ich noch." oder auch mit „Nein danke, ich bin völlig satt!" antworten. Er kann sich das eine Mal über Langeweile und das andere Mal über eine sensorische Überlastung beklagen. Bei Konsum- und Aversionsreizen hängt es dann von der Bedürfniskonstellation[11] und der Bedürfnisstärke ab, ob und in welchem Umfang es sinnvoll ist „Kosten"[12] einzusetzen, um die Befriedigung dieses Bedürfnisses zu erlangen.

Ist es für den Organismus insgesamt sinnvoll, in erheblichem Umfang „Kosten" für die Befriedigung eines Bedürfnisses einzusetzen, so bedeutet das bei einem Konsumreiz, daß der Mensch von sich aus aktiv wird, um den Reiz zu suchen. Diese Verhaltensphase, in der der Mensch nach dem Konsumreiz sucht, kann nach dem Tierverhaltensforscher Wallace Craig als Appetenzverhalten bezeichnet werden[13]. Bei einem Aversionsreiz wird der Mensch in diesem Fall Distanzierungsverhalten produzieren. Er wird versuchen, die Reizwirkung auf das Bedürfnis zu beenden (z. B. bei Kälte sich warm anzuziehen).

Ist es dagegen zweckmäßig, keine oder nur geringfügige „Kosten" zur Erlangung der Bedürfnisbefriedigung einzusetzen, so bedeutet das bei einem Konsumreiz, daß der Mensch nur bei einer zufälligen Begegnung auf den Reiz (schwach) reagiert. Die moderne Marktforschung spricht etwas undeutlich von positivem Impulsverhalten. Hier soll statt dessen der Ausdruck Reaktionsverhalten verwendet werden. Ein Aversionsreiz vermag in diesem Fall den Verhaltensfluß praktisch nicht abzulenken. Im Schlaraffenland müßte der Mensch in der Reaktionsphase nur entscheiden, ob er den Mund auf oder zu macht, wenn zufällig eine gebratene Taube angeflogen kommt. In der Appetenzphase müßte er einen Platz suchen, wo gebratene Tauben herumfliegen in der Distanzierungsphase dagegen wegen der Gefahr, daß zufällig eine Taube in den zufälligen offenen Mund reinfliegt, einen derart gefährlichen Ort verlassen.

Wird wieder nur die Situation bei einem Bedürfnis betrachtet, so muß das Bedürfnis, um die Befriedigung in der Appetenzphase allein mit Hilfe seines „Instinkts" zu erreichen, wie bereits skizziert, mindestens folgende Instinktmechanismen besitzen:

(1) Einen instinktiven *Kontrollmechanismus,* der ständig den Istwert mit der Homöostase vergleicht und so jederzeit in der Lage ist, Richtung und Stärke

[11] Die Bedürfniskonstellation ist die Gesamtheit der Bedürfniszustände zu einem bestimmten Zeitpunkt.

[12] Physiologische Kosten – Vgl. dazu S. 76 f.

[13] Vgl. Wallace Craig [59]. Zum Begriff Appetenzverhalten vgl. auch Tinbergen [295, S. 97 ff.].

einer eventuellen *Bedürfnisabweichung* bzw. den Istwert des Bedürfnisinhalts bezogen auf die Homöostase (übersättigt, satt, hungrig) mitzuteilen.

(2) Die Kontrollergebnisse müssen auf eine spezielle oder eine allgemeine *Schaltzentrale* so einwirken, daß diese von einer bestimmten Stärke der Bedürfnisabweichung an ein angeborenes *Appetenzverhalten* befiehlt, das stammesgeschichtlich gesehen in der Regel zum Konsumreiz führt (beim Säugling etwa Schreien).

(3) Das Bedürfnis muß über einen *Einwirkungsprognosemechanismus* verfügen, der einen bestimmten, für das Bedürfnis bedeutsamen, Außenreiz erkennt und unter dem Einfluß der Informationen vom Kontrollmechanismus entscheiden kann, ob der Außenreiz zu einem bestimmten Zeitpunkt ein Konsumreiz oder ein Aversionrreiz ist.

(4) Unter dem Eindruck einer Konsumreizung muß dann eine zweite *Schaltzentrale* ein auf den Konsum des Außenreizes bzw. der Reizquelle zielendes, modifiziertes und am Außenreiz orientiertes *Endverhalten* produzieren und zugleich das allgemeine Appetenzverhalten abschalten. Bei einer zufälligen Begegnung mit einem Aversionsreiz muß die Schaltzentrale Distanzierungsverhalten anregen.

(5) Ein letzter Mechanismus, der mit dem *Kontrollmechanismus* identisch sein kann, wie überhaupt der Begriff Mechanismus hier nur funktionell zu verstehen ist, müßte merken, wann die *Bedürfnisbefriedigung* erreicht ist, und müßte dann das Endverhalten abschalten.

Da der Mensch einem Aversionsreiz sowie in der Impulsphase einem Konsumreiz nur zufällig begegnet, braucht ein Instinkt in diesen Fällen nur aus einem Kontroll-, einem Einwirkungsprognose-, einem Schaltmechanismus für das am Außenreiz orientierte Endverhalten und einem Befriedigungs-Erkennungsmechanismus zu bestehen.

In der Tierwelt, aber auch beim Menschen wurden hierarchische Instinkte, das sind Folgen von mehreren ineinander greifenden Teilinstinkten, die Teilaufgaben auf dem Wege zu einem Endziel (z. B. Nahrungsaufnahme) lösen, entdeckt. Die hierarchischen Instinkte produzieren unter dem Einfluß bestimmter Außenreize ein immer spezielleres, d. h. genauer auf die Erlangung der Bedürfnisbefriedigung zielendes Verhalten. Das am häufigsten erwähnte Beispiel dieser Art ist die Zentrenhierarchie des Hauptinstinkts Fortpflanzungsverhalten des Stichlingsmännchens[14]. Unter dem Einfluß von Ph. Guiton nimmt die neuere Theorie im Gegensatz zu Tinbergen an, daß die einzelnen Instinktschritte streng abgegrenzt nacheinander erfolgen. „Nach Tinbergen folgen beim Stichling Wandern, Reviergründung und Fortpflanzung aufeinander; Kampf, Nisten, Balz und Brutpflege liegen dagegen zeitlich nebeneinander. Nach Guiton folgen Reviergründung, Grubeausheben, Nestbauen, Balz und Brutpflege aufeinander.“ [77, S. 169; 113, S. 163 ff.]

[14] Vgl. dazu u. a. Claessens [55, S. 129]; Eibl-Eibesfeldt [77, S. 169 ff.]; Scherhorn [248, S. 34 f.]; Tembrock [288, S. 44 f.] und Tinbergen [295, S. 118 f.].

Ein ähnliches Beispiel aus der Menschverhaltensforschung ist der Nahrungsinstinkt des Säuglings. Er besteht mindestens aus vier Teilinstinkten. [77, S. 392 f.; 277, S. 79 f.]

(1) Das Zentrum höchster Ordnung veranlaßt unter dem Eindruck einer Bedürfnisabweichung unter die Homöostasen der „Nahrungsbedürfnisse" die Instinkthandlung Schreien.

(2) Ein Zentrum, das bei Kontakt der Gesichtshaut und des Mundes des Säuglings mit der Haut der Mutter das Schreien abschaltet und ein rhythmisches, suchendes Hin- und Herbewegen des Kopfes veranlaßt.

(3) Ein Zentrum, das bei Kontakt der Mundzone mit der Brustwarze ein Vorspringen des Kopfes und das Festhalten der Brustwarze veranlaßt.

(4) Ein Zentrum, das die Endhandlung Saugen (Saugpumpen) in Gang hält.

Bei der Analyse eines kompletten Instinkts ergibt sich nun beinahe zwangsläufig die Frage, welche „formalen Prinzipien" sich bei der Konstruktion der Instinkte bewährt haben. Als erstes müssen das bereits behandelte *Prinzip* der *Rückkopplung* zwischen den Instinktmechanismen und dem *Bedürfnisinhalt* und das noch nicht explizit erwähnte *Prinzip* der *Schnelligkeit* genannt werden. Aufgrund angeborener stammesgeschichtlich erworbener Informationen über die Bedeutung eines Außenreizes für ein Bedürfnis und als Folge spontanautomatischer Energieversorgung reagieren „Instinkte" gemäß fein differenzierten Verhaltensdispositionen, „die ebenso fein auf in langer Phylogenese sozusagen abgetastete Umwelt abgestimmt sind [55, S. 109]" sofort, wenn die Ansprüche des Bedürfnisses es verlangen. Neben diesen beiden Prinzipien, die unmittelbar aus der Definition von Instinkt ableitbar sind, hat Claessens die folgenden neun *„formalen Prinzipien von Instinkten oder Instinkt-Systemen* gefunden, die, inhaltlich entleert, im Menschen von heute weiter wirksam sind [55, S. 120]".

1. Auslösende Formen
2. Regeltendenz
3. Wiederholungszwang
4. Kooperationsdruck
5. Das Prinzip der kleinen Schritte
6. Tendenz zur Bestätigung
7. Suche nach dem fehlenden Teil
8. Suche nach dem verlorengegangenen Instinkt
9. „Plan"-Tendenz und Totalitätstendenz [55, S. 120]

Bei der folgenden Besprechung dieser Prinzipien gilt es stets zu bedenken, daß die Natur als Folge zufälliger Mutationen des Genoms viele Instinkte hervorgebracht hat, die den von Claessens erarbeiteten formalen Prinzipien nicht genügten [181, S. 380], daß sich langfristig aber nur Instinkte hielten, deren Konstruktion diesen Prinzipien entsprach. Daraus kann abgeleitet werden, daß sich unabhängig von jeder inhaltlichen Bestimmtheit, „die die konkrete und spezielle Anpassung gewährleistet", in allen angeborenen Mechanismen des

Menschen und damit auch in den Instinktmechanismen die Prinzipien einer diffusen formalen Bestimmtheit, „die den Rahmen für das Funktionieren geordneten Verhaltens erst abgibt", nachweisen lassen [55, S. 16]. Die Beachtung einiger dieser Prinzipien hat sich für den Menschen als so wesentlich erwiesen, daß sie nicht nur allen seinen Instinkten zugrunde liegen, sondern zum Thema von Bedürfnissen geworden sind.

Zu 1.: „Auslösende Formen"

Zum Prinzip des Instinktes gehört die erbliche Fixierung der für die Bedürfnisse bedeutsamen Umweltreize im Gehirn in der Form, daß nur diese Umweltreize die Instinktbewegungen auslösen. Der unerfahrene Säugling versteht z. B. nur einen taktilen Reiz in der Mundzone als Auslöser der Saugbewegung. Plötzliche, gewaltige akustische Äußerungen, ja letztlich alle plötzlichen unerwarteten Änderungen der Außenreizkonstellation wirken stets als Bedarfsfallreize des Flucht/Angstenergiebedürfnisses (exogen) [42, S. 169]. Die Stimulation in einer Gruppe wirkt als Bedarfsfallreiz des Dominanz- und Auszeichnungsbedürfnisses (exogen) [42, S. 119; 103, S. 330]. Im Explorations- und Assoziationsenergiebedürfnis (spontan) besitzt der Mensch aber ein Leistungszentrum, das auf alle unbekannten Sinnesreize, z. B. „unwahrscheinliche Farben, Formen und bestimmte modulierte Geräusche, hohe Töne und gewaltige akustische Äußerungen" [55, S. 117] anspricht.

Zu 2. „Regeltendenz[15]"

Instinkt ist das Gegenteil von „Chaos". Es gibt kein chaotisches Dauerverhalten. Typisch für den Instinkt ist, daß angeboren feststeht, welchen Verhaltensbefehl das Bedürfnis als Antwort auf bestimmte Innen- und Außenreizkonstellationen gibt. Instinkt ist orientiertes Wiederholen stammesgeschichtlich bewährten Verhaltens [55, S. 122 f.].

Zu 3. „Wiederholungszwang"

„Ist eine Orientierung einmal geschaffen und als Orientierungssystem so installiert, daß Verhalten dadurch ständig geleitet und geführt wird, dann verblaßt dieser Aspekt hinter dem nun hervortretenden der ständigen Wiederholung [55, S. 123]." Instinkt bedeutet Ordnung durch den Zwang zur Wiederholung bewährten Verhaltens. Der Wiederholungszwang – darauf sei schon hier verwiesen – ist auch eines der entscheidenden Konstruktionsprinzipien des menschlichen Gedächtnis- und Assoziationsmechanismus.[16]

Zu 4. „Kooperationsdruck"

Claessens stellt im Anschluß an Kropotkins Arbeit „Gegenseitige Hilfe in der Tier- und Menschenwelt[17]" fest, daß Instinkt als Prinzip über den einzelnen Instinktmechanismen auch ein „koordinierendes Prinzip" ist [55, S. 126 ff.].

[15] Der Ausdruck „Regel" wird von Claessens gleichbedeutend mit Ordnung gebraucht. Regel hat hier also nicht seine kybernetische Bedeutung [55, S. 122 ff.].

[16] Zum Wiederholungszwang vgl. auch Alexander [4, S. 475] und Freud, Sigmund: Jenseits des Lustprinzips [95].

[17] Kropotkin, Peter: Gegenseitige Hilfe in der Tier- und Menschenwelt, Leipzig 1908, zitiert nach Claessens [55, S. 126].

„Koordination der Instinktleistungen selbst nämlich; sie geschieht im Individuum und zwischen Individuum und Umwelt, die auch Genossen der eigenen Spezies, ja sogar die artungleichen Tiere umfassen kann (Symbiose) [55, S. 127]. Da sich in der Kooperation die für die Menschwerdung so zentralen Prinzipien „Körperausschaltungsprinzip, Insulationsprinzip und die formale Koordinationstendenz von Instinkt überhaupt" verbinden [55, S. 128], ist beim Menschen kein Instinkt denkbar, der dem Kooperationsprinzip widerspricht. Das Kooperativsein ist für das Menschsein so überaus wichtig, daß es beim Menschen durch eine Reihe von Typ-II- und III-Bedürfnissen (z. B. Sexualenergie [spontan], Gesellungsenergie [spontan], affektive Energie [spontan], Aggression [exogen], Rangordnungsenergiebedürfnis [exogen], Nachwuchspflegeenergie [exogen]) garantiert wird. Der Mensch ist, das sei mit Claessens betont, „‚in Wirklichkeit' ein so hoch kooperatives Wesen, daß er überhaupt nicht ohne soziale Bezüge – und was ist das anderes als kooperative, inhaltlich gefüllte Tendenz – auszukommen vermag" [55, S. 128]. Das Prinzip der Kooperation erlangt aber auch dadurch eine zentrale Bedeutung unter den Instinktprinzipien, daß das instinktive Verhalten der Einzelwesen vom Interesse der Art gesteuert werden muß. Die Kooperation innerhalb der Art wird durch die sogenannten Auslösemechanismen in den instinktiven Schaltzentralen erreicht. Die Endhandlung wird grundsätzlich nur am sozial gesehen richtigen Außenreiz zugelassen.[18] An dieser Stelle kann von einem „ökonomischen Prinzip" gesprochen werden, das dahingehend interpretiert wird, daß unter den instinktiven Mechanismen, die die Art zufällig hervorbringt, immer die erhalten bleiben, die zur stärksten Verbesserung der Existenzchancen der Art beitragen. Erst wenn die Ansprüche des einzelnen Individuums in einem Punkt nicht denen der Art widersprechen, gilt als nächstes Auswahlprinzip für einen neuen Instinkt, daß die Existenzchancen des Individuums durch sein Wirken erhöht werden müssen.[19]

Zu 5.: „Das Prinzip der kleinen Schritte" – es kann ebenfalls als Ökonomieprinzip bezeichnet werden – ist ein echtes Bauprinzip der Instinkte. Es besagt, daß bei der Konstruktion eines Instinktes mehrere kleine Schritte einem großen Schritt vorgezogen werden. Der Säugling schreit erst, dann sucht er die Brustwarze, es folgt die Festhaltereaktion und erst beim vierten Schritt kommt es zur Endhandlung Saugen. Das Prinzip der kleinen Schritte ist ein so fundamentales Verhaltensprinzip, daß auch die bedingten Mechanismen des Verhaltens nach diesem Prinzip strukturiert werden. Claessens erläutert das am Beispiel der „Zerlegung des eigentlich ganzheitlich und ‚gestalthaft' von einem resp. zwei

[18] Das Stichlingsmännchen wird sein Sperma (spezielle Energie) nicht los, wenn ihm das Weibchen „die diesen Akt auslösenden Signalreize" (es muß ins Nest ablaichen) vorenthält. Tinbergen [295, S. 109].

[19] Vgl. dazu auch Alexander [4, S. 474] und D. Claessens Gedanken zum Gegensatz zwischen Trägheitsprinzip und inneren Reizen der Bedürfnisse – Hunger, Atemnot, Durst, sexuelles Begehren [55, S. 126].

Partnern zu ‚organisierenden' Verhaltens" [55, S. 131]. Die Menschen lernen sehr schnell, daß es günstiger ist, in den ersten Schritt nur geringe Kosten zu investieren (Bezahlung eines Brautbitters, Blumenstrauß, Angebot einer Zigarette, Fallenlassen eines Handschuhs usw.), und dann abzuwarten, wie die Vorleistung aufgenommen wird, als gleich den ganzen Einsatz zu wagen. „Die Ablehnung der Vorgabe spart beiden alle Kosten, bis auf den nicht zu erstattenden Aufwand der Initialhandlung [55, S. 131]."

Zu 6.: Die Problematik der „Tendenz zur Bestätigung" ist für die Verhaltensbiologie eng verwandt mit der Frage der Instinktreduktion. Wenn das Bedürfnis über einen kompletten Instinkt verfügt, so greift ein Instinktmechanismus in das Gefüge des nächsten. Der Kontrollmechanismus meldet eine Bedürfnisabweichung, das löst Appetenzverhalten aus, es kommt zur Begegnung mit einem „eindeutig gekennzeichneten" Außenreiz, der als Auslöser der Endhandlung erkannt wird. Die Endhandlung, die nur am richtigen Außenreiz praktiziert wird, führt zwangsläufig zur Bedürfnisbefriedigung – zur Bestätigung der Richtigkeit dessen, was getan wurde. Ein instinktgeleitetes Wesen kann nichts tun, was nicht bestätigt wird [55, S. 132]. Fehlt diese angeborene Verknüpfung der Handlung mit der Bestätigung, so muß sie immer erst daraufhin getestet werden, ob sie auch durch Bedürfnisbefriedigung bestätigt wird. Eine besondere Bedeutung hat Bestätigung beim Menschen dann, wenn das Wort als Synonym von sozialer Anerkennung verstanden wird.

Zu 7.: „Suche nach dem fehlenden Teil"

Die Instinkte sind so konstruiert, daß in der Appetenzphase nach dem das Endverhalten angeboren auslösenden Reiz gesucht wird. Dieses Suchen darf aber nicht mit dem für den Menschen typischen Suchen nach den bedingten Signalen eines Gutes verwechselt werden. Das bedingte Appetenzverhalten ist primär auf den Einfluß bedingter Bedürfnismechanismen, die im Menschen die Stellung eines Quasiinstinktes einnehmen, zurückzuführen. Diese Wirkung bedingter Bedürfnismechanismen erklärt Claessens nach Freud damit, daß „das Gelernte eine Stelle besetzt".[20] Ist die Stelle nicht von Geburt an „mit stammesgeschichtlich erworbenen Informationen" besetzt, so ist der Mensch gezwungen, das im Laufe seines Lebens nachzuholen.

Zu 8.: So verstanden ist die „Suche nach dem fehlenden Teil" beim Menschen nur ein Unterprinzip der „Suche nach dem (fehlenden) verlorengegangenen Instinkt".

Zu 9.: Der „Plan-Tendenz und Totalitätstendenz" wird in der vorliegenden Arbeit dadurch Rechnung getragen, daß beim Menschen ein zentraler Koordinierungsprozeß angesetzt wird, über den alle Bedürfnisse hemmend oder fördernd auf die Ansprüche der anderen einwirken.

[20] [55, S. 126]. Claessens verweist hierzu auf Freud, Sigmund: Aus den Anfängen der Psychoanalyse [94, S. 389] und Stendenbach, F.: Soziale Interaktion und Lernprozesse [283].

Für eine vollständige Beschreibung des Instinktbegriffs der Menschverhaltensforschung muß nun nochmals das Theorem der „Instinktreduktion und Weltoffenheit[21]" erwähnt werden. Gehlen spricht von Instinktreduktion immer dann, wenn „die jeweilige Antriebslage des Menschen an keine von innen her festgelegte Beziehung zu bestimmten motorischen Bahnen geknüpft ist" [105, S. 111]. Die Instinktreduktion kann beim Menschen aber sehr viel weitergehen. Es können die Einwirkungsprognosemechanismen fehlen, mit denen er die Chance zur Bedürfnisbefriedigung bzw. die Gefahr einer Störung erkennen kann, bevor es zu Veränderungen des Istwertes des Bedürfnisinhalts kommt. Viele Vitamine kann der Mensch beispielsweise nicht schmecken (d. h. nicht einmal als neutrale, nichtssagende Reize erkennen), geschweige denn ihre Bedeutung für den Organismus ermitteln, bevor sie in die Regelstrecke gelangt sind. Ja selbst die Kontrollmechanismen, die Bedürfnisbefriedigung bzw. Bedürfnisabweichung anzeigen (etwa in Form von Hunger und Durst), fehlen bei vielen Bedürfnisinhalten. Der Mensch kann bei einigen Vitaminen Bedürfnisabweichungen und Bedürfnisbefriedigung nur aus den allgemeinen körperlichen Folgeerscheinungen (Skorbut, Beriberi, Rachitis) bzw. ihrem Verschwinden erkennen.

Die Theorie der Instinktreduktion hat den Verfasser veranlaßt, bei der Konstruktion seines Regelkreismodells der Bedürfnisse auf den Begriff „Instinkt" zu verzichten. „Komplette Instinkte" tauchen bei der Übertragung des Modells auf einzelne Bedürfnisse dadurch auf, daß ein kompletter Satz „Instinktmechanismen" vorhanden ist [S. 35 ff.].

Wenn zu einem Bedürfnis kein kompletter Instinkt gehört, der sicher zur Bedürfnisbefriedigung führt, so werden die Instinktmechanismen nach Gehlen häufig Instinktresiduen genannt[22]. Der Verfasser hat den „abwertenden" Ausdruck „Residuum" vermieden, weil er die internen homöostatischen Mechanismen und die individuell gelernten bedingten Mechanismen als alternative Bauelemente eines Regelkreises ansieht, der der Erhaltung der Homöostase eines Bedürfnisinhalts dient.

(2) Die instinktiven Kontrollmechanismen

Die Aufgabe der instinktiven Kontrollmechanismen eines Bedürfnisses ist es, Bedürfnisabweichungen zu erkennen, die die Bedürfnismechanismen mit Innenfunktionen nicht ausregulieren können, und den Verhaltensapparat zu einem Verhalten zugunsten des Bedürfnisses zu veranlassen. Das Verhalten verändert dann den Istwert des Bedürfnisinhalts (Bedürfnisstand) in die der Bedürfnisabweichung entgegengesetzte Richtung. Um ein Überschreiten der Homöostase

[21] Scherhorn [248, S. 41]. Vgl. zu diesem Theorem auch Claessens [48; 55]; Gehlen [103; 104]; Plessner [223] und Scheler [246, S. 51 ff.].

[22] Vgl. Claessens [55, S. 116 ff.] und Gehlen [103; 104; 105, S. 60 ff.].

in die entgegengesetzte Richtung zu verhindern, muß der Kontrollmechanismus auch als „Bedürfnisbefriedigungs-Erkennungsmechanismus" wirksam werden und die Beendigung einer Aktivität bestimmen können. Wenn beispielsweise die Körpertemperatur infolge körperlicher Arbeit auf 38° C gestiegen ist, so könnte das Körpertemperaturkontrollzentrum den erfahrenen Menschen veranlassen, ein kühlendes Bad zu nehmen. Im Laufe des Badens würde die Körpertemperatur zunächst wieder auf den Normalwert von 37° C sinken, dann aber unter die Homöostase zu fallen drohen. An diesem Punkt muß das Körpertemperaturkontrollzentrum daher dem Menschen das Signal „hör auf mit dem Baden" geben.

Zum Aufbau der instinktiven Kontrollzentren ist zu sagen, daß eine Reihe von Beobachtungen für die Annahme spricht, daß es sich meist um zwei Teilzentren handelt. Das eine Zentrum registriert Abweichungen über die Homöostase (Überwärmung, Übersättigung, Langeweile), das andere Abweichungen nach unten (Unterkühlung, Hunger, psychische Erschöpfung).[23] Es ist sehr wahrscheinlich, daß die Zentren, die die interne homöostatische Regulation und die Zentren, die die instinktive Kontrolle veranlassen, analog aufgebaut sind. Daher braucht hier der Aufbau der Kontrollmechanismen nicht detailliert beschrieben zu werden.

Die weiteren Möglichkeiten einer Analyse sind davon abhängig, über welche anderen instinktiven Mechanismen ein Bedürfnis verfügt. Die Funktionsweise der Kontrollmechanismen der Bedürfnisse läßt sich am besten beobachten, wenn das jeweilige Bedürfnis über keine spezifischen Schaltmechanismen verfügt, die instinktiv bestimmte, nur diesem Bedürfnis dienende Bewegungen (z. B. verstärkte Atmung) veranlassen.

Betrachtet man z. B. die Funktionsweise der Kontrollmechanismen der „Nahrungsbedürfnisse", so zeigt sich, daß eine Bedürfnisabweichung unter den Wert der Homöostase beim Menschen das Gefühl Appetit/Hunger auslöst[24]. Über die Wirkung der Aktivität des Hungerzentrums sagt Gehlen: Für das unerfahrene Kind „ist Hunger ein ungedeuteter, bildloser, als Unlust und Unruhe mit planloser Ausdrucksmotorik einhergehender Zustand, ein Gesamtzustand" [104, S. 73; 42, S. 138]. Als Folge der Bedürfnisbefriedigung kommt es dann aber zu einer Orientierung (Bildbesetzung) des Bedürfnisses [104, S. 73]. Gehirnanatomische Untersuchungen haben ergeben, daß „das Zentrum der Nahrungsaufnahme" aus einem Hunger- (Appetit-) und einem Sättigungszentrum besteht [257, S. 538; 157, S. 20]. Die Leistung des Kontrollzentrums der „Nahrungs"-Bedürfnisse wird daher in der Sprache der Erlebnispsychologie

[23] Schneider [257] berichtet, daß u. a. das Wärme- (S. 235 f.), das H_2O-Kontrollzentrum (S. 584) und das Nahrungsaufnahmezentrum (S. 583) als Doppelzentren angelegt sind.

[24] Vgl. Buytendijk [42, S. 125]; Cannon [45, S. 61 ff.; 46, S. 268 ff.]; Hess [131, S. 3]; Hebb [124, S. 248]; Konorski [157, S. 20 ff.] und Schneider [257, S. 674 f.].

nur dann vollständig beschrieben, wenn auch das Gefühl der (Über-)Sättigung erwähnt wird, das die Nahrungsaufnahme hemmt und sie normalerweise (Ausnahmefall: Tischsitten) auch beendet und das subjektiv das Hungergefühl ablöst. Hier soll angenommen werden, daß die Gehlensche Beschreibung des Hungers auch auf das Übersättigungsgefühl zutrifft.

Versuche mit Kleinkindern haben gezeigt, daß der Mensch nicht nur über zwei undifferenzierte Kontrollzentren verfügt, die allen „Nahrungsbedürfnissen" gemeinsam dadurch dienen, daß sie Bedürfnisabweichungen unter die Homöostase durch das Hungergefühl und über die Homöostase durch das Sättigungsgefühl signalisieren, sondern daß der Mensch eine ganze Reihe von Kontrollmechanismen besitzt, die jeweils nur einen Nahrungsbedürfnisinhalt genau kontrollieren. Die Kontrollmechanismen können schon in frühester Jugend das Verhalten im Interesse eines bestimmten Bedürfnisses beeinflussen. „C. M. Davis [63] berichtet, daß man eben abgestillten Kleinstkindern die Auswahl ihrer Nahrung selbst überlassen kann. Im allgemeinen essen sie zwar bei einer Mahlzeit von nur einer einzigen Speise – ein 2½jähriges aß z. B. zehn Eier auf einmal –, aber sie ändern ihre Vorlieben und kommen damit auf längere Sicht im Durchschnitt auf eine ‚normale' und den Bedürfnissen des Körpers entsprechende Diät. Es wurden weder Anzeichen des Abscheus noch des Überessens beobachtet.[25]"

Versucht man, die Leistung des Blutzucker-Kontrollmechanismus (Glukose-)[26] in der Sprache der Kybernetik darzustellen, so muß man davon ausgehen, daß dieser Mechanismus in der Lage ist, den Bedürfnisstand zu ermitteln, ihn nach Art eines Thermostaten mit der Homöostase zu vergleichen und so Richtung (Hunger – Übersättigung) und Stärke (hungrig, sehr hungrig) der Bedürfnisabweichung festzustellen. Wie dargestellt, heißt es bei Gehlen dazu, der ungedeutete Hunger wird als mit Unlust und Unruhe verbundener Gesamtzustand empfunden [104, S. 73; 150, S. 131 f.]. Das bedeutet, daß die Kontrollmechanismen der „Nahrungsbedürfnisse" bei einer Bedürfnisabweichung (nach unten) eine Erregung in das *ZNS* geben, die von diesem angeboren als Unlust (negativ, unangenehm) verstanden wird. Die Unlust-Komponente wird häufig auch Bedürfnisspannung [136, S. 198] oder Triebstärke [235, S. 385 f.] genannt. Hier soll sie auch mit dem Ausdruck Bedürfnisstärke bezeichnet werden, weil es von der Stärke der Unlust eines Bedürfnisses abhängt, ob ein Bedürfnis gegen die Ansprüche der anderen Bedürfnisse Verhalten zu seinen Gunsten durchsetzen kann. Die unbedingte Bedürfnisstärke ist um so größer, je größer die Bedürfnisabweichung ist.

[25] Hofstätter [135, S. 184]; vgl. auch Hebb [124, S. 249]; Katz [150, S. 200 ff.]; Konorski [157, S. 20]; Schjederup [250, S. 53]; Weinert [308, S. 477 ff.] und Young [322, S. 129 ff.].

[26] Beobachtungen sprechen dafür, daß das Zuckerbedürfnis über ein instinktives Kontrollzentrum verfügt. Vgl. Hebb, Donald O. [124]; Hess [131, S. 3]; Hofstätter [135] und Konorski [157, S. 20].

Die Komponente Bedürfnisstärke der Erregung eines Kontrollmechanismus wird wahrscheinlich von einem instinktiven Zentrum, dem Unlustzentrum[27], „verstanden". Dem Menschen ist es instinktiv möglich zu entscheiden, ob es unangenehmer ist, eine bestimmte Abweichung von der Körpertemperatur- oder von der Blutzuckerhomöostase zu ertragen. Ob eine Bedürfnisabweichung *„x"* beim Körpertemperaturbedürfnis oder eine Abweichung *„y"* beim Explorationsenergiebedürfnis (spontan) als unangenehmer empfunden wird, hängt wahrscheinlich davon ab, welche Bedürfnisabweichung phylogenetisch gesehen die größere Existenzgefährdung bedeutete.

Verringert sich die Bedürfnisabweichung, so muß sich auch die Bedürfnisstärke ändern. Die von einer Bedürfnisbefriedigung bewirkte Veränderung (Verringerung) der Bedürfnisstärke wird instinktiv als angenehm – als Lust – empfunden. Katz betont, daß der „Sättigungsvorgang stets positiv lustbetont (sei und daß er) ganz sicher falsch charakterisiert (wäre), wenn man dabei nur von einer Abnahme der Unlust sprechen würde" [149, S. 121]. Das bedeutet, daß im Gehirn neben dem Unlustzentrum noch ein Lustzentrum existiert, das bei einer Verringerung einer Bedürfnisabweichung gereizt wird und dessen Funktion es ist, einen zur Bedürfnisbefriedigung führenden Verhaltensimpuls zu verstärken bzw. seine Wiederholung „zu empfehlen". Lust kann man als das Kommando „weitermachen" bezeichnen. Ist das Verhalten mit einer Erhöhung der Unlust verbunden, so hat das eine Hemmung des betreffenden Verhaltensimpulses zur Folge, es wirkt instinktiv als Kommando „aufhören".[28] Der Mensch muß aber erst durch Versuch und Irrtum lernen, auf welchen Verhaltensimpuls sich diese Kommandos beziehen. [235, S. 284 f.]

Aus Gehlens Beschreibung des primären Hungererlebnisses „als Unlust und Unruhe mit planloser Ausdrucksmotorik einhergehender Zustand" [104, S. 73] kann weiter abgeleitet werden, daß das Unlustzentrum ein instinktives Schaltzentrum ist, das allen Bedürfnissen ohne spezielles Appetenzzentrum gemeinsam als allgemeines instinktives Appetenzzentrum dient. Unter dem Einfluß von Bedürfnisstärke schaltet es alle instinktiv beherrschten Bewegungsfolgen wie Schreien, Saugen, Fassen, Festhalten, Strampeln, Krabbeln, Laufen, Schla-

[27] Foppa spricht in Anlehnung an Olds, J. & Olds, M. E.: Interference and Learning in Paleocortical Systems [206, S. 153 ff.] und Olds, J. & Milner, P.: Positive Reinforcement Produced by Electrical Stimulation of Septal Area and Other Regions of Rat Brain [205, S. 54] von „Bestrafungsfeldern" (Ggs. „Belohnungsfelder"), deren elektrische Reizung „die Unterlassung oder Vermeidung bestimmter Verhaltensweisen zur Folge hat" [90, S. 64].

[28] Man hat Ratten (und Affen) Reizelektroden ins Lustzentrum eingepflanzt und ihnen beigebracht, die elektrischen Impulse selbst zu schalten. „Das Ergebnis war, daß die Ratte, anstatt die Tätigkeit ihres Gehirns und ihres ganzen motorischen Systems auf die Befriedigung der Bedürfnisse ihres Organismus zu richten, sich durch das Drücken eines Pedals ‚vergnügte', d. h. in ihrem Gehirn ein irreführendes Signal erzeugte – sie trank, aß und schlief nicht bis zur völligen Erschöpfung." Teplow [290, S. 348]. Vgl. auch Olds, J. & Olds, M. E. [206, S. 153 ff.]. W. R. Hess [131] berichtet von ähnlichen Versuchen, bei denen Gehirnteile entdeckt wurden, deren Reizung die Ratten nach wenigen zufälligen Berührungen des Pedals unterließen.

gen ein.[29] Während das unerfahrene Kind diesen Impuls unmittelbar (ungehemmt) in Verhalten (z. B. Schreien) umsetzt, empfindet der erfahrene (durch das Wissen um die Verhaltensfolgen gehemmte) Erwachsene nur eine immer drängendere Aufforderung zu handeln. Daher werden die Erregungen der Kontrollorgane bei Bedürfnisabweichungen in der Literatur auch sehr häufig als „Drang" oder als „Trieb" bezeichnet [124, S. 233; 235, S. 363 ff.].

Neben den Qualitäten „Unlust" und „Unruhe" müssen die Erregungen, die die Kontrollmechanismen der Bedürfnisse bei Abweichungen von der Homöostase produzieren, aber noch Merkmale haben, die es dem Menschen gestatten, die Erregungen nach verschiedenen Bedürfnissen und innerhalb der Bedürfnisse nach der Richtung der Abweichung von der Homöostase zu unterscheiden. Diese Eigentümlichkeit der Erregungen, die Rohracher mit Erregungsspezifität [236, S. 70 ff.] umschreibt, werden ähnlich den neutralen Außenreizen angeboren nicht verstanden[30], aber sie werden empfunden. Erst die Erregungsspezifität ermöglicht die sogenannte Bildbesetzung der Bedürfnisse.

Das Gesagte läßt sich wie folgt zusammenfassen: Die Kontrollmechanismen der Bedürfnisse produzieren unter dem Einfluß von Bedürfnisabweichungen Erregungen, die so spezifisch sind, daß aus ihnen das jeweilige Bedürfnis, die Richtung und die Stärke der Bedürfnisabweichung erkannt werden können. Bei den meisten menschlichen Bedürfnissen, die über einen Zustandskontrollmechanismus verfügen, wird der Kontrollimpuls im Fall einer Abweichung zuerst nur als Unlust und Drang, aktiv zu werden, erlebt. Prinzipiell löst die Kontrollinformation dann ein diffuses Appetenzverhalten aus, das dank der Spezifität der Kontrollimpulse unter dem Einfluß von Erfahrungen modifiziert wird. Nur ausnahmsweise wirken die Kontrollimpulse beim Menschen sofort auf einen besonderen instinktiven Schaltmechanismus für eine Instinktbewegung, die nur *einem* Bedürfnis dient. Als typisches Beispiel ist hier das Atemzentrum zu nennen, das das Signal einer Überladung des Blutes mit CO_2 bzw. eines zu niedrigen O_2-Gehalts des Blutes mit verstärkter Atmung beantwortet. Wird der Mensch am Maximal-Atmen gehindert, so wird der Drang bewußt, andere Tätigkeiten zugunsten des Atmens zu unterbrechen. Die Stärke des Atemimpulses wirkt z. B. hemmend auf einen von einem anderen Bedürfnis verursachten Laufimpuls.[31]

Die Konstruktion der Zustandskontrollmechanismen läßt vermuten, daß sie ständig aktionsbereit sind und daß sie ihre Kontrollimpulse im Fall einer Bedürfnisabweichung ständig in das *ZNS* eingeben. Die Kontrollmechanismen sind nach Art von Typ-III-Zentren konstruiert, d. h. sie werden nur dann

[29] Das Unlustzentrum – darauf sei schon hier hingewiesen – ist eng verwandt mit der instinktiven Funktion, die in dieser Arbeit als zentraler Koordinierungsprozeß bezeichnet wird.

[30] „nicht verstanden" bedeutet, daß gleichstarke Erregungen verschiedener Kontrollmechanismen angeboren zu keiner Modifikation des Appetenzverhaltens, z. B. Schreien, führen.

[31] Zur Funktionsweise des Atemzentrums vgl. Schneider [257, S. 546 ff.].

erregt, wenn ihre Rezeptoren eine Bedürfnisabweichung anzeigen. Mit anderen Worten: der erfahrungslose Mensch hat nur dann Durst, wenn tatsächlich eine Abweichung von der H_2O-Homöostase vorliegt. Die Erlebnispsychologie lehrt, daß es dem erfahrenen Menschen jederzeit möglich ist, über den Zustand aller seiner Bedürfnisse, die einen instinktiven Kontrollmechanismus besitzen, Auskunft zu geben, daß sich aber normalerweise nur (ein oder) einige Bedürfnisse mit besonders großer Bedürfnisstärke ins Bewußtsein drängen. Ist dem Menschen die Wirkung eines Außenreizes auf ein Bedürfnis instinktiv oder durch individuelle Erlebnisse bekannt, so kann er dank der permanenten Kontrolle der Istwerte der Bedürfnisinhalte auch bei jeder (zufälligen) Begegnung mit diesem Reiz entscheiden, ob diese Reizwirkung im Augenblick – von den immer noch bestehenden Erlangungs-„Kosten" einmal abgesehen – erwünscht oder unerwünscht ist. Andererseits vermag nur (die) das jeweils stärkste(n) Bedürfnis(se), den Menschen in „Unruhe" zu versetzen, d. h. zum Appetenzverhalten zu bringen.

Die Kontrollmechanismen sind auch die letzte Instanz des Bedürfnisses, die über Wert oder Unwert eines Außenreizes für ein Bedürfnis entscheiden. Sie informieren das Lust-Unlustzentrum dadurch, daß sie die Bedürfnisstärke verringern (der Außenreiz war ein Konsumreiz), gleichlassen oder erhöhen (der Außenreiz war ein Aversionsreiz), und veranlassen so, daß der Verhaltensimpuls verstärkt (Lust) oder gehemmt (Unlust) wird.

Fehlen einem Bedürfnis die instinktiven Kontrollmechanismen, so bleiben Veränderungen des Istwertes des Bedürfnisinhalts so lange unbemerkt, bis es als Folge einer langfristigen Bedürfnisabweichung zu körperlichen Veränderungen kommt, die das Schmerzbeendigungs-Energiebedürfnis (exogen) aktivieren. Dann ist es „der Schmerzsinn, der als angeborener Schulmeister die strafende Rute schwingt" [181, S. 382], und den Menschen so lehrt, die Bedürfnisbefriedigung zu finden. Die „Natur" dürfte nur dort darauf verzichtet haben, ein Bedürfnis mit instinktiven Kontrollmechanismen auszurüsten, wo die Bedürfnisbefriedigung stammesgeschichtlich gesehen automatisch mit der Befriedigung anderer Bedürfnisse verknüpft war, denn der Schmerzsinn ist ein relativ grobes und – was schwerer wiegt – auch ein träges Instrument.

Die bewußten Gefühlserlebnisse, die eine Bedürfnisabweichung verursacht, sind durch Erfahrungen geprägt. Sie sind daher individuell verschieden und verändern sich unter Umständen mehrmals im Leben eines Menschen. Eine Bedürfnistheorie, die erst beim „Gefühl eines Mangels" beginnt, vermag keinen Beitrag zur Klärung der Frage nach der Plastizität des Menschen zu leisten, da sie erst dort ansetzt, wo der Mensch lernen kann, d. h. anlagebedingt plastisch ist.

(3) Die instinktiven Einwirkungsprognosemechanismen

Die instinktiven Einwirkungsprognosemechanismen gestatten es dem Bedürfnis vorauszusehen, wie sich der Istwert des Bedürfnisinhalts ändern würde, wenn es zum Kontakt zwischen einem bestimmten Außenreiz bzw. der Reizquelle und der Regelstrecke kommen würde. Bei der Besprechung dieser Mechanismen müssen die Unterschiede zwischen Einwirkungsprognosereizen einerseits und Bedarfsfallreizen („stimmenden Faktoren"), Auslösern („auslösenden Faktoren"), Hemmern (hemmenden Faktoren) und neutralen Reizen andererseits sorgfältig beachtet werden[32].

Die Einwirkungsprognosereize können gegliedert werden in:

1. Zufuhrkonsumreize: Sie (z. B. Süßgeschmack) kündigen die Möglichkeit an, der Regelstrecke Bedürfnisinhalte (Zucker) zuzuführen.

2. Zufuhr-Aversionsreize: Sie können die Gefahr einer Zufuhr von nicht benötigten Bedürfnisinhalten ankündigen.

Ob die Eigenschaften einer Variablen der Außenwelt, die objektiv für ein Bedürfnis bedeutsam ist, subjektiv als Einwirkungsprognosereize erlebt werden, hängt davon ab, ob der Mensch über Sinnesorgane verfügt, um sie wahrzunehmen, und ob er Mechanismen besitzt, die ihm einen „augenblicklichen Informationsgewinn [181, S. 380]" aus der Außenreizung gestatten. Rohracher weist darauf hin, daß der Mensch „nichts vom Erdmagnetismus, von den Luftdruckschwankungen oder von den kosmischen Strahlen (spürt) ... weil wir keine Sinnesorgane haben, die auf solche Reize ansprechen" [235, S. 102]. Die Reize anderer Variablen werden von den Sinnesorganen zwar empfunden – sie hinterlassen im Gedächtnis des Menschen abrufbare Eindrücke – aber die spezielle Bedeutung für ein bestimmtes Bedürfnis wird nicht erfaßt. Da die Lernpsychologie nachgewiesen hat, daß der Mensch neutrale Sinneseindrücke mit Bedürfnisbedeutung, d.h. mit den Erregungen angeborener Bedürfnismechanismen assoziieren kann, muß die Fähigkeit, Umweltreize überhaupt zu bemerken, bereits zum Instrumentarium der Bedürfnisse gerechnet werden. Z. B. sagt der Anblick oder das Rauschen des Wassers dem unerfahrenen Durstigen nicht, daß dieser neutrale Reiz die Möglichkeit prognostiziert, dem Körper H_2O zuzuführen. Der Mensch kann diese Bedeutung der neutralen Reize des Wassers aber lernen.

Bei der Besprechung der instinktiven Einwirkungsprognosemechanismen gilt es zu erklären, wieso z. B. zum „Bitter-Erlebnis" „Abscheu, Ekel und Widerwillen", kurz die Grundtendenz „Von-weg", gehören und warum das „Süß-Erlebnis selbst dann anziehend wirkt (‚Hin-zu'-Tendenz), wenn es von Süßstoffen ohne Nährwert (Saccharin z. B.) ausgelöst wird" [136, S. 83].

Zu Aufbau und Funktionsweise der Einwirkungsprognosemechanismen ist zu sagen, daß ihre Rezeptoren durch bestimmte Eigenschaften eines Bedürfnisinhalts erregt werden. Die Rezeptoren des Zuckereinwirkungsprognosemechanismus können z. B. die Eigenschaft des Zuckers und des Saccharins, sich mit den Süßeiweißen der Zunge flüchtig zu verbinden, erkennen [141]. Die Mehr-

[32] Tinbergen [295, S. 116]. Vgl. Eibl-Eibesfeldt [77, S. 46]; Konorski [157] und Lorenz [176, S. 255 ff.].

zahl der Rezeptoren der Einwirkungsprognosemechanismen sitzen in dem von Spitz als „Urhöhle“ bezeichneten Bereich von Mundhöhle und Magen [277, S. 79 ff.]. Die hier zur Besprechung stehenden Mechanismen müssen weiter über eine zentralwärts leitende Nervenbahn und eventuell ein Zwischenzentrum (Geschmackszentrum, Sehzentrum usw.) von jeder Begegnung der Rezeptoren mit diesem Außenreiz informiert werden.

Die Einwirkungsprognosemechanismen verstehen die Reizung der Rezeptoren immer gleich, nämlich als die Ankündigung der Möglichkeit, den Istwert des Bedürfnisinhalts in einer bestimmten Richtung zu verändern. Die Antwort des Bedürfnisses auf die Nachricht von der erfolgten Außenreizung scheint jedoch nicht nur von dieser Information, sondern zusätzlich von Informationen übergeordneter Mechanismen abhängig zu sein. So scheint die Beurteilung einer Süßempfindung vom Bedürfnisstand des Blutzuckerbedürfnisses und von der Magenfüllung abhängig zu sein [157, S. 20 f.].

Der Zuckereinwirkungsprognosemechanismus scheint die mögliche Veränderung des Bedürfnisstands mit der gewünschten Veränderung zu vergleichen. Fehlt dem Blutzuckerbedürfnis Zucker, so löst die Süßempfindung ein Lustgefühl mit der Hin-zu-Verhaltenstendenz aus, bzw. es wird instinktives Verhalten geschaltet, das Hin-zu bewirkt (Saugbewegung). Bei Übersättigung, bzw. wenn infolge reichlicher Magenfüllung Übersättigung droht, wird ein Unlustgefühl mit der Von-weg-Verhaltenstendenz empfunden bzw. instinktives Von-weg-Verhalten geschaltet.

Der Einfluß übergeordneter Mechanismen scheint schon die Empfindlichkeit des Wahrnehmungsapparates zu beeinflussen. Bei Ratten, die normalerweise NaCl in Wasser nur bis zu einer Verdünnung von 0,055 % erkennen können, sinkt diese Reizschwelle bei starker Kochsalzdeprivation bis auf 0,003 % [255, S. 818].

Die Verhaltenstendenzen Von-weg und Hin-zu können als „instinktive Dressurprogramme“ vorgestellt werden. Die Hin-zu-Verhaltenstendenz schreibt dem Menschen anlagebedingt nicht vor, mit welchem Verhalten er beginnen soll, sie sagt ihm zunächst nur deutlich, daß er zu handeln hat. Experimente der Lernpsychologie zeigen z. B., daß die Süßempfindung bei Zuckermangel den Einsatz des gesamten instinktiv beherrschten Verhaltensrepertoires auslöst. Folgt der Mensch der Aufforderung überhaupt zu handeln, so erlebt er bei jedem Verhalten, das zur Abschwächung oder gar zur Beendigung des Süßgeschmacks führt, ein Unlustgefühl. Verhaltensbiologisch ausgedrückt: der Verhaltensimpuls wird gehemmt, der Mensch tendiert dazu, das Verhalten abzubrechen bzw. es in der gleichen Reizsituation nicht zu wiederholen. Jedes Hin-zu-Verhalten wird dagegen durch ein Lustgefühl belohnt. Es wird eine Verstärkung des Verhaltensimpulses erlebt, was das Fortdauern des Verhaltens bewirkt.

Die Empfindung eines Konsumreizes unterdrückt den Impuls der Kontrollmechanismen der Bedürfnisse. So übertönt die Süßempfindung den Hunger-

(Unlust-)Trieb (Unruhe). Konorski spricht in Anlehnung an Pawlow von einer Hemmung des Hungerzentrums, betont aber „that the process of inhibition (den der Süßgeschmack veranlaßt) is different from that inhibition which occurs during the state of (Zucker) satiation. The chief difference between the two states seems to be that in a state of satiation inhibition of the hunger center is long-lasting (da es ähnlich dem Kühlzentrum nur aktiv ist, wenn eine Abweichung unter die Zucker-Homöostase vorliegt), but during the act of eating it operates against the background of strong excitation of the hunger system. Consequently interruptions in eating immediately produce increased hunger as a rebound, being again appeased by a continuation of eating" [157, S. 47].

Der Mensch ist so konstruiert, daß er neue Innen- und Außenreize bzw. Änderungen der Reizintensität deutlicher wahrnimmt als Reize, die er bereits einige Zeit lang empfunden hat. Der Mensch gewöhnt sich an Dauerreize oft so sehr, daß er sie gar nicht mehr wahrnimmt.[33] Auf diese Eigenart des menschlichen *ZNS* ist z. B. das Peanut-Phänomen zurückzuführen. Man versteht darunter die Tatsache, daß ein fast völlig gesättigter Mensch, der eine kleine Portion ißt, danach den absolut schwachen Kontrollimpuls des Hungerzentrums, der unter dem Einfluß des Geschmacks der Nahrung gehemmt wurde, bei seinem Wiederaufleben für einige Minuten sehr deutlich empfindet und dadurch zu neuem Essen stimuliert wird. Untersuchungen dieser Erscheinung haben ergeben, „that the appetizing effect of a small portion of food is highly selective, arousing hunger directed specifically to that food which has been just tasted. This fact may be easily tested by self-observation, and is clearly shown by the so called peanut phenomenon – in which one nut will arouse a selective appetite for eating another" [157, S. 21]. Eine weitere Funktion dieser hemmenden Wirkung eines Einwirkungsprognosereizes zeigt sich bei sehr starkem Hunger. „When the hunger drive is very strong its suppression by the act of eating is far from complete. In such a state a subject devours food with great speed and greediness, taking into the mouth new morsels of food before the previous ones are swallowed ... Thus, a too strong hunger, instead of facilitating the consummatory reaction, on the contrary disturbs its regular course [157, S. 47]."

Konorski betont, daß eine enge Beziehung zwischen dem Hungerzentrum und dem Geschmackserlebnis besteht. Leidet der Mensch etwa unter Salzhunger, so hemmt nur der Salzgeschmack den Hunger. Bei Salzhunger löst nur Salzgeschmack an diesem Reiz orientiertes Hin-zu-Verhalten aus. Das Kauen einer völlig geschmacklosen Substanz (z. B. von Kaugummi) dagegen hat über-

[33] Die Adaptionsproblematik wurde besonders genau für die Sinnesorgane des Menschen, mit denen er Außenreize empfindet, untersucht. Vgl. dazu u. a. Hofstätter [136]; Walsh [305, S. 44 ff.]. Aber auch die inneren Rezeptoren der Kontrollmechanismen der Bedürfnisse scheinen eine „dynamische Meßfähigkeit" zu besitzen, die sich ebenfalls in einer Adaption an innere konstante Dauerreizung äußert. – Henatsch [126, S. 619]. Vgl. auch Galambos, Scheatz & Vernier [99, S. 419].

haupt keinen Einfluß auf den Hunger. „Thus, definite kinds of hunger are closely related to definite tastes and fit one another as a key to an appropriate lock [157, S. 48]."

Für die Vermutung, daß der Geschmacksreiz auf das Sättigungszentrum einwirkt und dieses das Hungerzentrum hemmt, spricht auch, daß im Zustand der Übersättigung der Süßgeschmack das Übersättigungsgefühl nicht hemmt sondern verstärkt. Der Süßgeschmack wirkt kurzfristig auf das Sättigungszentrum so, als wäre die Zufuhr weiterer Nahrungsmittel bereits erfolgt. Das verstärkte Sättigungsgefühl wird den Adaptionsgesetzen entsprechend im Zustand der Übersättigung deutlich als Forderung, aktiv zu werden, und als Von-weg-Tendenz erlebt.

Zusammenfassung: Werden die Rezeptoren eines instinktiven Einwirkungsprognosemechanismus von einem unbedingten Signalreiz getroffen, so erlebt der Mensch diese Reizung je nach dem Bedürfnisstand des betroffenen Bedürfnisses instinktiv als lustvoll (Hin-zu-) oder als unangenehm (Von-weg-)Verhaltenstendenz. Die verhaltensbiologische Wirkung der Reizung der Rezeptoren des Zuckereinwirkungsprognosemechanismus durch einen Süßkonsumreiz besteht zuerst darin, daß das allgemeine Appetenzverhalten, das der Zuckerhunger heizt, gehemmt wird. Es wird abgelöst von einer spezielleren Verhaltenstendenz, die als Forderung empfunden wird, die Reizung zu erhalten bzw. noch zu verstärken. Diese Umschaltewirkung eines Konsumreizes zeigt sich dort besonders deutlich, wo unter dem Einfluß des Einwirkungsprognosereizes instinktiv eine speziellere Instinkthandlung geschaltet wird. Beim Explorationsenergiebedürfnis (spontan) z. B. schaltet die Wahrnehmung eines unbekannten Reizes den visuellen „searching reflex", der vom „curiosity-drive" geheizt wird, ab und den visuellen „consumatory targeting reflex" (Fixationsreflex des Auges) ein[34].

Nun soll noch die Frage beantwortet werden, wann der Mensch mit seinen instinktiven Beurteilungsmechanismen die Wirkung eines Umweltfaktors auf ein Bedürfnis erkennt. Drei Möglichkeiten sind zu unterscheiden:

- *Vor* einer Veränderung des Bedürfnisstandes;
- *Gleichzeitig* mit der Veränderung des Bedürfnisstandes;
- *Nach* der Veränderung des Bedürfnisstandes.

Die hier besprochenen Einwirkungsprognosemechanismen ermöglichen es dem Menschen, die Wirkung einer Reizquelle auf ein Bedürfnis instinktiv vorauszusehen. Beispiele für solche Mechanismen sind neben dem Zucker-, der Salz-, der Säure-, der Bitterstoffe-, der Wasser- und der Temperatur-Einwirkungsprognosemechanismus [45, S. 61 ff.; 42, S. 244 f.]. Aber auch das Magenfüllungskontrollzentrum ist ein solcher Mechanismus. Besonders die Bedürfnisse des organischen Bedarfs müssen Einwirkungsprognosemechanismen be-

[34] Konorski [157, S. 48]; vgl. auch Müller-Limmroth [200, S. 887] und Eibl-Eibesfeldt [77, S. 396].

sitzen, denn ist es erst einmal zu einer Einwirkung der Reizquelle auf die Regelstrecke gekommen, so ist eine Bedürfnisabweichung nur mit erheblichen „Kosten“ (z. B. Einsatz von Erwärmungs- und Abkühlungsenergie) zu verhindern. Verhaltensbiologisch gesehen ist die Bedürfnisbefriedigung des Zuckerbedürfnisses mit der Füllung des Magens erledigt – physiologisch gesehen fängt sie dagegen in diesem Moment erst an. Geeignete Steuermechanismen müssen dafür sorgen, daß der Magen mit der richtigen Menge der richtigen Substanz gefüllt wird. Zur Auswahl der Erkennungssignale ist zu sagen, daß immer die chemisch-physikalische Eigenschaft als Einwirkungsprognosereiz dienen sollte, die den Bedürfnissen bzw. den Auslöser möglichst einwandfrei signalisiert. Hätten die Ahnen des Jetztmenschen vor der Aufgabe gestanden, saccharin- und zuckersüße Früchte zu unterscheiden, dann wäre die chemische Eigenschaft „verbindet sich mit dem Süßeiweiß der Zunge“ kein geeigneter Außenreiz für die Steuerung des Zuckersuchverhaltens gewesen, denn die Süßrezeptoren der Zunge können diese beiden Stoffe nicht unterscheiden. Bei solchen Fehlleistungen der Einwirkungsprognosemechanismen, aber auch dann, wenn im Einzelfall eine Blindheit für den Außenreiz (z. B. die Eigenschaft bestimmter Stoffe, sich mit dem Bittereiweiß zu verbinden [151, S. 138]) vorliegt, kann sich dieses Bedürfnis bei der Ermittlung der Bedeutung eines irgendwie wahrgenommenen Umweltfaktors (bei bitter schmeckenden Substanzen z. B. visuell) nur auf den instinktiven Kontrollmechanismus stützen. Je nach der Homogenität der Regelstrecke erfolgt die Ermittlung gleichzeitig oder kurz nach der Veränderung des Bedürfnisstandes. Erst dann kann auch der Verhaltensbefehl Von-weg (Unlust) oder Hin-zu (Lust) gegeben werden. Fehlen auch die Kontrollmechanismen, so bietet erst der im Gefolge organischer Schäden auftretende Schmerz die Chance, die Bedeutung eines Außenreizes zu erkennen.

(4) Die instinktiven Schaltmechanismen für Instinktbewegungen

Einige Bedürfnisse besitzen phylogenetisch programmierte Schaltmechanismen, die bestimmte Verhaltensweisen (Instinktbewegungen) ohne vorheriges Lernen schalten können. Das Hervorbrechen einer bestimmten erbkoordinierten Verhaltensweise ist meist an die Voraussetzung gebunden, daß der Mensch eine bestimmte Erregungskonstellation erlebt. Als Beispiel für das Wirken einer Erbkoordination [77, S. 392] kann die Saugbewegung dienen. Das Saugzentrum kann sämtliche an der Saugbewegung beteiligten Muskeln rhythmisch so aktivieren, daß daraus die Saugbewegung entsteht. Die Voraussetzung dafür, daß das Saugzentrum das Saugprogramm einschaltet, ist, daß der Säugling eine der folgenden beiden Erregungskonstellationen erlebt [177, S. 132; 277, S. 39 f.].

1. Die Hungerkonstellation:

a) Das Hungerzentrum erzeugt den Hungerimpuls;

b) der Kontrollmechanismus des Saugenergiebedürfnisses (spontan) signalisiert einen Stau an Saugenergie;

c) die Rezeptoren der Mundhöhle signalisieren einen taktilen Reiz, den normalerweise nur die weibliche Brustwarze verursachen kann;

d) die Süßrezeptoren signalisieren einen Süßreiz.

2. Die Übersättigungskonstellation (Leerlaufsaugen):

a) Das Sättigungszentrum signalisiert Sättigung;

b) der Kontrollmechanismus des Saugenergiebedürfnisses signalisiert einen „Reststau“ an Saugenergie;

c) die Rezeptoren der Mundhöhle signalisieren einen taktilen Reiz, den normalerweise nur die weibliche Brustwarze verursachen kann;

d) die Süßrezeptoren signalisieren keinen Süßreiz;

e) das Magenfüllungszentrum signalisiert keine Veränderung der Magenfüllung.

Bei der Erregungskonstellation „Hungersaugen“ dient die Saugbewegung primär den Nahrungsbedürfnissen, zwangsläufig aber auch dem Saugenergiebedürfnis (spontan). Das Leerlaufsaugen hat dagegen nur die Aufgabe, überflüssige Saugenergie (spontan) abzubauen.

Die Frage, welche Bedeutung instinktiven Schaltmechanismen beim Menschen zukommt, ist Gegenstand heftiger Kontroversen zwischen den verschiedenen Richtungen der Bedürfnisforschung. So schreibt beispielsweise Gehlen in seiner Arbeit „Der Mensch“: „die für den Menschen entscheidende Eigenschaft besteht ... bei diesem Thema in einer Instinktreduktion, d. h. einem offenbar stammesgeschichtlichen ‚Abbau‘ fast aller fest montierten Zuordnung von ‚Auslösern‘ zu speziellen, angeborenen Bewegungsweisen. Dies geht so weit, daß sehr oft bloß noch affektive ‚Gefühlsstürme‘ ohne alle Handlungen ... antworten [103, S. 26].“ Gehlen denkt hier anscheinend an ein Bedürfnis, das zwar noch ein instinktives Kontrollzentrum besitzt, dem aber spezielle instinktive Schaltmechanismen fehlen. In Gehlens Werk „Urmensch und Spätkultur“ findet man dazu noch die Feststellung: „Angeborene instinktive Bewegungsweisen sind eigentlich nur bei sehr kleinen Kindern nachweisbar, wo sie als Saug-, Klammer- und Umklammerungsbewegungen von Reflexen kaum zu trennen sind. Im übrigen aber und ganz generell ist die menschliche Motorik instinktentlastet, und das bedeutet nach dem Komplementärsatz: sie ist in der gesamten konkreten Inhaltlichkeit des Vollzuges durch und durch gelernt, sie baut sich in individueller Verarbeitung von Außenreizen und Außenerfahrungen auf [104, S. 129].“ Eibl-Eibesfeldt ist mit dieser Aussage Gehlens nicht einverstanden. Er kommt aufgrund verhaltensbiologischer Studien an Menschen zum Ergebnis, daß die Instinktunabhängigkeit des Menschen begrenzt ist. „Zwar überwiegen bei uns erlernte Verhaltensmuster die angeborenen. Absolut dürften wir aber nicht weniger Erbkoordinationen besitzen als andere Primaten, sondern eher mehr (Mimik!). Dazu kommen noch angeborene Antriebe (z. B. Spiel-, Jagd- und Sammeltrieb, Rangstreben), denen keine feste Motorik zugeordnet ist und die z. T. phylogenetischer Neuerwerb sind, man denke an den Sprechtrieb [77, S. 447].“

Dadurch, daß in der vorliegenden Arbeit „der Instinkt" in einzelne Instinktmechanismen aufgelöst wird, ist es hier nicht erforderlich, in der Diskussion zwischen Gehlen und Eibl-Eibesfeldt eine Position zu beziehen. Ergänzend zu den Aussagen dieser Forscher werden nun einige Bedürfnisse genannt, die Schaltmechanismen für Instinktbewegungen besitzen. Gleichzeitig wird gefragt, welche Bedeutung diese Bedürfnismechanismen für die Erlangung der Bedürfnisbefriedigung haben.

Bereits erwähnt wurde, daß beim Säugling die „Nahrungsbedürfnisse" über einige Instinktbewegungen gebieten [Spitz, 277, S. 53 ff.; 278] und daß „in dem Grundimpuls von Sexualbewegungen Instinktqualitäten ganz offenkundig der Form nach mitwirken" [55, S. 113]. Das Explorationsenergiebedürfnis (spontan) verfügt in den verschiedenen Fixationsreaktionen (Orientierungsreaktion) über ein instinktives Verhaltensprogramm [157, S. 36 f.; 270]. Aufgabe der Fixationsreaktionen ist es, die Sinnesorgane in das Wirkfeld des Explorationsreizes (Abfuhrkonsumreizes) zu bringen. Der instinktive Charakter der Fixationsreaktion der Augen ergibt sich daraus besonders deutlich, daß es zu dieser Bewegung auch bei Blindgeborenen kommt, wenn sie mit Hilfe anderer Sinnesorgane einen das „Interesse" des Menschen erregenden Reiz erleben [77, S. 396]. Es wird vermutet, daß auch die Handbewegung, mit der Kleinkinder unbekannte Reizobjekte zum Mund führen, eine Instinktbewegung des Explorationsenergiebedürfnisses (spontan) ist.[35]

Eine weitere instinktive Bewegung ist das Lächeln bei Kleinkindern. Der Lächelmechanismus gehört wahrscheinlich zum Affektive-Energiebedürfnis (spontan). Für diese Vermutung spricht, daß Kleinkinder etwa vom achten Monat an nur noch auf den Anblick vertrauter Gesichter mit Lächeln, auf Gesichtsreize Fremder aber mit Weinen antworten [277, S. 106] und daß das Lächeln des Kindes auf die Pflegeperson ungemein anziehend sowie als Auslöser ihrer angeborenen affektiven Verhaltensweisen und Pflegereaktionen wirkt [77, S. 394].

Auch das Schrei-Weinen muß als instinktive Bewegung klassifiziert werden. Beim Säugling tritt es als Folge von Bedürfnisabweichungen bei allen Bedürfnissen auf, die über einen instinktiven Kontrollmechanismus verfügen. Es kann Hunger, Durst, Unterkühlung, Überwärmung, Langeweile oder als „Ruf des Verlassenseins" [77, S. 208] den Mangel an Kontakt mit der Mutter signalisieren.

Zum Thema instinktive Bewegungen erwähnt Claessens noch, daß „die Unterstützung des gegenüber dem geborenen Nachwuchs notwendigen Pflegeverhaltens durch einige instinktive Reaktionen beim weiblichen Menschen nur eine ökonomische Konsequenz [55, S. 113]" der naturgegebenen Unterschiede in der rein physiologisch-biologischen Ausstattung beider Menschentypen wäre. Claessens, dessen Ansicht zu dieser Frage sich mit der vieler Menschver-

[35] Vgl. Buytendijk [41, S. 190]; Lorenz [180, Bd. II, S. 165] und Spitz [277, S. 80 f.].

haltensforscher deckt,[36] fährt dann fort: „Wenn Lorenz daher sagt, daß seine Tochter mit eineinhalb Jahren angesichts einer Puppe die ‚ausgelöste echte Instinktbewegung des Auf-den-Arm-Nehmens und Ans-Herz-Drückens (d. h. biologisch: an die Brust legen) mit einer Ausgeschliffenheit und Erfolgssicherheit ausführte, wie wir sie sonst in erstmaliger Ausführung nur bei Instinktbewegungen von Tieren zu sehen gewohnt sind', so muß diese Bemerkung als in den Rahmen des sehr Wahrscheinlichen fallend akzeptiert werden. Ob die Klammerbemerkung (an die Brust legen) stimmt, d. h. stichhaltig ist, wissen die Götter. Begnügen wir uns aber mit der Feststellung, daß insbesondere Kleinkinder – sei es welchen Geschlechts – aber auch Erwachsene die Tendenz haben, kleine, ‚niedliche', d. h. der Form nach menschliche Kleintiere oder Tiere im Jungstadium an sich zu nehmen und zu streicheln usw., so genügt das vollkommen. Es handelt sich offenbar um etwas einer Instinktleistung sehr Ähnliches.[37]"

Untersuchungen von Eibl-Eibesfeldt und anderen verhaltensbiologisch ausgerichteten Menschverhaltensforschern haben in jüngster Zeit die Aufmerksamkeit der Bedürfnisforschung auf eine Reihe bisher unbekannter instinktiver Bewegungen des Menschen gelenkt, deren Zuordnung zu einzelnen Bedürfnissen oder Bedürfnistypen jedoch noch nicht gelungen ist.

Hier soll nur der Hinweis von Eibl-Eibesfeldt aufgegriffen werden, daß der Mensch über eine Reihe instinktiver Verhaltensweisen verfügt, deren gemeinsames Merkmal die nicht-aggressive Verringerung der Individualdistanz ist. Eibl-Eibesfeldt [77, S. 433 ff.] nennt im einzelnen das bereits besprochene Lächeln, das Heben der offenen Hand, das Handgeben, das Umarmen, das Nasereiben, das Küssen und das Überreichen von Geschenken insbesondere von Nahrung. Von seiten der Kulturanthropologie und der Soziologie wird dem mit der Begründung widersprochen, daß alle diese Verhaltensweisen nicht unverändert in jeder Kultur zu beobachten seien [55, S. 58]. Ohne die Frage, welche Funktionen diese Verhaltensweisen erfüllen, im Detail zu diskutieren, muß Eibl-Eibesfeldt z. B. zugestanden werden, daß die Unterschreitung der Individualdistanz bis zum körperlichen Kontakt praktisch im Begrüßungszeremoniell jeder Kultur enthalten ist. Welche Bedürfnisse durch die positiv getönte Verringerung der Individualdistanz zwischen Menschen befriedigt werden, läßt sich noch nicht mit Sicherheit sagen. Sie ist beispielsweise bei Liebenden aber auch unter den Anhängern und Spielern einer siegreichen Fußballmannschaft oder bei Menschen zu beobachten, die sich nach langer Trennung wiedersehen.

Versuche Eibl-Eibesfeldts und Hans Hass' scheinen zu zeigen, daß sich beim Menschen vor allem sehr schnelle (Augengruß O, 37 Sek. lang) und sehr lang-

[36] Vgl. u. a. Eibl-Eibesfeldt [77, S. 422]; Hofstätter [136, S. 50]; Tinbergen [295, S. 199 f.] und Tembrock [288, S. 165].

[37] Claessens [55, S. 113]; vgl. dazu auch Konrad Lorenz [176, S. 274 ff.; 180, Bd. II, S. 156 ff.].

sam (Deckungssuchen) ablaufende Instinktbewegungen einer kulturellen Überformung entzogen haben [77, S. 391 ff.].

Bei der Frage nach dem instinktiv beherrschten Bewegungsrepertoire des Menschen müssen die Faktoren Reifung und „aus Umwelteinflüssen lernen" sorgfältig kontrolliert werden. So weisen z. B. die Tatsachen, daß die Lächelreaktion bei blindgeborenen blinden Kindern auftritt [77, S. 396 f.] oder daß alle gesunden Kinder im Alter von 1 bis 1½ Jahren unabhängig von vorhergehenden Übungsgelegenheiten gehen können [39, S. 67], eindringlich auf die Bedeutung des Faktors Reifung angeborener Bewegungsprogramme hin. Die mangelhafte Ausbildung der Greifbewegung nach Erfahrungsentzug im ersten Lebensjahr [39, S. 65 f.] zeigt andererseits das Gewicht, das dem Erlebnis bestimmter, in der artspezifischen Umwelt normalerweise vorhandener Reize, für die Entwicklung angeborener Bewegungsdispositionen zum typisch menschlichen Verhalten zukommt.

Zusammenfassend ist festzustellen, daß die instinktiven Bewegungen für die Bedürfnisbefriedigung des Menschen eine wenig auffällige aber teilweise sehr bedeutende Rolle spielen. So wäre dem Menschen z. B. die Befriedigung seines Explorationsenergiebedürfnisses (spontan) ohne die instinktiven Fixationsreaktionen unmöglich. Diese Rolle ist so bedeutsam, daß die Bedürfnisforscher bei der Konstruktion eines Standardbauplans der Bedürfnisse stets die Schaltstelle „instinktive Bewegungen zugunsten dieses Bedürfnisses" vorsehen müssen.

(5) Die instinktiven, die Bedürfnisbefriedigung einschränkenden Mechanismen

Die Schaltmechanismen der Instinktbewegungen werden entweder spontanautomatisch oder unter dem Einfluß exogener Bedarfsfallreize mit der erforderlichen Energie versorgt. Tierversuche haben gezeigt, daß mit Energie versorgte, aber von allen anderen nervösen Einflüssen befreite Schaltzentren die jeweiligen Instinktbewegungen unentwegt ablaufen lassen [77, S. 47]. Bei desafferenten Schaltmechanismen hängt es dann von der Umwelt ab, ob instinktives Verhalten der Art und dem Individuum dient oder nicht. Fragt man, ob die Instinktbewegungen dem Menschen nun immer noch zur Bedürfnisbefriedigung verhelfen, so gibt es grundsätzlich drei Antworten:

1. Der Mensch lebt immer in einer Umwelt, in der die betreffende Instinktbewegung der Art und dem Individuum gleichermaßen dient[38]. Die menschliche Umwelt ist beispielsweise auf der Erde so beschaffen, daß die Instinktbewegung Atmen jederzeit ihr biologisches Ziel erreicht.

2. Wenn der Schaltmechanismus der Instinktbewegung mit Energie versorgt wird, so ist die Umwelt des Menschen meist so strukturiert, daß die Instinktbewegung zur Bedürfnisbefriedigung führt und den Interessen der Art dient. Es

[38] Häufig besteht ja überdies kein Gegensatz zwischen den Interessen des einzelnen und denen der Art.

kommen aber Situationen vor, wo der Ablauf der Instinktbewegung dem Individuum und/oder der Art schadet. Wenn z. B. beim Aggressionsbedürfnis (exogen) die instinktiven Schaltmechanismen mit Energie versorgt werden, so ist feindseliger „An-griff" beim Menschen bedürfnisbefriedigend, und im allgemeinen entspricht das auch dem Interesse der Art [177], aber im Ausnahmefall widerspricht eine körperliche Attacke des aggressiv gestimmten Menschen gegen andere Menschen (kleine Kinder, demütiger Verlierer) den innerartlichen Belangen [177, S. 153 ff.]. In diesem Fall ist es für die Art besser, wenn ein angeborener Hemmungsmechanismus *(AHM)* den Ablauf aggressiver Handlungen beim (noch) Aggressivgestimmten unterbricht.

3. Die Umwelt des Menschen kann nur sehr selten die Voraussetzung dafür aufweisen, daß eine Instinkthandlung dem Wohl des einzelnen und/bzw. der Art dient. Z. B. befriedigt die Saugbewegung des Säuglings die „Nahrungsbedürfnisse" des Kindes nur, wenn es die Brustwarze (Schnuller) im Mund hält, die Samenabgabereaktion des Mannes dient der Art nur, wenn sie zur Fortpflanzung führt. In solchen Fällen ist es erforderlich, daß ein angeborener Auslösemechanismus *(AAM)* die Dauerentladung der Energie der Schaltmechanismen verhindert.

Aus dem unter 2. und 3. Gesagten geht hervor, daß zwei Arten von instinktiven, die Bedürfnisbefriedigung einschränkenden Mechanismen unterschieden werden können:

a) Angeborene Hemmungsmechanismen *(AHM):* Darunter sind nervöse Mechanismen zu verstehen, die den Ablauf von instinktivem Verhalten bei bestimmten Umweltsverhältnissen verhindern.

b) Angeborene Auslösemechanismen *(AAM);* sie verhindern die Dauerentladung eines – meist spontan-automatisch – mit Energie versorgten Schaltmechanismus. Sie geben den Ablauf des instinktiven Verhaltens nur in einer angeboren definierten Reizkonstellation frei.

Die beiden Mechanismen unterscheiden sich also darin, daß die *AAM* den Abfluß der vorhandenen Energie hemmen, bis der Mensch eine bestimmte Außenreizung (Auslöser) erlebt, während die *AHM* den Ablauf des Verhaltens, d. h. die Energieverwendung verhindern (hemmen), nachdem der Organismus eine bestimmte Außenreizung (Hemmer) erlebt hat. Bei Zentrenhierarchien wirkt derselbe Außenreiz auf den *AHM* des Schaltmechanismus der einen Instinktbewegung hemmend und auf den *AAM* des anderen auslösend. „Der Suchautomatismus des Säuglings – ein rhythmisches Kopfpendeln beim Brustsuchen – wird sogleich gehemmt, wenn das Kind mit dem Mund die Brustwarze berührt [77, S. 72; 225]." Da Aufbau und Funktionen von *AHM* und *AAM* identisch sind, sollen die grundlegenden Merkmale dieser Mechanismen hier gemeinsam besprochen werden.

Die *AHM* und die *AAM* gleichen den unbedingten Reflexen bei I. P. Pawlow [55, S. 50]. Sie bestehen aus einem afferenten (sensiblen, rezeptorischen) Teil mit dem sogenannten angeborenen Schema, aus einem Block, der die

Dauerentladung des Schaltmechanismus hemmen kann, und aus einem reagierenden Teil, der diesen Block in die Gesperrt- oder in die Offenstellung bringen kann[39]. Das angeborene Schema ist nach Lorenz „ein angeborenes rezeptorisches Korrelat zu einer Reizkombination, das ... eine bestimmte, biologisch bedeutsame Situation mit genügender Eindeutigkeit kennzeichnet, um die ihr gerecht werdende Reaktion fest an ihre Bedingungen zu binden und Fehlauslösungen durch andere, nur zufällig ähnliche Umweltreize zu verhindern [180, Bd. I, S. 363]". Über den rezeptorischen Teil vermögen die *AHM* und die *AAM* ihrem angeborenen Schema entsprechende Umweltreize zu erkennen. Sie sprechen dann „erfahrungslos" auf die biologisch „adäquate Reizkonstellation" an [288, S. 46]. Wie und wo das im einzelnen geschieht, ist für den Menschen noch weitgehend offen. Feststeht nur, daß bestimmte Umweltreize angeboren als auslösende und andere als hemmende Faktoren begriffen werden.

Wenn man als Maßstab die Vermeidung von Fehlauslösungen ansetzt, so ist das vorgegebene angeborene Schema teilweise wenig präzise. Beispielsweise ist die im rezeptiven Korrelat des *AAM* der Saugbewegung vorgegebene Attrappe so vage, daß das Neugeborene außer einer weiblichen Brustwarze auch einen Schnuller oder seinen eigenen Daumen als gleichwertigen auslösenden Reiz akzeptiert.

Häufig ist das angeborene Schema so gezeichnet, daß sich die stärkste Übereinstimmung von Schema und Umwelt bei einem überoptimalen[40] Reiz ergibt. Von vielen Autoren wird die Ansicht geäußert, daß das angeborene Schema des weiblichen Busens beim Mann *„überoptimale* Auslöser" zuläßt[41].

Eine weitere Eigentümlichkeit angeborener Schemata ist das *Reizsummenphänomen.* Darunter wird verstanden, „daß die auslösende Situation durchaus nicht ‚als ein Ganzes' wirkt, denn das Weglassen einzelner Merkmale – und seien es die wichtigsten – verursacht grundsätzlich nie eine qualitative, sondern stets nur eine quantitative Veränderung der Reaktion, d. h. jede noch so unvollständige Zusammenstellung der Einzelmerkmale löst die gleiche Reaktion aus wie die adäquate Reizsituation, nur in geringerer Intensität und kürzere Zeit hindurch [Lorenz, 176, S. 261]." Mit anderen Worten, das auslösende Schema gibt häufig nicht nur ein Schlüsselmerkmal (z. B. die Farbe Rot), sondern eine ganze Reihe von Merkmalen vor. Was von unserem Bewußtsein als Gestalt wahrgenommen wird, ist im angeborenen Schema in Form mehrerer Einzelmerkmale vorgegeben. Unabhängig von der Anwesenheit der anderen Reize hat jeder Einzelreiz eine feststehende quantitative Wirkung auf den

[39] Zum Aufbau der AHM und AAM vgl. u. a. Claessens [55, S. 50 ff.]; Lorenz [180, Bd. I, S. 363 ff., Bd. II, S. 208 f.]; Tembrock [288, S. 44 ff.] und Tinbergen [295, S. 115 ff.].

[40] Die Entscheidung, was optimal ist, muß vom Forscher aus der biologischen Gesamtsituation heraus gefällt werden.

[41] Vgl. Der Spiegel [323, S. 71]; zum Begriff „überoptimaler Auslöser" vgl. Tinbergen [295, S. 41 ff.].

AAM bzw. den *AHM,* z. B. beim *AAM* des Sexualbedürfnisses des Mannes die weiblichen Reize rund,weich, rot und nicht aggressiv.

Die biologische Leistung des *AHM* besteht darin, daß er die Verhaltensimpulse eines bestimmten instinktiven Schaltmechanismus hemmt, wenn der Mensch einen zum angeborenen Schema passenden Reiz wahrnimmt. Er vernichtet die Energie in den Leistungszentren des *ZNS* aber nicht. Die *AAM* hemmen den Verhaltensimpuls, bis der auslösende Reiz wahrgenommen wird, aber sie haben keinen Einfluß auf die Energieversorgung des Schaltmechanismus. Bei den Typ-II- und den Typ-III-Bedürfnissen kann es daher zu einem Energiestau kommen. Verhaltensbiologische Untersuchungen bei Tieren haben die Aufmerksamkeit auf die Variation der Reizschwellen gelenkt. Sie ergaben, daß es bei Instinktverhalten, das längere Zeit hindurch nicht abgerufen wurde, zu einer starken Erniedrigung der für die Auslösung erforderlichen Reizsumme kommt [180, Bd. II, S. 210]. In einer ganzheitlichen Betrachtungsweise kann man sagen: immer schlechtere Auslöser konnten den *AAM* veranlassen, den Block zu heben. „Diese Schwellenerniedrigung der auslösenden Reize kann bei bestimmten, häufig gebrauchten instinktmäßigen Bewegungen so weit gehen, daß sie nach längerer ‚Stauung' ohne nachweisbaren äußeren Reiz ‚auf Leerlauf' ablaufen[180, Bd. II, S. 210]." Wurde ein instinktives Verhalten pausenlos abgerufen, so zeigt sich umgekehrt, daß die erforderliche Reizsumme steigt, bis irgendwann auch der perfekteste Auslöser keine Reaktion mehr hervorrufen konnte [177, S. 130 f.]. Entsprechend vermag z. B. bei Menschen, die sehr starken aggressiv stimmenden Faktoren ausgesetzt sind, wie z. B. räumliche Enge in Gefangenschaft oder im U-Boot, gelegentlich auch der beste hemmende Reiz den Abfluß der Aggression nicht mehr zu verhindern [180, Bd. II, S. 166]. Die „Kraft" der instinktiven, die Bedürfnisbefriedigung einschränkenden Mechanismen ist also begrenzt. Sie nimmt mit zunehmendem Energiestau immer mehr ab – was sich in einer Verringerung der zur Auslösung und in einer Erhöhung der zur Hemmung erforderlichen Reizsumme zeigt – bis sie bei maximalem Energiestau den Wert Null erreicht – es kommt zum Leerlaufverhalten.

Anschließend werden einige Beispiele für *AAM* und *AHM* des Erwachsenen besprochen:

Einen besonders leicht beobachtbaren *AAM* besitzt das Saugenergiebedürfnis (spontan). Er reagiert auf das Erlebnis von taktilen Reizen, die die weibliche Brustwarze als optimaler Auslöser verursacht und die im Bereich der Lippen und der Mundhöhle wahrgenommen werden müssen.

Relativ leicht, d. h. ohne besonders raffinierte Versuchsanordnungen, ist auch die Funktionsweise des *AAM* der Schaltmechanismen der Pflegereaktionen gegenüber dem Nachwuchs zu erkennen. Im rezeptiven Korrelat dieses *AAM* sind bei Menschen nach Lorenz [176, S. 274 ff.; 180, Bd. II, S. 156] folgende Merkmale vorgegeben [Lorenz zitiert nach 77, S. 422]:

1. Im Verhältnis zum Rumpf großer Kopf,

2. im Verhältnis zum Gesichtsschädel stark überwiegender Hirnschädel mit vorgewölbter Stirn,
3. tief bis unter die Mitte des Gesamtschädels liegende große Augen,
4. kurze, dicke Extremitäten,
5. rundliche Körperformen,
6. weiche, elastische Oberflächenbeschaffenheit,
7. runde, vorspringende ‚Pausbacken'.

In dieser Arbeit soll die Vermutung vorgetragen werden, daß sich das angeborene Schema der Brutpflegereaktionen (spontan) bei Frau und Mann so unterscheiden, daß auch die junge Frau tendenziell noch Merkmale des Kindchenschemas des *AAM* des Brutpflegemechanismus des Mannes trägt.

Die weiblichen Sexualsymbole sind hier von besonderem Interesse, weil sie noch häufiger als die Merkmale des Kindchenschemas eingesetzt werden, um das Verhalten der Menschen zu manipulieren. Die weiblichen Sexualsymbole (-reize) sind die Auslöser, auf die die Auslösemechanismen des Sexualbedürfnisses beim Mann angeboren ansprechen. Der häufige Wandel der Ideal-Frau besonders des jungen Mannes zeigt aber, wie schwer es ist, die auslösende Attrappe „Frau" zu abstrahieren. Nur vom an den Genitalien erlebten Friktionsreiz kann mit Sicherheit gesagt werden, daß er Auslöser der befriedigenden Endreaktion des Sexualbedürfnisses ist. Eibl-Eibesfeldt [77, S. 425 ff.] nennt im Anschluß an Lorenz [180, Bd. II, S. 161 f.] folgende auslösenden weiblichen Reize:

1. „Schlankheit und Langgliedrigkeit",
2. „Fettlosigkeit der Leibesmitte (schlanke Taille)",
3. „rote Wangen und Lippen",
4. „Form der Schamhaargrenzen",
5. „Sinuskurven des weiblichen Körpers, (Brust, weibliche Gesäßpartie)".

Claessens macht in Anlehnung an Tierverhaltensuntersuchungen, die Konrad Lorenz zuerst publiziert hat, darauf aufmerksam, daß die folgende Bedürfniskonstellation höchstwahrscheinlich bei Menschen eine weitere Voraussetzung für die Verpaarung ist. Claessens schreibt: „das Weibchen darf keine Aggression, ja nicht einmal Lust zu Aggression empfinden, wenn es geschlechtlich reagieren soll, und der Mann darf keine Angst, ja nicht einmal eine Neigung zur Furcht empfinden, damit er ‚im Angriff' bleiben kann" [55, S. 114]. Es wäre nur biologisch konsequent, wenn die Frau die Entstehung dieser Konstellation durch ein relativ „kindliches" Aussehen[42] fördert.

Abschließend werden die angeborenen Hemmungsmechanismen behandelt, die die Befriedigung des Aggressionsbedürfnisses (exogen) des Mannes einschränken. An erster Stelle ist hier das Kindchenschema zu nennen[43]. Ein zwei-

[42] Kindlich meint hier das Kindchenschema ansprechend.

[43] Vgl. Konrad Lorenz [177, S. 156 ff.]. Von einigen Verhaltensforschern wird daher gefordert, das Kind als aggressionshemmendes Symbol zur Verhütung von Kriegen einzusetzen. Vgl. Eibl-Eibesfeldt [77, S. 439].

ter *AHM* des Aggressionsbedürfnisses (exogen) scheint auf das Abwenden bzw. Senken des menschlichen Gesichts anzusprechen [77, S. 414; 195, S. 245 f.]. Ein dritter aggressionshemmender Faktor ist das Lächeln [77, S. 139]. Die Einzelheiten der aggressionshemmenden Attrappe sind mit diesen Merkmalen wahrscheinlich noch nicht erschöpft.

C. Der zentrale Koordinierungsprozeß

Die Zwischenbilanz an diesem Punkt der Arbeit lautet: Es sind alle „möglichen" angeborenen Bedürfnismechanismen dargestellt worden, die einem organischen Regelkreis (Bedürfnis) günstigenfalls zur Bewältigung der Regelaufgabe – der Einhaltung der Homöostase eines Bedürfnisinhalts – zur Verfügung stehen. In den folgenden Abschnitten gilt es nun zu zeigen, wie sich den Bedürfnissen im Laufe des Lebens jedes Menschen weitere mögliche Bedürfnismechanismen angliedern, die die Chance zur Erlangung der Bedürfnisbefriedigung wesentlich verbessern. Abschließend wäre dann auf die Frage einzugehen, wie es dem Menschen gelingt, die Ansprüche der um die Steuerung des Verhaltens[44] streitenden Bedürfnisse zu koordinieren. Den verfügbaren Einsichten zufolge [235, S. 451 f.; 77, S. 179 ff.] sind an dieser zentralen Koordinierung instinktive Mechanismen entscheidend beteiligt. Um die Ordnung nach angeborenen und bedingten Mechanismen nicht zu sprengen, soll daher der den Abschluß bildende zentrale Koordinierungsprozeß bereits hier besprochen werden. Das erscheint auch deshalb gerechtfertigt, weil der Zugriffsweg der möglichen bedingten Bedürfnismechanismen unter der Kontrolle des zentralen Koordinierungsprozesses zu stehen scheint[45].

Bei einer simultanen Ermittlung aller Bedürfnisstände würde sich zeigen, daß zu einem bestimmten Zeitpunkt stets bei einer Mehrzahl der Bedürfnisse des Menschen Bedürfnisabweichungen bestehen. Da der Mensch nur einen Verhaltensapparat besitzt, ist es ihm nur dann möglich, die Ansprüche mehrerer Bedürfnisse zur selben Zeit zu erfüllen, wenn ihre Befriedigung, wie bei den „Nahrungsbedürfnissen" und beim Saugenergiebedürfnis (spontan) durch dieselbe Verhaltensweise erfolgen kann. In allen anderen Fällen ist es dem Menschen unmöglich, einen Bedürfnisbefriedigungsprozeß zu organisieren, der gleichzeitig zur vollständigen Befriedigung aller Bedürfnisse führt. Es muß daher entschieden werden, welchen Bedürfnissen das Verhalten dienen soll. Der

[44] Es sei daran erinnert, daß hier unter Verhalten „jede Form des Agierens und Reagierens, auch das „innere Verhalten", das in Denkabläufen und Determinationen zum Ausdruck kommt" – verstanden wird [125].

[45] Zum Zusammenhang zwischen Bedürfnisspannung und Denken vgl. Hofstätter [136, S. 197 ff.].

zur Entscheidung führende Prozeß soll hier zentraler Koordinierungsprozeß genannt werden.

Für Konrad Lorenz gleicht der zentrale Koordinierungsprozeß „insofern einem Parlament, als er ein mehr oder weniger ganzheitliches System von Wechselwirkungen zwischen vielen unabhängigen Variablen ist, und auch insofern, als sein echt demokratisches Verfahren aus historischer Erprobung hervorgegangen ist und wenn nicht immer echte Harmonie, so doch erträgliche, das Leben ermöglichende Kompromisse zwischen verschiedenen Interessen schafft [177, S. 121].“ Über den Menschen wurde bereits mitgeteilt, daß viele Bedürfnisse über Kontrollmechanismen verfügen, die fortwährend Kontrollimpulse aussenden, aus denen jederzeit der Bedürfnisstand, d. h. Richtung und Stärke einer eventuellen Bedürfnisabweichung und damit aus der Unlust-Komponente der Impulse auch die Bedeutung jeder Bedürfnisabweichung für den Gesamtorganismus entnommen werden können. Durch Introspektion gewonnene Einsicht kam Julian Huxley und ihm folgend auch der frühe K. Lorenz zur Ansicht, daß der Mensch wie das Tier einem Schiff gleiche, „das von vielen Kapitänen kommandiert werde. Beim Menschen wären diese Kommandeure alle gleichzeitig auf der Kommandobrücke anwesend und jeder äußere seine Meinung; manchmal kämen sie dabei zu einem klugen Kompromiß, der eine bessere Lösung der bestehenden Probleme bedeute als die Einzelmeinung des Gescheitesten unter ihnen, manchmal aber könnten sie sich nicht einigen und dann entbehre das Schiff jeder vernünftigen Führung“ [177, S. 125]. Da Huxley beim Tier nicht in der Methode der Introspektion arbeiten konnte, wechselte er die Methode und schloß aus dem beobachtbaren Verhalten, daß die Innensituation dort folgendermaßen sei. „Beim Tier dagegen hielten sich die Kapitäne an eine Abmachung, daß jeweils nur einer von ihnen die Kommandobrücke betreten dürfe; jeder von ihnen müsse abtreten, sowie ein anderer die Brücke erklimme. [177, S. 125]“ Huxley übersah dabei, daß das Verhalten beim Menschen ebenfalls teilweise nur einem Bedürfnis dient, auch wenn dem ein Konflikt zwischen mehreren Bedürfnissen vorausgegangen ist, und kam daher für das Tier zu der zitierten falschen Vorstellung. Im Zuge der Verbesserung der Verhaltensanalysen erkannte Lorenz, daß „es geradezu die Ausnahme (ist), wenn ein höheres Tier zeitweilig unter der Herrschaft nur eines einzigen Instinktes steht“ [175, S. 278; 177, S. 124]. Wie für viele Tiere, so gilt auch für den Menschen, daß sein Verhalten fast immer von mehreren Bedürfnissen strukturiert wird.

Bei der Beschreibung des Aufbaus des zentralen Koordinierungsprozesses unterscheidet Lorenz die Wechselwirkungen zwischen Bedürfnissen, die stammesgeschichtlich gesehen durch das gleiche Verhalten befriedigt werden, von den Beziehungen anderer Bedürfnisse, bei denen das nicht so ist.

Als Beispiel aus der ersten Gruppe erwähnt Lorenz die Beziehung zwischen Saugenergiebedürfnis (spontan) und den „Nahrungsbedürfnissen“ [177, S. 132] und weist darauf hin, daß zwischen diesen beiden Bedürfnissen bald gegenseitige Förderung, bald Hemmung besteht [174, S. 98]. Ist beispielsweise die Saugenergie des Säuglings durch eine zu schwer gehende Flasche erschöpft, so führt die Abweichung über die Homöostase des Saugenergiebedürfnisses zum Ausbleiben der Saugbewegung. Nach völliger Sättigung dagegen wird die Flasche abgelehnt – auch wenn noch ein beträchtlicher Reststau an Saugenergie besteht. In diesem Fall ist es das Nahrungsbedürfnis, daß die Saugbewegung hemmt. Wird gesaugt, so kann also erst nach der Ermittlung der Bedürfniskonstellation gesagt werden, ob der Säugling saugt, um Nahrung aufzunehmen, oder ob er „ißt", um zu saugen. Sieht man einmal vom Säugling ab, so kann auch die Introspektion Aufschluß darüber geben, welches Bedürfnis dominiert.

Von den funktionsverbundenen Bedürfnissen sind Bedürfnisse zu unterscheiden, deren Befriedigungsverhalten sich nicht decken. „In diesem Fall ist nicht gegenseitiges Antreiben oder Unterstützen die Regel, sondern gewissermaßen eine Beziehung der Rivalität; jeder der Antriebe sucht ‚recht zu behalten' [177, S. 133]." Aber auch dann können nach K. Lorenz „schon auf der Ebene der kleinsten Muskelzuckungen mehrere reizerzeugende Elemente nicht nur miteinander wetteifern, sondern was mehr ist, durch gesetzmäßige gegenseitige Beeinflussung sinnvolle Kompromisse bilden" [177, S. 133].

Die Analyse der Funktionsweise des zentralen Koordinierungsprozesses wird anschließend von der Tierverhaltenslehre ausgehend mit Hilfe von Erkenntnissen der Psychologie und der philosophischen Anthropologie vertieft.

In die Verhaltenskalkulation gehen konstante und variable Elemente ein. Die konstanten Faktoren der Verhaltenskalkulation sind die Unlust-Komponenten der Kontrollimpulse (Triebe) der Kontrollmechanismen der Bedürfnisse. Aufgrund „stammeshistorischer Erprobung" [177, S. 121] liegt angeboren fest, welche Bedürfnisstärke die Kontrollimpulse bei jeder nur möglichen Bedürfnisabweichung haben. Das gilt auch für die als Lust empfundene Verringerung der Bedürfnisstärke bei Bedürfnisbefriedigung. Es ist angeboren vorgegeben, wie groß der Lustgewinn ist, der aus einer bestimmten Verringerung der Abweichung von der Homöostase gezogen werden kann. Mit diesem konstanten Maßstab wird nun die variable Bedürfniskonstellation gemessen. Betrachtet man das Entscheidungsproblem aus der Sicht eines Bedürfnisses, so hängt es dann von der Stärke des eigenen Kontrollimpulses und von der restlichen Bedürfniskonstellation ab, ob sich die das Bedürfnis begünstigende Verhaltenstendenz durchsetzen kann oder nicht. Bei dem geschilderten Konflikt zwischen Saugenergiebedürfnis (spontan) und Nahrungsbedürfnis liegt somit schon bei der Geburt fest, welche Übersättigung der Säugling bei welcher Restsaugenergie zu ertragen bereit ist.

Die zentrale Koordinierung erfolgt auf drei Ebenen [286, S. 336 f.]:

(1) Bei der ersten Ebene, auf der es zu einer unmittelbaren Beeinflussung der internen homöostatischen Mechanismen kommt, kann von einer Programmregelung im Sinne der besprochenen Heterostase geredet werden. Die Hetero-

stase muß als Koordinierung der Ansprüche einer begrenzten Anzahl von Bedürfnissen verstanden werden, wobei angeboren festliegt, wie weit die beteiligten Bedürfnisse ihre Ansprüche an die Tätigkeit der internen homöostatischen Mechanismen durchsetzen können. Beispielsweise hat die Wärmeregulierung beim Menschen absoluten Vorrang vor der Kreislaufregulierung. „Der stehende Mensch kann dann einen schweren Kollaps erleiden, ehe auch nur wenige zehntel Grad seiner Körperwärme geopfert werden [18]."

(2) Auf der zweiten Ebene kommt es zur unmittelbaren Beeinflussung der speziellen *instinktiven* Schaltmechanismen der Bedürfnisse. Als Beispiel wurde die Hemmung der Saugbewegung bei Übersättigung angeführt.

(3) Die dritte Koordinationsebene wird erreicht, wenn ein Bedürfnis *nicht* auf spezielle *instinktive* Schaltmechanismen zurückgreifen kann. Die Bedürfnisspannung der unbefriedigten Bedürfnisse wirkt dann über das Lust/Unlustzentrum in Richtung auf eine allgemeine Aktivität.

Beim erfahrungslosen Menschen sind zwischen den Verhaltenstendenzen zwei Konfliktmöglichkeiten denkbar:

Es kann zum Konflikt zwischen der Tendenz auf allgemeine Aktivität und einer speziellen Verhaltenstendenz (z. B. der Saugbewegung) kommen, denn spezielles Instinktverhalten, das von einem speziellen instinktiven Schaltmechanismus angeregt wird, ist ja häufig ebenfalls eine Gesamtreaktion des ganzen Verhaltensapparates. Daher können sich die speziellen und der allgemeine Schaltmechanismus gegenseitig blockieren.

Ähnlich dem Verhältnis zwischen Saugenergiebedürfnis und „Nahrungsbedürfnissen" gibt es auch einen Widerstand gegen allgemeine Aktivität, der von den Zentren, die das Verhalten leisten sollen, ausgeht. Es ist hier vor allem an das Assoziationszentrum und an die Bewegungssteuerungszentren zu denken. Ist es zum Verhalten gekommen, so scheint auf der Ebene des erfahrungslosen Menschen nur eine Tendenz zu bestehen, nämlich das Verhalten dann abzubrechen, wenn der Widerstand (aufkommende Unlust) gegen ein Verhalten so groß geworden ist, daß er den Verhaltensantrieb hemmen kann. Hat sich der Mensch erfolglos um Bedürfnisbefriedigung bemüht, so hat die abgebrochene Aktivität nur dazu geführt, daß sich die Bedürfnisstärke, die insgesamt ertragen werden muß, durch die eingetretene Abweichung von der Homöostase des Bewegungssteuerungs-Energiebedürfnisses (spontan) noch erhöht hat. Zu Hunger, Unterkühlung und Einsamkeit ist zusätzlich noch das „Gefühl der Erschöpfung" gekommen.

An dieser Stelle zeigt sich, daß für die Koordinierung die Faktoren „Richtung der Abweichung" und „Bedürfnisstärke" getrennt betrachtet werden müssen. Der Organismus erlebt als Folge einer erfolglosen Aktivität ein Anwachsen der Unlust. Mit zunehmender Abweichung des Bewegungssteuerungs-Energiebedürfnisses (spontan) unter die Homöostase wächst der Widerstand gegen die Fortsetzung der Aktivität immer mehr, bis die Bewegung trotz der weiterbestehenden Antriebe abgebrochen wird. Wenn andererseits die Bewegungssteuerungs-Energie einige Zeit lang nicht abgerufen wird, so produziert ihr Kontrollmechanismus gleichfalls einen unangenehm getönten Kontrollimpuls, der aber – hieran zeigt sich die Beachtung der Richtung der Abweichung – als Aufforderung sich zu bewegen verstanden wird. Bei zu großem Bewegungssteuerungs-Energiestau wird der Mensch ohne weiteren inneren Grund, d. h. ohne von anderen Bedürfnissen „getreten" zu werden, allgemein aktiv [177, S. 124 ff.].

Die bisher besprochenen angeborenen Mechanismen ermöglichen es aber dem Menschen, in einer bestimmten Situation nur einen kleinen Teil der Folgen von Verhalten bzw. Nicht-Verhalten vorauszusehen. Die noch zu besprechenden bedingten Bedürfnismechanismen vergrößern die Prognosemöglichkeiten des Menschen beträchtlich. Für die Verhaltenskalkulation wird Lernen dann bedeutsam, wenn sich ein gelerntes (bedingtes) Erregungssystem[46] mit Verbindungen zwischen mindestens einer *ZNS*-Stelle, die von einem neutralen Reiz erregt wird, und einer rezeptiven Stelle eines angeborenen Bedürfnismechanismus gebildet hat. Die Reizung der neutralen Stelle des Systems ruft dann auch die Erregung der rezeptiven Stelle des beteiligten angeborenen Bedürfnismechanismus hervor. Auf dem Umweg über ein gelerntes Erregungssystem kommt es bei der nächsten Begegnung des Menschen mit dem neutralen Reiz zu einer Erregung des angeborenen Bedürfnismechanismus, die völlig unabhängig vom Erlebnis des unbedingten Reizes ist. Konorski, der von „hunger-conditioned" Reflexen spricht, erläutert: „a strong hunger *CS* can produce hunger even in a state of satiation [157, S. 275 f.]." Im Zusammenhang mit dem zentralen Koordinierungsprozeß kommt gelernten Systemen mit Verbindungen zwischen neutralen Stellen und den rezeptiven Stellen der Instinktmechanismen besondere Wichtigkeit zu. Wegen ihrer „bedingten" Endgültigkeit erlangen aber die bedingten Mechanismen, durch die die rezeptiven Stellen der Kontrollmechanismen der Bedürfnisse erregt werden, die Hauptbedeutung.

Die bedingten Kontrollmechanismen bewähren sich gleich den bedingten Einwirkungsprognosemechanismen in doppelter Weise: einmal ermöglichen sie es dem Menschen, mehr Außenreize in ihrer Bedeutung für die Bedürfnisse zu verstehen, bevor es zum Kontakt mit der Regelstrecke kommt, zum anderen erlauben sie es, die Folgen eines Verhaltensplans für die Bedürfnisse genauer vorauszusagen. Dank der beschriebenen Erregungssysteme wird das Denken zu einem Probehandeln, in dem die Folgen einer Aktion für die Bedürfnisse berücksichtigt werden. Der Mensch kann so schon in der Planungsphase zukünftige „Lust" und „Unlust" erleben. Nur das kann gemeint sein, wenn Arnold Gehlen sagt: „die menschlichen Antriebe sind entwicklungsfähig und formbar, sind imstande, den Handlungen nachzuwachsen, die damit selber zu Bedürfnissen werden" [103, S. 336].

[46] Zu Aufbau und Funktionsweise eines nervösen Erregungssystems vgl. Rohracher [236, S. 122 ff.].

„Es gibt viele Menschen", so sagt Rohracher, „die glauben, daß ‚der Wille' irgendwo in der Seele als eigene Energie vorhanden sei und nur vom ‚Ich' aufgerufen zu werden brauche, um alles durchzusetzen, was der Verstand für richtig, zweckmäßig oder notwendig erachtet [235, S. 452]." Rohracher betont dagegen, „daß das Wollen zwar eine Kraft darstellt, daß man sie aber keineswegs für alles Beliebige einsetzen oder alles mit ihr erreichen kann" [235, S. 451]. Beim „Kampf der Motive" ist „die Willenskraft keine eigene seelische Energie . . ., sondern die von der Persönlichkeit zum Einsatz gebrachte Kraft der Triebe und Interessen" [235, S. 452]. Nach dieserAnsicht Rohrachers, die sich mit dem Regelkreismodell der Bedürfnisse dieser Arbeit verträgt, hat Gehlen Unrecht, wenn er sagt, daß die Handlungen beim Erwachsenen von den Bedürfnissen „abgehängt" sind[47]. Die Unterschiede im Verhalten von Kindern und Erwachsenen erklären sich vielmehr daraus, daß die Koordinierung der Ansprüche der Bedürfnisse durch eine bessere Voraussicht beim Erwachsenen weitreichender ist.

Die Verhaltenskalkulation nach dem Lernen der Verhaltensfolge unterscheidet sich prinzipiell nicht von der naiven Form. Das bedingte Erregungssystem, durch das die neutrale Erregung z. B. den Kontrollmechanismus eines Bedürfnisses aktiviert, ist ein Übersetzungssystem in die Sprache der Kontrollmechanismen. Es besteht daher wieder nur die Aufgabe, die Variationen der Unlust-Komponente der Kontrollimpulse zu kalkulieren.

Grundsätzlich gilt, daß bei der Verhaltenskalkulation nicht unterschieden wird, ob der Kontrollimpuls (z. B. Hunger, Durst usw.) die Variation des Kontrollimpulses (z. B. als Folge von Essen und Trinken) durch eine Veränderung des Bedürfnisinhalts (Zucker-, H_2O-Gehalt des Blutes) oder indirekt durch ein bedingtes Erregungssystem hervorgerufen wird. Gehlen erwähnt Hobbes, der sagte, den Menschen mache bereits „der künftige Hunger hungrig" [Zitat nach 104, S. 50]. Als Folge davon entwickelt sich nach Gehlen beim Menschen ein „Bedürfnis nach Beibehaltung der Bedürfnisdeckungslage" [104, S. 51]. Der Zusammenhang, in dem dieses „Bedürfnis" zu sehen ist, wird im nächsten Kapitel noch zu erarbeiten sein. Es „ist außerordentlich stark mit gebundenen Affektmengen besetzt, die normalerweise gar nicht zur Geltung kommen, und das erste reale Anzeichen macht diese Affektmassen explosiv frei, bringt uns auf höchste Alarmstufe [104, S. 50; 248, S. 45]". Gehlens These, es bestehe ein Bedürfnis nach Beibehaltung der Bedürfnisdeckungslage kann hier dahingehend erläutert werden, daß auch ein bedrohlicher Handlungsplan oder ein bedingtes Warnsignal die gleiche Affektmenge in die Verhaltenskalkulation eingehen lassen wie eine tatsächliche Abweichung von der Homöostase. Ein bedrohlicher Handlungsplan beispielsweise würde daher verworfen werden.

[47] Vgl. Gehlen [103, S. 332 ff.]. Vgl. auch die Besprechung der Frage der Autonomisierung bedingter Bedürfnismechanismen auf [S. 259 ff.].

Im folgenden Kapitel wird noch ausführlich auf die Zweiteilung der Trieberlebnisse in unbedingte und bedingte Triebe einzugehen sein [S. 142 ff.]. Bereits hier soll aber die Frage nach dem Dominanzverhältnis zwischen den beiden Triebformen eines Bedürfnisses kurz aufgeworfen werden. Entscheidend ist dabei, daß starke unbedingte Kontrollimpulse zu einer deutlichen Minderung der Bewußtseinsklarheit führen. Bei maximaler Stärke der unbedingten Kontrollimpulse funktionieren die Sinnesorgane nicht mehr richtig und, was den Ausschlag gibt, das Denken setzt aus. Demnach unterdrücken starke unbedingte Triebe bedingte Triebe. Es kann also nicht passieren, daß der dem-Verdursten-Nahe seinen Wasservorrat schont und heute verdurstet, um morgen noch trinken zu können [235, S. 364].

Die in der vorliegenden Arbeit entwickelte Bedürfnistheorie erlaubt es, die Verhaltensfreigabe in Abhängigkeit von der Bedürfnisstärke als Kontinuum zu verstehen. Bei geringen Abweichungen von der Homöostase bzw. bei schwachen bedingten Kontrollimpulsen kann ein Bedürfnis praktisch kein Verhalten zu Lasten anderer Bedürfnisse durchsetzen. Mit zunehmender Bedürfnisstärke werden immer aufwendigere Verhaltenspläne akzeptiert. Es kommt zu immer umfangreicherem Appetenzverhalten – was mit einer immer deutlicheren Repräsentanz der Bedürfnisabweichung im Bewußtsein des Menschen verbunden ist. Eindrucksvoll kann dieser kontinuierliche Anstieg des Aktivitätsniveaus des Menschen zugunsten eines Bedürfnisses bei einem Schlafenden, der langsam auskühlt, beobachtet werden.[48] Schläft die mit Decken zugedeckte Vp. beispielsweise in einem ungeheizten Raum bei offenem Fenster lang ausgestreckt, so werden bei „Frieren" zuerst die Beine angezogen, die Vp. rollt sich zusammen. Sind die Decken verrutscht, was wohl aus einer einseitigen Abkühlung erkannt wird, so folgen planlose Greifbewegungen nach den Decken. Gelingt die Erwärmung immer noch nicht, dann richtet sich die Vp. eventuell schlaftrunken kurz auf, rückt die Decken zurecht und versucht dann weiterzuschlafen. Auch wenn sie aufgewacht ist, wird die Vp. sich zunächst mit dem Schließen des Fensters begnügen. Erst wenn das alles nicht hilft, wird sie sich z. B. der Mühe unterziehen, durch Bewegung die Wärmeproduktion des Körpers zusätzlich zu steigern und den Raum zu heizen, wenn das möglich ist.

Auf der Grundlage der vorstehenden Überlegungen kann den Wirtschafts- und Sozialwissenschaftlern widersprochen werden, die bezweifeln, daß jede Handlung des Menschen das Ergebnis eines zentralen Koordinierungsprozesses und einer „objektiven" Verhaltenskalkulation ist. Die Behauptung, d. h. die Vorstellung, daß der Verbraucher irrational handelt, wird z. B. damit begründet, daß der Verbraucher häufig nach dem Betreten eines Selbstbedienungs-(SB)-Ladens Dinge einkauft, die zu kaufen er nicht vorhatte. Beweis: er kann an der Kasse nicht alles bezahlen, was er in den Einkaufswagen gelegt hat. Das

[48] Das nachstehende Beispiel wurde von Professor Dieter Claessens [54] entwickelt. Es wird anschließend in einer weiter ausgesponnenen Form referiert.

Beispiel kann mit Hilfe des hier verwendeten Regelkreismodells der Bedürfnisse wie folgt interpretiert werden: Beim Betreten des SB-Ladens reichte die Bedürfnisstärke der Bedürfnisse, die durch Reaktionskäufe befriedigt werden, nicht aus, um ein Appetenzverhalten (z. B. Einkaufengehen) gegen die Ansprüche der anderen Bedürfnisse durchzusetzen. Daher konnte der Verbraucher den Reaktionskauf auch nicht voraussehen (planen). Aber die Bedürfnisstärke war groß genug, um beim Gang durch die Regale die Greifbewegung mit allen Folgen, wie z. B. Transport, Bezahlung usw., durchzudrücken.

V. Die möglichen bedingten Bedürfnismechanismen

A. Begriffe und Grundlagen

1. Lernen und Konditionierung

In diesem Kapitel wird nach den variablen Elementen und Strukturen der Bedürfnisse gefragt. Das besondere Ziel ist es, Interdependenzen zwischen der Aktivität der angeborenen und der Konditionierung sowie dem Verlernen der bedingten Bedürfnismechanismen zu zeigen. Die Erforschung dieses Fragenkreises fällt in das Aufgabengebiet der Lernpsychologie. Da bei der Beantwortung der einleitenden Frage die kybernetische Darstellungsmethode wenigstens tendenziell beibehalten werden soll, ist es zunächst erforderlich, den vermittelnden Begriff „Psychisches Erregungssystem[1]" genauer zu definieren. Der Ausdruck wird in der vorliegenden Arbeit immer dann gebraucht, wenn zwischen zwei Stellen des *ZNS* in der Weise eine gerichtete, nicht umkehrbare Verbindung besteht, daß die Erregung der ersten automatisch die der zweiten Stelle nach sich zieht.

Es wurde bereits erwähnt, daß der Mensch so veranlagt ist, daß sich in ihm unter bestimmten Umständen neue Erregungssysteme bilden können und müssen [5, S. 33 f.]. Sowohl die angeborenen als auch die neuen (gelernten) Erregungssysteme können in verhaltensneutrale und verhaltenswirksame untergliedert werden. Für die weitere Abhandlung sind zunächst die angeborenen verhaltenswirksamen Erregungssysteme bedeutsam, die hier mögliche angeborene Bedürfnismechanismen mit Außenfunktionen genannt werden. Sie gehören angeboren zum Regelmechanismus eines Bedürfnisses. Ein angeborener Bedürfnismechanismus mit Außenfunktionen ist in der Weise angeboren inhaltlich bestimmt, daß eine Erregung der rezeptorischen Stelle des Systems unbedingt automatisch eine Erregung einer (bestimmten) motorischen oder die Motorik hemmenden Stelle zur Folge hat. Mit dem Ausdruck bedingter Bedürfnismechanismus werden hier verhaltenswirksame, nicht angeboren programmierte Erregungssysteme bezeichnet, an denen mindestens ein angeborener Bedürfnismechanismus mit Außenfunktionen[2] beteiligt ist. Die zweite und alle

[1] Zum Begriff Erregungssystem vgl. Rohracher [236, S. 70].

[2] Bisher ist noch nicht geklärt, ob es möglich ist, bedingte Bedürfnismechanismen mit Beteiligung eines internen homöostatischen Erregungssystems zu konditionieren. Als Beweis dafür, daß derartige Erregungssysteme möglich sind, könnte angesehen werden, daß nach Buytendijk [42, S. 138] der Rhythmus der Mahlzeiten in die vegetative Organisation aufgenommen ist. „Wenn jemand gewohnt ist, seine Mahlzeiten zu bestimmten Stunden einzunehmen, dann zeigt sich, daß im Blut bestimmte rhythmische Veränderungen bestehen bleiben (z. B. des Säuregrades), auch wenn die Mahlzeiten ausfallen."

weiteren Stellen können beim bedingten Bedürfnismechanismus entweder für neutrale Reize (z. B. ein Ton) oder gelernte neutrale Komplexreize (z. B. Anblick einer Flasche) rezeptive Stellen sein [235, S. 243 ff.]. Der Prozeß der Bildung bedingter Bedürfnismechanismen wird nach Pawlow meist Konditionierung (Bedingung) genannt[3].

Auch in der deutschen lernpsychologischen Literatur ist häufig folgende von der amerikanischen behavioristischen Lerntheorie geprägte Begriffsbestimmung zu finden: „Lernen ist ein Prozeß, bei dem in Reaktion auf bestimmte Stimuli Reaktionen oder Verhaltensweisen geschaffen oder verändert werden, wobei vorausgesetzt wird, daß diese Veränderungen sich nicht aus angeborenen Verhaltensdispositionen (Instinkten), biologischen Reifeprozessen oder vorübergehenden anomalen Verfassungen wie Müdigkeit, Verletzung oder Rauschgifteinfluß erklären lassen[4]". Dem kann hier zugestimmt werden, soweit es darum geht, die nicht anlagebedingte Eigentümlichkeit der durch Lernen begründeten Strukturveränderungen des *ZNS* herauszuarbeiten. Im Gegensatz zu dieser von Stendenbach gewählten Definition scheint es für die Zwecke dieser Arbeit richtiger zu sein[5], der europäischen erlebnispsychologischen Gedächtnistheorie zu folgen [235, S. 245 ff.]. Danach muß zwischen „Konditionierung und Lernen" in der Weise unterschieden werden, daß „Lernen" der über- und „Konditionierung" der untergeordnete Begriff ist[6]. Es erscheint um so wichtiger, dem erlebnispsychologischen gegenüber dem behavioristischen Ansatz den Vorzug zu geben, als beim „denkbegabten" Menschen nur im Ausnahmefall (bedingter Reflex) psychische Erregung unmittelbar in Handlung umgesetzt wird. Sind an den bedingten Erregungssystemen Instinkt-Erregungssysteme[7] beteiligt, so hängt es ja – die empirische Lernforschung trägt dem auch bei Versuchen mit Tieren sorgfältig Rechnung[8] – von der jeweiligen Bedürfniskonstellation ab, wann eine Verhaltensmodifikation zu beobachten ist.

Mit Lernen werden hier nach Rohracher zwei Prozesse bezeichnet [235, S. 243 ff.]:

a) Der Prozeß des Behaltens und

[3] Vgl. Pawlow [218]. Im Sinne Pawlows übersetzt bedeutet Konditionierung eigentlich nur die Stimulus-Bedingungen zu schaffen, bei denen sich im Organismus ein bedingter Bedürfnismechanismus bildet. Heute bezeichnet Konditionierung aber auch den neurophysiologischen Prozeß, der sich dabei im Organismus abspielt.

[4] Stendenbach [283, S. 15]; aus dem Bereich der amerikanischen Lernpsychologie vgl. Hilgard & Bower [133, S. 2]; Smith & Moore [269, S. 2].

[5] Vgl. dazu Young [322, S. 415 ff., Abschnitt Motivation and Learning].

[6] Entsprechend unterscheiden auch Hilgard & Marquis [134, S. 1 ff.].

[7] Und das scheint – wie Rohracher betont – auch bei vielen „bedingten Reflexen" der Fall zu sein. So tritt beispielsweise die bedingte Speichelsekretionsreaktion, die durch Pawlow so berühmt geworden ist, nur beim hungrigen Hund auf, beim satten Tier fehlt sie [236, a. a. O., S. 108].

[8] Man denke nur an den „störenden" Einfluß, den neue Reize bei Pawlows Konditionierungsexperimenten auf den „Ablauf bedingter Reflexe" hatten [218, S. 59 f.] – und an die Bedeutung, die dem Reinforcement bei der instrumentellen Konditionierung zukommt [29, S. 74 ff.].

b) der Prozeß Assoziation von Erregungen bzw. Erregungssystemen des *ZNS*.

Zu a): Der Prozeß des Behaltens („Einprägens") kann theoretisch durch das Phänomen „Wiedererkennen" charakterisiert werden. Auf Befragen kann der Organismus bei einem erneuten Erlebnis des Reizes „mitteilen", daß er diesen Reiz bereits vorher erfahren hat. Er ist ihm bekannt.

Zu b): Der Prozeß des Behaltens ist nur theoretisch vom Prozeß der Assoziation von Erregungen zu trennen. Praktisch ist es unmöglich, im Gedächtnis Eindrücke isoliert zu speichern. In der Realität der Vorgänge im *ZNS* des Menschen erfolgt zugleich mit der Einprägung auch (die Assoziation =) die Bindung zweier oder mehrerer durch Gedächtniseindrücke erregter Stellen des *ZNS* in der Form aneinander, daß das tatsächliche Erlebnis eines der Reize die anderen assoziierten Stellen des *ZNS* aktiviert [235, S. 260]. Das Assoziationsgesetz lautet in der Formulierung von Rohracher: „Wenn von mehreren Erlebnisinhalten, die einmal gleichzeitig oder nacheinander bewußt waren, später einer wieder bewußt wird, so treten oft auch die anderen neuerlich ins Bewußtsein [235, S. 275]." Neben der zeitlichen Relation, in der der Organismus die Erregungen erlebt, ist auch die Anzahl der Wiederholungen einer Erregungskonstellation dafür ausschlaggebend, ob es zu einer Assoziation kommt oder nicht. Der entstandene Mechanismus soll gelerntes Erregungssystem genannt werden[9]. Zur Veranschaulichung sei als Beispiel eines der klassischen Assoziationsexperimente von Pilzecker und Müller angeführt [222]. Diesem Versuch liegt ein weitgehend verhaltensneutrales gelerntes Erregungssystem zugrunde. Man läßt dabei eine Versuchsperson mehrmals hintereinander Paare von sinnlosen Silben akustisch oder visuell wahrnehmen. Bietet man nach dem Lernvorgang dem Gedächtnisapparat die erste Silbe einer solchen Gruppe, so wird der Versuchsperson – erlebnispsychologisch ausgedrückt – die dazugehörende zweite Silbe bewußt. Das kann man objektiv prüfen, wenn man die Versuchsperson, die über das Ziel des Versuchs nicht informiert sein darf, auffordert, jeweils das auszusprechen, was ihr nach der Wahrnehmung der Reizsilbe „einfällt".

2. Wissen als bedingter Bedürfnismechanismus[10])

Für die Bedürfnisforschung ist die Lernfähigkeit des Menschen bedeutsam, weil es im Menschen auch zu Assoziationen zwischen neutralen Gedächtniseindrücken (z. B. sinnlosen Silben) und möglichen angeborenen Bedürfnis-

[9] Über die neuro-physiologische Natur der durch Lernprozesse wirksam gewordenen Verbindungen zwischen *ZNS*-Stellen, besteht in der Bedürfnisforschung noch keine Einigkeit. Vgl. Rohracher [236, S. 70 ff.] und Smith, David D. [268, S. 52 ff.].

[10] Häufig wird statt von Wissen, von Erfahrung gesprochen [90, S. 43]. Der allgemeine Sprachgebrauch, der sich etwa in dem Satz zeigt, „Ich weiß das aus Erfahrung", spricht aber dafür, bei der prägenden Erregungskonstellation von Erfahrung, bei der geprägten Struktur (Erregungssystem) aber von Wissen zu reden.

mechanismen mit Außenfunktionen kommt. Die bedingten Bedürfnismechanismen werden in Anlehnung an die amerikanische Konditionierungsforschung in bedingte Signalmechanismen [90, S. 16 ff.] (Lernverfahren: „klassische Konditionierung") und bedingte Verhaltensfolgenwissensmechanismen („Lernen am Erfolg", „instrumental" oder „operant conditioning") untergliedert[11].

Für den bedingten Signalmechanismus ist typisch, daß nach dem Lernprozeß ein ursprünglich verhaltensneutraler Sinnesreiz einen möglichen angeborenen Bedürfnismechanismus mit Außenfunktionen aktivieren kann. Es hat sich ein gelerntes Erregungssystem gebildet, in dem eine angeboren verhaltensneutrale perzeptive Stelle des *ZNS* mit einem angeborenen Bedürfnismechanismus mit Außenfunktionen in der Weise verbunden ist, daß bereits die Erregung der angeboren neutralen rezeptiven Stelle den möglichen angeborenen Bedürfnismechanismus mit Außenfunktionen aktiviert. Die meisten der Sinnesreizkombinationen, die der Mensch insgesamt wahrnehmen kann, haben bei mehrmaligem, isoliertem Erleben angeboren keinen Einfluß auf sein Verhalten, sie sind angeboren verhaltensneutral. Die Bedeutung der Konditionierung von Signalen liegt nun für ein Bedürfnis darin, daß der bedingte Signalmechanismus *(CS)* den angeborenen Regelmechanismus des Bedürfnisses früher, als dies angeboren der Fall wäre, auf künftige, für das Bedürfnis bedeutsame Ereignisse bzw. Erlebnischancen (Locksignale) und Gefahren (Warnsignale) aufmerksam macht [90, S. 16].

Für bedingtes Wissen der Verhaltensfolgen ist charakteristisch, daß bei einer bestimmten Bedürfniskonstellation vor dem Lernprozeß die Verhaltensweisen M_1 bis M_x gleich häufig produziert werden, während danach nur noch die Verhaltensweise M_1 zu beobachten ist. Für die Zwecke der vorliegenden Arbeit ist es angebracht, den dieser Verhaltensveränderung zugrunde liegenden Mechanismus mit Hilfe des Assoziationsgesetzes zu veranschaulichen. Bei M_1 ist es zu einer Verbindung zwischen der den Verhaltensimpuls M_1 produzierenden Stelle und einem angeborenen Bedürfnismechanismus mit Außenfunktionen gekommen, der bei der vorgegebenen Bedürfniskonstellation eine Erregung erzeugt, die vom Lust-Unlust-Zentrum als Lust, d. h. als Aufforderung, das Verhalten fortzusetzen, verstanden wird. Im Gegensatz zu M_1 sind die Verhaltensimpulse M_2 bis M_x nur mit Erregungen assoziiert, die unter den entscheidenden inneren Umständen als Unlustanstieg verstanden werden. Zu wissen, welche Folgen Verhalten hat, bedeutet verhaltenstechnisch, daß die angeborenen Bedürfnismechanismen Verhalten aktivieren, das erfahrungsgemäß zur Bedürfnisbefriedigung führt und (genauer) die motorischen Mechanismen hemmen, die der Erfahrung zufolge Verhalten veranlassen, das zu Bedürfnisabweichungen führt.

[11] Vgl. dazu u. a. Blough & Blough [29]; Foppa [90, S. 14 ff.]; Hilgard & Bower [133]; Hilgard & Marquis [134]; Rohracher [235, S. 282 ff.]; Smith u. a. [269, S. 18 ff.]; Spence [273, S. 91 ff.]; Eysenck [81]; ders.: The Biological Basis of Personality [80, S. 75 ff.]; Eysenck, H. J. und Rachman, S.: Neurosen [82, S. 14 ff.].

Der typische bedingte Mechanismus der menschlichen Bedürfnisse ist ein komplexes Erregungssystem, an dem sowohl bedingte Signalmechanismen als auch Wissen der Verhaltensfolgen beteiligt sind.

3. Wissen und Wiederholungszwang

Das Wissen der Bedeutung bedingter Signale sowie das Verhaltensfolgenwissen erweisen sich kurzfristig als selbständige Komplexe im Menschen. Was gemeint ist, verdeutlicht Claessens, der hier unter Bezugnahme auf Freud [95] von einem Wiederholungszwang (Wiederholungsdrang) spricht, der als formales Prinzip von Instinkten inhaltlich entleert auch heute noch im Menschen wirksam sei. Im Begriff Lernen verbindet sich damit nach Claessens „Zugewinn durch Beherrschung und Erstarrung durch Spezialisierung“ [55, S. 126]. „Das Lernen (hat) den Effekt, daß etwas gelernt wird und daß damit die Lernfähigkeit auf diesem Gebiet absinkt: Habe ich gerade ‚gelernt‘, den Hobel so oder so anzufassen, ‚will‘ ich nicht mehr lernen, daß er auch anders angefaßt werden kann. Lernen läßt in der Tat durch Gelerntes die Lernfähigkeit im engeren Gebiet des Gelernten sinken. Bewirkt wird das vermutlich dadurch, daß

1. das Gelernte eine Stelle besetzt und
2. das Gelernte aus dem Bewußtsein, da beherrscht, absinkt und insofern nicht mehr erinnerlich ist.

Gelerntes verfestigt sich und kann insofern eine Behinderung der weiteren Bewältigung der Realität durchaus darstellen (deshalb schätzt Brecht das Vergessen so hoch!). Gelerntes wird im Sinne der Kulturanthropologie selbstverständlich. Wiederholungszwang ist also als ein archaisches Mittel anzusehen, Anpassung per Lernen, damit Entlastung und zugleich ‚Ruhe in der Sicherheit‘ zu gewinnen. Der Lustgewinn bei entlastetem ‚richtigen‘ Verhalten fällt sozusagen dabei noch ab [55, S. 126].“ Der Ausdruck „Wiederholungszwang“ bezeichnet bei Claessens ein großes allgemeines Prinzip des menschlichen Organismus, unter bestimmten inneren oder/und äußeren Umständen bewährte Erregungskonstellationen zu reproduzieren. Dieses allgemeine formale Instinktprinzip gilt auch für die Funktionsweise des Lernapparates. Es ist nur konsequent, wenn Claessens betont, daß es den Physiologen eines Tages gelingen wird, einen entsprechenden Aufbau des „Lernapparats“ nachzuweisen [56, am 7. 12. 1968].

Beim Gedächtnis zeigt sich die Gültigkeit des Gesetzes vom Wiederholungszwang in dreifacher Weise:

a) Als Erinnerungszwang: Der Organismus muß die mit einer *ZNS*-Erregung assoziierten *ZNS*-Erregungen aktivieren.
b) Als Handlungszwang: Ist mit einem Verhaltensimpuls eine bedeutungsvolle *ZNS*-Erregung (z. B. sättigen) assoziiert, so steht der Organismus unter

dem Zwang, diesen Verhaltensimpuls erneut zu produzieren, wenn die assoziierte *ZNS*-Erregung positiv bewertet wird (bei Hunger).

c) Als Unterlassungszwang: Wird die mit einem Verhaltensimpuls assoziierte *ZNS*-Erregung als unangenehm bewertet, so erlebt der Organismus den Zwang, das Verhalten zu unterlassen.

B. Arten möglicher bedingter Bedürfnismechanismen

1. Bedingte Signalmechanismen

a) Abgrenzung zwischen bedingten und unbedingten Signalen

Die angeborenen Bedürfnismechanismen mit Außenfunktionen werden angeboren nur dann aktiv, wenn bestimmte, angeboren festliegende innere oder äußere Reize ihre rezeptiven Stellen erregen. Diese Reize werden in der Literatur unbedingte Reize, unbedingte Signale oder unbedingte Stimuli genannt und meist mit *US* abgekürzt. Das Vorhandensein eines bedingten Signalmechanismus im Menschen zeigt sich daran, daß ein angeboren bedürfnisneutraler Stimulus (S_n) die aktivierende Wirkung von *US* erlangt hat. Der unveränderte neutrale Stimulus ist dann zum bedingten Signal bzw. bedingten Stimulus *(CS)* geworden. Man kann definieren: ein bedingtes Signal *(CS)* ist ein ursprünglich bedürfnisneutraler Stimulus, der die aktivierende Wirkung eines bzw. einer Gruppe unbedingter Reize erworben hat.

Der Unterschied zwischen einem bedingten Signal und einem unbedingten Signal sei am Beispiel des „kleinen Alberts", eines Menschenkindes aufgezeigt, mit dem John B. Watson und Rosalie Rayner eine Reihe von Konditionierungsexperimenten durchgeführt haben [307, S. 21 ff.]. In zwei getrennten Experimenten wurde vorweg ermittelt, daß:

1. (plötzliche) laute Geräusche *(US)* beim Kind unbedingte Bedarfsfallreize des Flucht/Angstenergiebedürfnisses (exogen) sind;
2. der „Anblick einer weißen Ratte" ein für den Aktivierungsmechanismus dieses Bedürfnisses angeboren neutraler Stimulus ist.

Watson/Rayner betonen, daß in allen regulären „emotional tests", die durchgeführt wurden, während Albert mit der Ratte spielte, „not the slightest sign of a fear response was obtained in any situation" [307, S. 22]. Sie berichten dann weiter, daß Albert nach der Konditionierung sofort zu wimmern und zu schreien begann, seine Hände zurückzog und seinen Kopf und Rumpf abwendete, wenn ihm statt erwarteter anderer Spielsachen die weiße Ratte hingehalten wurde. Kippte Albert beim Abwenden um, so krabbelte er auf allen Vieren so schnell wie möglich davon („von" der Ratte „weg"). Der Anblick der weißen Ratte war für Albert zum bedingten Bedarfsfallreiz des Flucht/Angstenergiebedürfnisses (exogen) geworden. Bemerkenswert ist, daß Albert nach seinen Erlebnissen mit der weißen Ratte auch vor einer Ratte oberflächlich ähnlichen Reizen (Anblick eines Kaninchens, Hundes, Sealmantels, Wollknäuls) „Angst hatte" (Phänomen der Generalisierung).

b) Die Konditionierung bedingter Signalmechanismen

(1) Zu den Elementen bedingter Signalmechanismen

Die Elemente, die einen bedingten Signalmechanismus bilden, sind:
a) Die Stelle, die von dem primär neutralen Reiz erregt wird;
b) die rezeptive Stelle eines angeborenen Bedürfnismechanismus mit Außenfunktionen;
c) eine Verbindung zwischen a) und b).

Die Elemente b) und c) wurden bereits an anderer Stelle der Arbeit ausreichend besprochen [S. 77 ff.; S. 121 ff.]. Daher braucht hier nur gefragt zu werden, wie der Mensch sich gegenüber neutralen Reizen verhält.

Neue, unbekannte Reize bewirken beim Menschen bei ihrer ersten Darbietung mit Sicherheit eine Zuwendungsreaktion, die aus einer Reihe komplizierter Orientierungs- und Untersuchungsbewegungen besteht [90, S. 17]. Diese „weltoffene Neugier"[12] ist für den Menschen so charakteristisch, daß Konrad Lorenz den Menschen als „unspezialisiertes Neugierwesen" bezeichnet [180, Bd. II, S. 243]. Da Neugierverhalten und Sachbezogenheit zusammengehören, ist der Mensch darauf angelegt, in der Welt die Bedeutung der Sache für die Bedürfnisse zu finden. Der Mensch baut „durch eine aktive, dialogische Auseinandersetzung mit seiner Umgebung seine Bedeutungswelt auf und kann sich dadurch an so verschiedene Milieubedingungen anpassen" [180, Bd. II, S. 253]. Zum Wesen des menschlichen Neugierverhaltens gehört es, daß der Mensch „hier etwas tut, um etwas zu erfahren" [180, Bd. II, S. 235]. „Im Neugierverhalten steckt also das Prinzip der Frage. Indem im Hin- und Herwenden des Dinges sozusagen Frage nach Frage beantwortet wird: wie hart es sei, wie dick, welchen Geschmack es habe usw., entsteht ein Dialog zwischen Ding und Lebewesen. Die vom Menschen erreichte Feinheit dieses Dialogs entfernt ihn... kategorial vom Tier [55, S. 55]." Charakteristisch für den Menschen ist, daß das Neugierverhalten bei ihm bis ins hohe Alter hinein jederzeit ausgelöst werden kann.

Es wurde bereits dargelegt, daß das Neugierverhalten des Menschen von einem Typ-II-Zentrum (Explorations- und Assoziationszentrum) gesteuert wird, das spontan mit Energie versorgt wird [S. 65 ff.]. Dieses Zentrum lenkt das Neugierverhalten („curiosity reflexes" [157, S. 38]) in der Weise, daß der Mensch sich eine feststehende Reihe S_n betreffende Fragen stellt und sie mit

[12] Zu den folgenden Ausführungen vgl. Claessens [55, S. 55 f.].

Hilfe seiner Sinnes- und Erfolgsorgane nach und nach zu beantworten versucht.

Es soll nun untersucht werden, welche charakteristischen Merkmale diese „Zuwendungsreaktion“ aufweist, mit der der Mensch auf neue Reize reagiert. Das wichtigste Element scheint der Näherungs- und Distanzierungsmechanismus zu sein. Der Mensch nimmt „mit seinen Sinnes- und Erfolgsorganen den Kontakt auf und setzt sich nach einer Weile wieder ab, um sich von neuem in etwas anderer Weise – quasi unter neuem Gesichtswinkel – mit dem Gegenstand auseinanderzusetzen“ [77, S. 238]. Er „wird von dem neuen Objekt angezogen, klinkt aber nicht starr in ein bestimmtes Verhalten ein, sondern hat die Fähigkeit, sich wieder von ihm zu lösen. Und diese Fähigkeit zur Distanzierung ist die Voraussetzung für jede dialogartige Auseinandersetzung“ [77, S. 238]. Über das Neugierverhalten, das er bei Raben beobachtet hat, berichtet Konrad Lorenz, daß „alles Neue als potentiell biologisch bedeutsam behandelt (wird) und zwar ... der Reihe nach als Feind, Beute und Nahrung, solange ihm nicht eine gründliche Selbstdressur beigebracht hat, ob es als Feind, als Beute oder Nahrung oder überhaupt nicht von Bedeutung für ihn ist. Auf Objekte, die der Rabe durch Durchprobieren sämtlicher Instinktbewegungen des Feind-, Beute- und Nahrungskreises ‚intim gemacht‘ und als für diese Funktionskreise bedeutungslos ‚dahingestellt‘ hat – wie Gehlen treffend ausdrückt –, kann er später jederzeit zurückgreifen, indem er z. B. in dieser Weise indifferent gewordene Gegenstände zum Bedecken eines zu versteckenden Nahrungsbrockens benützen kann oder auch, um einfach darauf zu sitzen“ [180, Bd. II, S. 234]. Auch beim Menschen scheint die erste Frage, die das Neugierverhalten bei einer Begegnung mit einem neuen Reiz beantworten muß, zu sein, ob mit diesem Reiz eine Bedrohung verbunden ist[13]. Im einzelnen kann beim Kleinkind folgender Ablauf des Neugierverhaltens beobachtet werden:

(1) Das Kleinkind fixiert eine neue Reizquelle zunächst visuell. Dabei ist ein Zielreflex zu beobachten, durch den die Augen so eingestellt werden, daß sie den neuen Reiz am besten wahrnehmen können. Bewegt sich der Reiz, so folgen ihm Kopf und Augen, um die Sichtverhältnisse optimal zu halten [157, S. 15]. Der Zwiespalt zwischen hin und weg löst sich meist so, daß das Kind in der Nähe einer vertrauten Person (möglichst der Mutter) bleibt und von dort per Distanz den neuen Gegenstand aufmerksam betrachtet[14]. An die Stelle der Mutter tritt beim Erwachsenen die vertraute Gruppe[15].

[13] Vgl. Konorski [157, S. 38 f.]; Spitz [277; 278]; Bühler, C., Hetzer, H. und Mabel, F.: Die Affektwirksamkeit von Fremdheitseindrücken im ersten Lebensjahr, in: Z. Psychol. Abtl. 1, 107, 1928, S. 30 ff., zitiert bei Berlyne, D. E.: Conflict, Arousal and Curiosity, New York 1960, zitiert nach Konorski, Jerzy [157, S. 61] und Morris [195, S. 207 f.].

[14] Vgl. hierzu Harlows analoge Beobachtungen bei Affen [119]. Harlow, F. H.: Love in Infant Monkeys, in: Scientific American, June 1959.

[15] Vgl. dazu D Claessens' Ausführung zu den Themen „das Ganze und das ‚Heilige‘“ und „Das ‚je‘ Ganze, Nomos, ‚Organisator‘“ [55, Instinkt, ..., a. a. O., S. 142 ff.].

(2) Erst nach der visuellen und der akustischen Exploration durch die Fernsinne erfolgt nach und nach die vorsichtige Untersuchung durch die Nahsinne der Hand, der Haut und der Mund-Nasen-Höhle. Zwischen den instinktiven Fern- und Nahorientierungshandlungen muß eine spezielle Appetenzphase im Sinne Tinbergens [295, S. 118 f.] gedacht werden, die durch allgemeine Aktivität mit dem Ziel, Nahsinnesreize der neuen Reizquelle zu erleben, gekennzeichnet ist. Eine entscheidende Voraussetzung dafür, daß die Exploration durch die Nahsinne gelingt, ist, daß auch hier Zielreflexe die Sinnesorgane genau auf den neuen Reiz justieren [157, S. 15 f.].

(3) Wird eine unbekannte Reizquelle zuerst durch einen Nahsinn (Geschmack, Geruch, Hautsinne) entdeckt, so ist die erste Reaktion angstgetöntes Distanzierungsverhalten (Ausspucken, Zurückziehen des Körpers). Anschließend besteht eine starke Tendenz, die Exploration mit den Fernsinnen beginnend fortzusetzen.

Das Interesse an einem neuen neutralen Reiz erlischt nach intensiver Exploration völlig [157, S. 18]. Bei einer erneuten Begegnung bleibt das Verhalten völlig unbeeinflußt von der Existenz dieses Reizes. Aus dem neuen neutralen Reiz ist ein „nichtssagender" Reiz geworden. Hat der Mensch einen neutralen Reiz in ein gelerntes Erregungssystem eingebaut (Normalfall), so wird die nichtssagende Reizquelle sofort wieder Ziel der Neugier, wenn der Mensch neue, den alten widersprechende Erfahrungen macht. Peak [219; 322, S. 585 f.] illustriert den Einfluß kognitiver Dissonanz auf das menschliche Verhalten mit dem folgenden Beispiel: Die zweijährige Annie beobachtete, wie die Plastikgaloschen eines Besuchers zusammenklappten, als sie auf den Fußboden gestellt wurden. Annie erlebte in diesem Augenbilck einen Widerspruch zwischen ihren Erfahrungen, denn ihre Stiefel und alle anderen Stiefel, die sie jemals gesehen hatte, klappten nicht zusammen. Nach diesem Erlebnis sprach Annie mehrere Monate lang jedesmal von den „zerbrochenen" Schuhen, wenn sie den Besucher wiedersah. Diese Neugier hält im Menschen an, bis der Widerspruch im Wissen gelöscht worden ist [85].

Nichtssagende neutrale Reize müssen unterschieden werden von neuen neutralen Reizen, auf die der Mensch mit Neugier reagiert, und von bedingten Signalen, vor allem von solchen mit sehr unbestimmten Verhaltensaufforderungen, wie z. B. der: hier lohnt sich das Suchen für sexuell, sensorisch oder sonstwie deprivierte Menschen. Praktisch begegnet der Erwachsene auf dieser Welt niemals einer Reizkonstellation, in der ihm jeder Reiz unbekannt ist. Meist sind es nur einzelne unbekannte Reize oder unbekannte Beziehungen von Reizen, die in einer sonst vertrauten Umwelt auftauchen und daher nicht mehr völlig unberechenbar sind. *Neue* unwahrscheinliche Farben, Formen und bestimmt modulierte Geräusche auch der unbelebten Natur lösen bei der ersten Begegnung bei Menschen unbedingt Neugierverhalten aus.[16] Aber auch der

[16] Vgl. hierzu und zum folgenden Claessens [55, S. 117].

unwahrscheinlichste Reiz verliert nach Ablauf aller auf ihn bezogenen Neugierhandlungen seine Fähigkeit, den Menschen in die „Bereitschaft zur Aktion an sich" [55, S. 117] zu versetzen. Der vertraute, ehemals unwahrscheinliche Reiz verliert seine Fähigkeit, das Verhalten zu beeinflussen. S_n erhält einen neuen Aufforderungscharakter zur Aktion, wenn der Mensch gelernt hat, ihn als *CS* eines folgenden *US* zu verstehen [133, S. 68].

Dazu ein Beispiel: Kündigt der Anblick eines Ladenschildes *(CS)* beispielsweise ein Lebensmittelgeschäft an, so erhält S_n seinen neuen Aufforderungscharakter durch Assoziationen mit unbedingten Reizen der Regelmechanismen der „Nahrungsbedürfnisse". Der Anblick des Ladenschildes des Lebensmittelgeschäfts ist zum bedingten Signal der „Nahrungsbedürfnisse" geworden. Die „Lichtreklame" eines Vergnügungsviertels ist für den Großstädter im allgemeinen ein bedingtes Signal des Sexual- und des Exploration/Assoziations-Energiebedürfnisses (spontan) mit der diffusen Verhaltensaufforderung „jetzt suche gezielt nach Befriedigungsmöglichkeiten". In diesem Fall kann sogar ein bedingtes Appetenzverhalten nach diesen bedingten Signalen unterstellt werden, das sexuell oder explorativ gestimmte Menschen in den Bannkreis der Werbung führt. Es kann daher nicht zugestimmt werden, wenn hier ein System von ursprünglichen „Auslösern" angesetzt wird, durch das der angesprochene Mensch nur in eine diffuse, mehr oder minder stürmische Erregung versetzt wird, „wie wir sie beim Sehen roter Farbe, besonders als Lichtreklame, von bizarren Symbolen unbekannten Sinnes, Hören von Melodien und Empfinden bestimmter ungewöhnlicher Gerüche erfahren und kennen". Und wenn gesagt wird: „Diese Erregung kann dann in den Dienst von sozio-kulturellen Verhaltensweisen gestellt werden, z. B. kann Werbungssymbolik (Farbe, Form, Töne) per diffuse Erregung umgemünzt werden in Kaufverhalten. Der Hintergrund für die Verhaltensweise ‚Kaufen' ist dadurch gegeben, daß der Mensch dazu stimuliert wurde, etwas überhaupt zu tun [55, S. 117]." Diese Aussage gilt nur für einen Menschen, der das alles noch nie erlebt hat. Für den erfahrenen Menschen – und das ist in einem zivilisierten Land beinahe jeder Mensch – ist die Werbung nur eine Anzahl bedingter Signale, die ihre Kraft aus Assoziationen mit bestimmten angeborenen Regelmechanismen der Bedürfnisse schöpfen. Die Frage, ob und wie der Mensch durch „die Werbung" manipuliert werden kann, wird aber endgültig erst im Zusammenhang mit der Löschung bedingter Signale behandelt [S. 149 ff.].

Zum bedingten Signal kann grundsätzlich jeder S_n – also alles was der Mensch „um sich" (etwa eine Farbe, ein Ton, ein Geruch, ein Geschmack, usw.) „und in sich wahrzunehmen vermag" – [90, S. 18] werden. Infolge der Vielfältigkeit der menschlichen Umweltsbeziehungen charakterisieren isolierte neutrale Sinnesreize die Umwelt meist nicht so eindeutig, daß dem Menschen allein durch sie die Orientierung der Umwelt gelingt. Kennzeichnet ein isolierter Sinnesreiz die Objekte der Umwelt ausnahmsweise einmal genügend eindeutig – Beispiele könnten aus dem Kreis der Geschmacks- (süß, salzig, bitter, sauer usw.), Geruchs- (beißend, brenzlich) und der Hautempfindungen (warm, kalt, schmerzhaft) berichtet werden – so zeigt sich meist, daß diese Reize unbedingte Reize sind, die direkt – „aus angeborener Kraft" – rezeptive Korrelate eines Reflexes oder eines Instinktmechanismus erregen. Sieht man von solchen unbedingten Reizen einmal ab, so kann man sagen, daß den gelernten Signalen (z. B. der Anblick eines Menschen oder einer Sache; Geschmacks- und Geruchsreize einer Speise usw.), mit deren Hilfe sich der Mensch orientiert, im *ZNS* umfangreiche gelernte neutrale Erregungssysteme entsprechen, durch die eine Fülle von neutralen rezeptiven Stellen gleichzeitig aktiviert werden, auch wenn nur ein Teil von ihnen durch tatsächliche Reize erregt wird. Welchen geringen Orientierungswert visuelle Reize, die nicht durch Assoziationen untereinander und mit Reizen anderer Sinnes- und Erfolgsorgane vor allem der Hautsinne der Hand verbunden sind, für den Menschen haben, kann man immer wieder von blindgeborenen Menschen hören, die erst in einem höheren Alter auf operativem Wege plötzlich sehend wurden [136, S. 142]. Auch bei Kleinkindern (1 bis 1½ Jahre), bei denen sich die üblichen gelernten Erregungssysteme noch kaum gebildet haben, kann man beobachten, daß sie nach einem Astmuster im Tischplattenfurnier greifen, offenbar in der Annahme, daß es sich um einen selbständigen Gegenstand handele.

(2) Die Konditionierung bedingter Signalmechanismen der Modellstufe I

Bei der Analyse der Entstehung (Konditionierung) bedingter Signalmechanismen ist zu erklären, wie es zu einem gelernten Erregungssystem kommt [157, S. 265]. Erst für die Beschreibung der Konsequenzen des Vorhandenseins eines bedingten Signalmechanismus ist dann bedeutsam, daß die Erregung der *US*-rezeptiven Stellen (Stelle *US*) des angeborenen Bedürfnismechanismus automatisch die Erregung des angeborenen Regelmechanismus des Bedürfnisses zur Folge hat. Konorski betont ausdrücklich die „identity of conditioned and unconditioned responses" [157, S. 268; 236, S. 109]. Es ist daher auch gleichgültig, an welchem Bedürfnismechanismus die Entstehung eines bedingten Signalmechanismus demonstriert wird.

Die ersten Konditionierungsexperimente wurden von Iwan P. Pawlow mit Hunden durchgeführt. Sie können hier als Anschauungsmaterial benutzt werden, da spätere Untersuchungen anderer Forscher gezeigt haben, daß die Konditionierung der Speichelsekretion auch bei Menschen nach den von Pawlow an Hunden erarbeiteten Regeln erfolgt[17]. In zwei getrennten Versuchsschritten überzeugte sich Pawlow zunächst von zwei Tatsachen:

1. Das Ticken eines Metronoms (S_n) – bei vegetarisch aufgezogenen Tieren sogar der Anblick eines Fleischstücks – verursacht bei Hunden angeboren keine Speichelsekretion.

[17] Vgl. Foppa [90, S. 24]; Hofstätter [136, S. 55 f.] und Feather [83, S. 117 ff.].

2. Bei Hunden löst die Berührung von Fleischpulver *(US)* mit den Rezeptoren der Mundhöhle unbedingt eine Speichelsekretion aus.

Im Hauptversuch ertönte dann das Ticken des Metronoms immer kurz bevor den Hunden die Nahrung vorgesetzt wurde. Hatte sich ein Hund an die Versuchssituation gewöhnt, so konnte Pawlow bereits nach 5- bis 20maliger Wiederholung der Reizfolge S_n – *US* beobachten, daß die Speichelsekretion des Hundes auch dann kurz nach dem Beginn des Tickens des Metronoms einsetzte, wenn die Fütterung ausblieb.[18]

Aus Pawlows Versuchen lassen sich folgende Bedingungen (conditions) für das Entstehen eines bedingten Signalmechanismus, der nur nach dem Erlebnis eines bestimmten neutralen Stimulus zu arbeiten beginnt, ableiten:

1. Das früher indifferente Agens muß mit der Wirkung eines unbedingten Agens zeitlich zusammenfallen [218, S. 22].

2. Der Beginn der Wirkung des indifferenten Agens muß der Wirkung des unbedingten Agens ein wenig vorausgehen[19].

3. Weiter muß die Folge *CS* – *US* wiederholt dargeboten werden, damit es zu einer festen Assoziation zwischen den beteiligten rezeptiven Stellen kommt [82, S. 77].

4. Wie bereits beim Beispiel des kleinen Alberts erwähnt wurde [S. 126 f.], versteht der Organismus ein bedingtes Signal nicht als präzisen Reiz – beispielsweise als einen Ton einer bestimmten Frequenz und Intensität – sondern als Reizart (Töne). Alle Elemente der Reizart erregen in einer ganz bestimmten Stärke die assoziierte *US*-rezeptive Stelle. In diesem Fall, wenn der Organismus die Bedeutung eines bestimmten bedingten Signals verallgemeinert, spricht man von Reizgeneralisation [90, S. 221]. Eine bedingte Reizgeneralisation kann experimentell dadurch beseitigt werden, daß der Mensch verschiedenen Reizen einer Reizart (z. B. verschiedenen Tönen) ausgesetzt wird, daß *US* aber regelmäßig nur nach dem geplanten bedingten Signal geboten wird. Sprichwörtlich lernt der Mensch so z. B., „daß nicht alles Gold ist, was glänzt" [136, S. 60 f.].

Für die Bedürfnisforschung war das Modell der klassischen Konditionierung nach Pawlow von geringem Wert, solange angenommen wurde, bedingte Signalmechanismen könnten nur an Reflexe, wie den Speichelsekretions- oder den Augenlidschlußreflex, angefügt werden. Im Laufe der letzten Jahre hat die Bedürfnisforschung unter starkem Einfluß russischer und englischsprachiger

[18] Vgl. Pawlow [216, S. 9 ff.; 218, S. 14 ff.]. Die grundlegende Bedeutung dieses Experiments Pawlows für die moderne Lernpsychologie wird heute allgemein anerkannt. Der hohe Rang, den Pawlow in der modernen Lernpsychologie hat, zeigt sich beispielhaft daran, daß sich Hilgard/Bower 1966 entschlossen, in ihre auf diesem Gebiet führenden „Theories of Learning" [133, S. 48 ff.], ein Kapitel über Pawlows „classical conditioning" neu aufzunehmen. Zu den Versuchen Pawlows vgl. auch Blough et al. [29, S. 18 ff.]; Lawson [167, S. 34 ff.] und Foppa [90, S. 15].

[19] Vgl. Pawlow [218, S. 22]. Die Angaben der verschiedenen Forscher über den optimalen Abstand zwischen dem Beginn des *CS* und dem des *US* reichen von 0,2 bis zu 5 Sekunden. Vgl. Foppa [90, S. 29] und Konorski [157, S. 277].

Forscher[20] aber gelernt, das Auftreten von immer mehr Verhaltenstendenzen auf bedingte Signalmechanismen zurückzuführen. Heute sind die russische und ihr folgend weite Kreise der amerikanischen Bedürfnisforschung der Ansicht, daß es zwischen sämtlichen neutralen Reizen und sämtlichen rezeptiven Stellen aller Regelmechanismen mit Außenfunktionen aller Bedürfnisse des Menschen zu Verbindungen vom Typ bedingter Signalmechanismen kommen kann[21].

Für die weitere Analyse des Aufbaus bedingter Signalmechanismen sind die Ergebnisse eines Experiments mit Ratten wichtig, in dem die Probleme des Lernens „ohne Motivation und Bekräftigung" untersucht wurden [90, S. 116 ff.; 145]. Dabei erhielt ein Teil der Tiere vor Beginn eines Wegelernexperiments nach den Methoden von Thorndike und Skinner [133, S. 15 ff., S. 107 ff.] die Möglichkeit, ein Labyrinth ausführlich zu explorieren. Im anschließenden Hauptexperiment, bei dem es galt, eine Futterstelle zu finden, zeigte sich nun, daß die mit den Ortsverhältnissen vertrauten Tiere die Testaufgabe (Wahl des kürzesten Weges vom Start zum Ziel) nach wesentlich weniger Durchgängen lösten als die ortsfremde Kontrollgruppe. Die Ratten waren also in der Lage, ein gelerntes neutrales Erregungssystem, das sich bei der Ortsexploration zufällig gebildet hatte (eine Verbindung der neutralen Stimuli, die den Weg vom Start zum Ziel markierten), geschlossen mit dem *US* Futter zu assoziieren. Weil $S_{n5} \rightarrow S_{n4} \rightarrow S_{n3} \rightarrow S_{n2} \rightarrow S_{n1}$ bereits ein „logisches" gelerntes neutrales Erregungssystem bildeten, entstand im gleichen Augenblick, als es zu einer Assoziation von S_{n1} und *US* kam, ein bedingter Signalmechanismus vom Typ $CS_5 \rightarrow CS_4 \rightarrow CS_3 \rightarrow CS_2 \rightarrow CS_1 \rightarrow US$.[22]

Will man sich ein Bild von den Besonderheiten des Aufbaus und der Entstehungsgeschichte der bedingten Signalmechanismen des Menschen machen, so müssen vor allem die folgenden typisch menschlichen Eigenschaften berücksichtigt werden:

1. Die ubiquitäre Neugier;
2. die hohe Lernfähigkeit;
3. die überragende innerartliche Kommunikationsfähigkeit, die sich in den Phänomenen Sprache und Kultur manifestiert, und
4. die Hilflosigkeit während der ersten Lebensjahre, die es dem Menschen unmöglich macht, sich sozialen Einflüssen (Erziehung) zu entziehen [48, S. 62].

[20] Vgl. Smith, Wendell I. et al. [269, S. 52 f.]. Besondere Bedeutung haben dabei Eysenck & Rachman [82]; Konorski [157] und Razran [228; 229]; Razran zitiert bei Smith, Wendell I. et al. [269, S. 53].

[21] Vgl. Konorski [157]; Foppa [90]; Eysenck & Rachman [82] und Eysenck [81], berichten, daß bei der Behandlung von Neurosen beachtliche Heilerfolge allein dadurch möglich sind, daß man sie auf bedingte Signalmechanismen zurückführt und nach den von Pawlow entwickelten Methoden der Extinktion behandelt. Darauf wird noch im Zusammenhang mit der Löschung bedingter Signalmechanismen einzugehen sein [S. 149 ff.].

[22] Eine Übersicht der Studien des Lernens „ohne Motivation und Bekräftigung" ist bei Mowrer, Hobart O.: Learning Theory and the Symbolic Processes [197, S. 29 ff.] zu finden.

Die Neugier führt in Verbindung mit der überragenden Lernfähigkeit beim Menschen besonders häufig zu umfangreichen gelernten bedürfnisneutralen Erregungssystemen, die dann geschlossen mit einem oder einer Gruppe von *US* assoziiert werden können.

Die Bedeutung der innerartlichen Kommunikationsfähigkeit des Menschen muß auf zwei Ebenen betrachtet werden:

(1) Auf der Ebene der Instinktsprache;

(2) auf der Ebene gelernter Erregungssysteme, die sich zwischen mehr oder weniger willkürlich gewählten akustischen und visuellen Reizen (Bezeichnungen) und den Reizen der Innen- und Außenwelt des Menschen mit sozialer „Geltung qua Konvention" [55, S. 149] bilden. Hier sollen die Fragen nach dem Spracherwerb und den Sprachniveaus nicht verfolgt werden.[23] Im folgenden soll nur untersucht werden, ob es möglich ist, im Menschen bedingte Signalmechanismen allein durch Kommunikation auf der Ebene des zweiten Sprachniveaus aufzubauen. Die Antwort lautet „Ja". In den Menschen, die in einem modernen Industriestaat leben, wird die Mehrzahl ihrer bedingten Bedürfnismechanismen mit der Konditionierungstechnik der gesprochenen Mitteilung aufgebaut. Je nach dem prophezeiten *US*-Erlebnis kann die „Incentive Suggestion" [167, S. 358 ff.] in die Ankündigung positiver (US^+) und negativer (US^-) Reizwirkungen unterschieden werden. Das hat besonders weitreichende Konsequenzen bei bedingten Warnsignalen (CS^-). Wenn z. B. eine Mutter ihr Kind warnt: „Iß das rote Zeug nicht, das ist giftig!", so ist in dieser Nachricht im Gegensatz zu den bedingten Locksignalen (CS^+) ja die Aufforderung enthalten, die Überprüfung ihrer Richtigkeit zu unterlassen. Dabei muß aber beachtet werden, daß die sprachliche Mitteilung nur eine neue Assoziation bereits vorhandener neutraler und verhaltensrelevanter gelernter Erregungssysteme bewirkt. Jedes Sprachsymbol, das sei unterstrichen, das nicht aus der Instinktsprache stammt, ist für sich genommen – sonst ist es subjektiv gesehen nur ein Geräusch – bereits durch ein gelerntes Erregungssystem mit der Realität verknüpft. Der akustische Reiz „das rote Zeug" muß bereits mit bestimmten visuellen S_n und das Wort giftig bereits mit bestimmten US^- verknüpft sein, damit die Verhaltensaufforderung: Iß das rote Zeug nicht, das ist giftig! eine über „die Orientierungsreaktion" hinausgehende Wirkung auf das Verhalten hat.

Die Bildung bedingter Signalmechanismen ist auf jedem über der Instinktsprache liegenden Sprachniveau vom Vorhandensein von Vertrauen in bzw. Glauben an die Richtigkeit der Mitteilung abhängig. Was subjektiv Glaube an die Richtigkeit einer Mitteilung genannt wird, ist die Folge des Wirkens eines bedingten Bedürfnismechanismus, der sich bei Menschen bildet, die die Erfahrung gemacht haben, daß das Nichtbefolgen einer dem zweiten Sprachniveau entstammenden Verhaltensaufforderung Unlust, Befolgung aber Lust verur-

[23] Zu diesen Fragen vgl. [55, S. 147 ff.].

sacht. Nach ausreichend vielen Wiederholungen dieser Erfahrungslage bildet sich ein bedingter Signalmechanismus, der dazu führt, daß bereits der Plan, gesprochene Informationen nicht zu beachten, Unlustgefühle weckt. Ist das Vertrauen in in Sprache 2 gesprochene Mitteilungen vorhanden, so können sich allein aufgrund solcher Kommunikationsreize im Menschen neue umfangreiche bedingte Signalmechanismen bilden. Fehlt das Vertrauen, so hat eine sprachliche Mitteilung keine Auslösefunktion.

(3) Erweiterung des Modells der bedingten Signalmechanismen: Modellstufe II

Die biologische Funktion der bedingten Signalmechanismen vom Typ der bedingten Speichelsekretionsmechanismen ist es, dem Bedürfnis anzuzeigen, daß es kurz nach dem Erscheinen von *CS* erforderlich sein wird, einen für den Fall *US* vorgesehenen Bedürfnismechanismus zur Erhaltung der Homöostase zu betätigen. Wenn im Menschen ein bedingter Signalmechanismus besteht, so hat die Erregung der rezeptiven Stelle *CS* automatisch eine Erregung der rezeptiven Stelle *US* zur Folge. Dieser Mechanismus arbeitet aber nur bei der Reizkonstellation *CS* vor *US*. Wird die Stelle *US* dagegen durch *US* erregt, so folgt nicht automatisch eine Erregung der Stelle *CS*. Wurde z. B. eine Säure-Speichelreaktion auf ein Lichtsignal konditioniert, so hat das Erlebnis von Säure im Mund nicht zur Folge, daß dem Menschen im gleichen Augenblick das Lichtsignal einfällt. Eine derartige Konstruktion wäre für ihn nicht nur ohne jeden biologischen Wert, sondern auch sehr gefährlich. Es käme dann zu einer „Erinnerungsüberflutung“, weil im Menschen durch Erfahrungen mit seiner natürlichen und sozialen Umwelt eine Fülle von *CS*-Stellen selbständig mit einer *US*-Stelle verbunden sind. Von erheblichem biologischem Wert ist jedoch ein Erregungssystem, das – aktiviert durch Hunger – im Menschen eine Fülle von Bildern und, um es vorwegzunehmen, von Verhaltenstendenzen aktiviert, die sich alle dadurch auszeichnen, daß sie ihrerseits mit Nahrung in der Mundhöhle bzw. im Magen oder mit einer Zunahme z. B. des Zucker-Gehalts des Blutes assoziiert sind.

Für die Analyse der Bildung und des Aufbaus derartiger bedingter Signalmechanismen hat es sich als Nachteil erwiesen, daß die moderne Lerntheorie stark unter dem Einfluß des Watsonschen Behaviorismus steht. Denn der Behaviorismus „lehnte es prinzipiell ab, etwas über das auszusagen, was im Inneren eines Tieres vorgeht: Die Behavioristen beschreiben nur das äußere Verhalten“ [290, S. 194]. Um die volle Bedeutung der Lernfähigkeit für die Bedürfnisbefriedigung zu ermessen, muß die Analyse von Entstehung, Aufbau und Funktionsweise bedingter Signalmechanismen mit Hilfe von Aussagen erweitert werden, die nur durch Introspektion gewonnen werden können. Als Theorem bietet sich hier die von Konrad Lorenz in die Bedürfnisforschung eingeführte Vorstellung von der Instinkt-Dressur-Verschränkung an [180, Bd. II, S. 304 f.]. Derselbe Fragenkreis wird bei Gehlen unter dem Titel Bedürfnisorientierung behandelt [104, S. 73 ff.]. Mit „Instinkt-Dressur-Verschränkung" bezeichnet Lorenz die Anschauung, „daß im Aktionssystem höherer Tiere größere Einheiten von Verhaltensweisen auftreten, die durch Lernen völlig unbeeinflußbar sind und mit anderen Systemen, vor allem solchen auf der rezeptorischen Seite, zusammenarbeiten, die ihrerseits durch Lernen verändert und angepaßt werden können" [180, Bd. II, S. 304 f.]. Lorenz betont, daß dieser Betrachtungsweise für die Analyse menschlichen Verhaltens überragende Bedeutung zukommt.

Zur Veranschaulichung des Phänomens der Instinkt-Dressur-Verschränkung sei der Bedürfnisbefriedigungsprozeß betrachtet, der zur Beseitigung einer Abweichung unter die Blutzuckerhomöostase führt. An diesem Prozeß sind einige Instinktmechanismen beteiligt, die aber alleine dem Menschen ohne die Hilfe anderer erfahrener Menschen nur sehr langsam zum Erfolg verhelfen.

(1) Die Abweichung unter die Blutzuckerhomöostase wird von den Interozeptoren des Hungerzentrums (Teil 1 des Blutzuckerkontrollzentrums) bemerkt und führt automatisch zu einer spezifischen unlustgetönten Erregung dieses Zentrums, die mit Hunger (Süßigkeitshunger) zu bezeichnen der Mensch gelernt hat. Das Aufkommen des Hungers erfolgt instinktiv unbeeinflußt von Lernprozessen.

(2) Die Erregung des Hungerzentrums bewirkt aber nur ein allgemeines unorientiertes Appetenzverhalten.

(3) Die einzige instinktive Orientierungshilfe, die der Mensch besitzt, ohne daß ihm das angeboren „bewußt" wäre, ist ein instinktiver Zuckereinwirkungsprognosemechanismus.

(4) Nur beim Säugling stellen nun ausgehend von der instinktiven Saugbewegung eine Reihe von angeborenen Schaltmechanismen (für Instinkthandlungen und Reflexe) sicher, daß der Befriedigungsprozeß ohne Lernen erfolgreich beendet werden kann. Beim Erwachsenen beginnt nach dem Erlebnis des Einwirkungsprognosereizes Süß eine speziellere Appetenzphase, während derer das Verhalten am Reizträger orientiert bleibt (Hintendenz). An die Stelle der Saugbewegung treten dann bedingte Reaktionen der Nahrungsaufnahme.

(5) Der Blutzuckerbedürfnis-Befriedigungsprozeß wird instinktiv beendet, wenn der Magen gefüllt ist bzw. wenn der Blutzuckergehalt die Homöostase übersteigt. Jetzt ist das Hungerzentrum passiv, während das Sättigungszentrum (Teil 2 des Blutzucker-Kontrollzentrums) eine Erregung produziert, die der Mensch Gefühl der Sättigung (Übersättigung) nennt. Sie hat den dem Hunger entgegengesetzten Effekt der Hemmung der Nahrungsaufnahmereaktionen; Konorski schlägt daher als Beziehung „hunger-antidrive" vor [157, S. 20 f.].

Wird nur zwischen Instinktphasen, während derer das menschliche Verhalten streng durch Instinktmechanismen determiniert ist, und plastischen Appetenzphasen unterschieden, so ergibt sich für den Blutzuckerbedürfnis-Befriedigungsproezß folgendes Schaltbild:

(1) Instinktphase I
(2) Appetenzphase I (beim Säugling: Schreiphase)
(3) Instinktphase II
(4) Appetenzphase II (beim Säugling: Saugphase)
(5) Instinktphase III

Das Appetenzverhalten des Erwachsenen zeichnet sich dadurch aus, daß es in den Grenzen, die die Instinktmechanismen in den Instinktphasen I („vollendet und hartnäckig zielstrebig"), II und III (das Befriedigungsmittel wird allein durch die Merkmale bestimmt: muß süß schmecken bzw. den Blutzuckerspiegel heben) setzen, plastisch, variabel und anpassungsfähig ist [77, S. 57; 295, S. 98]. Dies heißt nichts anderes, als daß das Appetenzverhalten durch Dressur (Lernen) verändert werden kann, und zwar im Sinne einer Instinkt-Dressur-Verschränkung.

Die anthropologische Forschung beschreibt das psychische Geschehen im Menschen während der Appetenzphase (nach erfolgter Instinkt-Dressur-Verschränkung) seit Gehlen in Selbstbeobachtung als „Orientierung des Bedürfnisses an der Handlung und am Bild des Handlungsobjekts [248, S. 43; 103, S. 57 ff.]". Nach der Instinkt-Dressur-Verschränkung richtet sich das Verhalten „in mehr oder weniger entschiedener, konkreter, spezieller Weise auf ein Objekt, das als Befriedigungsmittel dienen kann, im Fall des noch relativ ungeformten Bedürfnisses, das etwa als unspezialisierter ‚Hunger', als Begehren nach irgendeinem Nahrungsmittel empfunden wird, ebenso wie im Falle des sehr spezialisierten Bedürfnisses, das sich etwa als ‚Appetit' auf ein Kaviarbrötchen kundtut. Das Bedürfnis wird also nur dadurch konkret und erfahrbar, daß ein seiner Natur nach vages Begehren durch eine Vorstellung seine Formung erhält[24]".

Die Bedürfnisorientierung ist häufig lückenlos. Der bedürftige (z. B. hungrige) Mensch wird dann von einer starren Kette von Bildern und den jeweils mit ihnen verknüpften Handlungsimpulsen geleitet. Er kommt so mit einer die instinktive weit übertreffenden Sicherheit zur Bedürfnisbefriedigung. Bei Gehlen findet sich dazu folgende ergänzende Feststellung: „Erst durch das zugeordnete Verhalten hindurch ist das Bedürfnis mit einem Richtungsbild des Erfüllungsobjekts besetzt und zugleich auf einen einseitigen Inhalt eingegrenzt. Der auftretende Gegenstand eines orientierten Bedürfnisses kann die ganze Serie an ihm festgelegter Handlungen von außen her anregen, auch wenn kein akutes Bedürfnis gefühlt wird [104, S. 73]." Die Frage nach den bedingten Signalmechanismen (Bildbesetzung) soll hier getrennt vom Aspekt des Verhaltensfolgenwissens behandelt werden[25]. Aus den Aussagen Gehlens geht hervor, daß zwei Typen von bedingten Signalmechanismen unterschieden werden müssen.

[24] Scherhorn [248, S. 40]; vgl. auch Katz [148] und Siegfried Kraus [160, S. 9 f.].
[25] Vgl. dazu die Besprechung von E. Tolman's Sign Learning, in: Hilgard & Bower [133, S. 195 ff.].

1. Der Typ *CS–US* ist dann gegeben, wenn eine „Verlagerung der Antriebsmomente in den Gegenstand[26]" vorliegt, mit anderen Worten, wenn *CS* statt *US* einen Bedürfnismechanismus aktiviert. Dieser Typ wird durch die Konditionierungsexperimente nach dem klassischen Vorbild Pawlows im Menschen aufgebaut.

2. Der Typ US_0–CS–US_1 liegt vor, wenn z. B. die Erregung des Hungerzentrums (US_0-Stelle) automatisch eine Reihe von *CS*-Stellen aktiviert, die alle mit einer zweiten *US*-Stelle (Nahrung) verknüpft sind, deren Erregung unbedingt einen den Hunger hemmenden Effekt hat[27].

Der entscheidende Unterschied zwischen den beiden Signalmechanismentypen besteht darin, daß die Aktivierung des Erregungssystemes im ersten Fall durch *CS*, im zweiten Fall aber durch einen unbedingten, interozeptiv bemerkten Stimulus ausgelöst wird. Dazu ein Beispiel: Wenn der Mensch beim „Anblick einer Würstchenbude" *(CS)* plötzlich und für ihn selbst überraschend Appetit auf eine Bockwurst bekommt, so geht der Anstoß zu diesem „Reaktionskauf" allein vom Wirken eines *CS–US*-Signalmechanismus aus. Der Kauf ist nur eine Antwort des Organismus auf eine zufällige Reizung durch *CS*. Fragt sich der Mensch aber in einer unbekannten Gegend zielstrebig nach einem Lokal durch und bestellt dort ein Gericht (Appetenzkauf), so ist das mit dem Vorhandensein eines US_0-CS-US_1-Signalmechanismus zu erklären. Der US_0 „Abweichung von der Homöostase der Nahrungsbedürfnisse" hat über das Hungerzentrum und eine bedingte Verbindung die Vorstellung Lokal *(CS)* bewußt gemacht. Das Signal Lokal ist über eine Kette von *CS* mit dem *US* Nahrung assoziiert. Der Vorgang wird weiter illustriert durch Berichte von Teilnehmern eines freiwilligen Hungerexperiments, die während einer Zeit von 6 Monaten mit etwa der Hälfte der normalen Nahrungszufuhr auskommen mußten. Die Versuchspersonen wurden in zunehmendem Maße von sehr lebhaften Träumen und Tagphantasien heimgesucht, in denen Nahrung die Hauptrolle spielte. „In den grellsten Farben haben auch die hungernden Teilnehmer einer Nordpolexpedition vom Essen geträumt. S. Hedin berichtet, wie ihm der Traum eine sprudelnde Quelle vorspiegelte, nachdem die Wasservorräte der Expedition zur Neige gegangen waren. A. R. Holmberg[28] beobachtete an den Siriono-Indianern Südamerikas, die in einer Art permanenter Hungersnot leben, daß Speisen und Jagderfolge die Hauptinhalte ihrer Träume sind [135, S. 198, S. 200; 133, S. 266]."

[26] Bürger-Prinz, zitiert in: Gehlen [104, S. 74].

[27] In der angelsächsischen Fachliteratur wird für US_0 (unconditioned stimulus) häufig das Symbol *D* (drive stimulus) verwendet. Vgl. Hilgard & Bower, a. a. O. [133, S. 360 f.] und Tolman [298, S. 455 f.]. Nach Ansicht des Verfassers sind Triebe (Trieberlebnisse) aber nur die Folgen der Reizung der Kontrollmechanismen der Bedürfnisse durch die Stimuli Bedürfnisabweichungen. Im Interesse einer objektiven Bedürfnistheorie scheint es daher sinnvoll, die Beobachtungsebene der Reize von der der psychischen Reizwirkungen und der Frage, durch welche Außenwelteinflüsse (Deprivation, Sättigung) es zur Reizbildung kommt, zu trennen.

[28] Holmberg, A. R., zitiert in: Sherif [266].

Die Innensicht zeigt, daß die Stelle US_0 oft mit mehreren *CS*-Stellen verbunden ist [298, S. 448 ff.], daß aber für die konkrete Abwicklung und den konkreten Inhalt eines Appetenzkaufes immer der zusätzliche aktivierende Einfluß von bedingten Signalen der konkreten Umgebung des Menschen im Augenblick des Dominantwerdens eines Bedürfnisses mit entscheidend ist. Die zielstrebige Appetenz nach einem vorgestellten idealen *CS* wird je nach der Stärke der Bedürfnisabweichung meist sehr schnell vom bedingten „Aufforderungscharakter"[29] anderer realer *CS* gehemmt. „Tolman's Sign-Learning-Theorie" wird der Problematik am besten gerecht. Tolman's Konzeption enthält folgende Aspekte:

„(1) The organism brings to a problematic situation various systematic modes of attack, based largely on prior experiences.

(2) The cognitive field is provisionally organized according to the hypotheses of the learner, the hypotheses which survive being those which best correspond with reality, that is, with the causal texture of the environment. These hypotheses or expectancies are confirmed by successes in goal achievement.

(3) A clearly established cognitive structure is available for use under altered conditions, as when a frequently used path is blocked [133, S. 206]."

Tolman's Überlegungen zeigen, daß bedingte Signale neben der Auslösefunktion auch eine Hinweisfunktion haben können. Durch die Auslösefunktion erlebt der Mensch den „Anblick einer Zitrone" *(CS)* als sauren Geschmacksreiz *(US)*; es kommt zur Auslösung der Speichelsekretion. Wenn *US* unabhängig vom Verhalten des Menschen wirksam wird, so hat *CS* nur diese Funktion. „In instrumentellen Lernsituationen gibt hingegen das Signal einen Hinweis auf mögliche zukünftige Ereignisse, die jedoch nur dann eintreten, wenn bestimmte Verhaltensweisen – in einem gegebenen Zeitraum – ausgeführt oder unterlassen werden [90, S. 40]."

Die Frage, wodurch bedingte Signale die Eigenschaft erwerben, Hinweise auf mögliches Verhalten und dessen Folgen zu geben, wird noch ausführlich behandelt [S. 162 ff.]. Hier soll nur noch untersucht werden, wie und wann sich im Menschen US_0-CS-US_1-Signalmechanismen bilden. Dazu kann mit Sicherheit bisher nur folgendes gesagt werden:

(a) Nach Ansicht der modernen Lernpsychologie gelten die Konditionierungsgesetze auch für die vorstehende Frage [157, S. 275 ff.].

(b) Zu einem bedingten Signalmechanismus, bei dem die Erregung der US_0-Stelle (z. B. das Hungerzentrum) automatisch zur Aktivierung einer Stelle S_n führt, kommt es danach nur, wenn der Beginn der Wirkung von US_0 (Abweichung von der Homöostase) bzw. CS_0 vor dem Beginn von S_n einsetzt [90, S. 46 f., S. 116 f.].

(c) Zwischen der Stelle US_0 und der Stelle S_n besteht bereits eine flüchtige Verbindung bevor sich S_n mit US_1 (z. B. Nahrung, Wiederherstellung der Homöostase) assoziiert und zu *CS* wird [90, S. 333].

[29] Zum Begriff Aufforderungscharakter vgl. Rohracher [235, S. 469 f.].

(d) Daher bildet sich das System US_0-CS-US_1 sofort, wenn S_n zu CS wird [157, S. 275 ff.].

(e) Besteht erst einmal ein „flüchtiger", d. h. unter Beteiligung nur weniger *CS*-Stellen gebildeter US_0-CS-US_1-Signalmechanismus, so besteht eine zunehmende (Hin-)Tendenz, die Lernsituation gegenüber anderen bevorzugt aufzusuchen.

(f) Vermutlich dienen die Wiederholungen der Lernsituation nur dazu, den Faktor *CS* durch Assoziationen mit immer neuen neutralen Reizen zu erweitern. Je genauer aber die Bedürfnisorientierung ist, desto schneller geht das allgemeine Appetenzverhalten in eine spezielle Form über. Ist die Bedürfnisorientierung so genau, daß im Bedarfsfall sofort ein spezielles bedingtes Appetenzverhalten möglich ist, so bezeichnet man dieses Appetenzverhalten als Gewohnheit.

(g) Es wird vermutet, daß der menschliche Organismus über ererbte Strukturen verfügt, durch die das Zustandekommen (Lernen) eines US_0-CS-US_1-Signalmechanismus besonders begünstigt wird. Es liegt nahe, hier an das „Gesetz des Effektes" von Thorndike zu denken. Dieses Gesetz behauptet, „daß Lernen und Behalten nicht nur auf Wiederholung gleicher Reize und gleicher Reaktionen beruht, sondern auch auf dem Erfolg eines Verhaltens, d. h. auf Befriedigung" eines Bedürfnisses [235, S. 281]. Die Verhaltensweise, die zur Bedürfnisbefriedigung führt, prägt sich am besten ein. US_1 muß also ein Reiz sein, der auf die Regelmechanismen desselben Bedürfnisses wie US_0 einwirkt.

Das „Gesetz des Effektes" läßt aber die Frage nach den Mechanismen bzw. den Strukturen offen, die das Lernen eines US_0-CS-US_1-Signalmechanismus erleichtern. Zur vorstehenden Frage noch zwei Hinweise:

Nach Konorski besteht der Effekt des Einwirkungsprognosereizes „Nahrung im Mund (US_1)" in einer sofortigen Hemmung der Aktivität des Hungerzentrums (Stelle US_0) [157, S. 44 ff.]. Diese Hemmung durch den Nahrungsreiz ist aber sehr kurzfristig. Sie endet praktisch sofort, wenn der Nahrungsreiz im Mund aufhört. Da es beim Nahrungskonsumtionsprozeß – Ergreifen, zum-Mund-führen, Zerkauen, Einspeicheln und im Augenblick der stärksten US_1-Wirkung das Herunterschlucken – in regelmäßigen Abständen zwangsläufig zu einer Unterbrechung der Wirkung von US_1 (Nahrung) kommt, erlebt der Mensch während einer Mahlzeit ein ständiges Auf- und Abklingen des Hungers (Aktivität des Hungerzentrums). Jedes Aufklingen des Hungers ist gleichbedeutend mit einer Wiederholung der Reizfolge US_0-CS-US_1. Z. B. kann bei Kleinkindern, die noch nicht gelernt haben, daß sich nach dem Verzehr der ersten Mundfüllung der Hunger noch mehrmals einstellt, beobachtet werden, daß sie – vorausgesetzt man läßt sie gewähren – ihre Stulle nach jedem Bissen fortlegen und zu spielen beginnen. Haben sie heruntergeschluckt, so suchen sie dann meist sehr aufgeregt nach der plötzlich wieder bedeutungsvoll gewordenen Nahrung, sind sie schon „schlauer", so erleichtern sie sich die Arbeit mit dem Ruf: Papa/Mama, wo ist mein Brot? Dieser Mechanik verdanken nach Konorski [157, S. 46, S. 276] Kostproben ihre besondere verkaufsfördernde Wirkung. Da Nahrung nur die ihrer Zusammensetzung entsprechenden Teile des Hungerimpulses hemmt, wird nach der Beendigung der Nahrungswirkung im Mund ein spezifischer Hungerimpuls dominant, der nur durch die zuvor konsumierte Nahrung befriedigt werden kann.

Von den Signalsystemen des Typs *CS-US* ist bekannt, daß *CS* auf den Organismus wie *US* wirkt, d. h. aber auch, daß ein Nahrungs-*CS* (z. B. Anblick der Nahrung) auf das Hungerzentrum (Zustandskontrollmechanismus) genauso wirkt wie US_1. Von den Teilnehmern eines „Hunger"-Experiments wird dazu berichtet: „Ihre Gespräche begannen sich in zunehmendem Maße auf Gebiete einzuengen, die mit Nahrungsmitteln zu tun haben. An einem Tag notierte einer der Teilnehmer in seinem Tagebuch: „Bis 5 Uhr früh aufgeblieben beim Studium von Kochbüchern. Sie nehmen mich so sehr in Anspruch, daß ich mich immer wieder zu ihnen hingezogen fühle [135, S. 197 f.]." „Die Wirkung der Erregung der Stelle *CS* bleibt die gleiche, egal ob sie eine durch US_0 aktivierte Vorstellung oder die Folge einer direkten Reizung durch *CS* ist. Daher bereiten Hungrigen Tagphantasien, in denen Nahrung eine Rolle spielt, oder das Aussprechen von ‚Bezeichnungen von Nahrung' *(CS)* Lust [135, S. 198]." Dadurch, daß *CS* nach der Assoziation der Stellen *CS* und US_1 eine spezielle Hintendenz aktiviert, veranlassen bereits die ersten unpräzisen Spuren des Systems US_0-*CS*-US_1 den Menschen, die Lernsituation bevorzugt aufzusuchen. Dieser Mechanismus kann daher als Selbstdressurmechanik bezeichnet werden.

c) Arten von bedingten Signalmechanismen

Für die Konstruktion eines Bedürfnismodells sind vor allem die Gliederungen der bedingten Signalmechanismen nach folgenden Merkmalen bedeutsam:

(1) Nach dem Typ des durch US_1 aktivierten angeborenen Regelmechanismus: wichtig, um den Zusammenhang zwischen angeborenen und bedingten Bedürfnismechanismen zu zeigen;

(2) nach der Funktion des bedingten Signalmechanismus: wichtig für das Problem der Löschung von bedingten Signalmechanismen.

Zu (1): Bei der Gliederung nach dem Typ des durch US_1 aktivierten Regelmechanismus können zwei Klassen von bedingten Signalmechanismen unterschieden werden:

(a) bedingte Reflexe mit Außenfunktionen,

(b) bedingte Instinktmechanismen.

Die bedingten Instinktmechanismen können noch tiefer gegliedert werden in:

(aa) bedingte Aktivierungsmechanismen;

(bb) bedingte Zustandskontrollmechanismen zur Ermittlung von Abweichungen unter die Homöostase;
(cc) bedingte Zustandskontrollmechanismen zur Ermittlung von Abweichungen über die Homöostase;
(dd) bedingte Einwirkungsprognosemechanismen;
(ee) bedingte Schaltmechanismen von Instinkthandlungen;
(ff) bedingte Auslösemechanismen;
(gg) bedingte Hemmungsmechanismen.

Zu (aa): Bedingte Aktivierungsmechanismen:

Aktivierungsmechanismen regeln bei Typ-III-Bedürfnissen (z. B. Flucht/Angstenergie-, Aggressions- und Schmerzbeendigungsenergiebedürfnis) die Energieversorgung. Sie geben die Energieversorgung nur frei, wenn bestimmte, angeboren festliegende rezeptive Stellen erregt werden. Gemäß den Konditionierungsgesetzen können die unbedingten Bedarfsfallreize durch bedingte Signale ersetzt werden. Hier muß noch einmal auf das berühmte Experiment von John B. Watson und Rosalie Rayner eingegangen werden[30]. Die Forscher gaben einem etwa ein Jahr alten Kind (Albert) eine weiße Ratte zum Spielen. Es zeigte sich, daß die Ratte bei Albert keine Anzeichen von Flucht/Angst hervorrief. In einem weiteren getrennten Versuchsschritt wurde gezeigt, daß ein plötzliches lautes Geräusch bei Albert ein Bedarfsfallreiz von Flucht/Angst ist. Den eigentlichen Konditionierungsvorgang schildern die beiden Forscher wie folgt:

„1. Die weiße Ratte wurde plötzlich aus einem Korb genommen und Albert hingehalten. Er streckte seine linke Hand nach der Ratte aus. Gerade als seine Hand das Tier berührt, wird ein Metallbarren unmittelbar hinter seinem Kopf angeschlagen. Das Kind springt heftig hoch, fällt vorwärts und vergräbt sein Gesicht in der Matratze. Aber es schreit nicht.

2. Gerade als die rechte Hand die Ratte berührt, wird der Barren erneut angeschlagen. Das Kind springt erneut heftig auf, fällt vorwärts und beginnt zu wimmern [307, S. 22].“

Eine Woche später wurden weitere fünf „joint stimulations“ durchgeführt. Beim achten Versuch wurde die Ratte allein präsentiert. Das Beobachtungsprotokoll dazu lautet: „Sofort als die Ratte gezeigt wurde, begann das Baby zu schreien. Beinahe augenblicklich drehte es sich scharf nach links, fiel auf die linke Seite, kam auf allen Vieren zu stehen und begann so schnell davonzukrabbeln, daß es mit Mühe ... eingefangen werden konnte [307, S. 22].“ Der Anblick der Ratte war zum *CS* des Aktivierungsmechanismus des Flucht/Angstenergiebedürfnisses geworden.

Zu (bb): Bedingte Zustandskontrollmechanismen zur Ermittlung von Abweichungen unter die Homöostase:

[30] Vgl. [307, S. 20 ff.]. Vgl. auch die Besprechung dieses Experiments bei Eysenck & Rachman [82, S. 75 f.]; Mowrer [196, S. 392 ff.] und Young [322, S. 438].

Die beteiligten angeborenen Zustandskontrollmechanismen produzieren unter dem Einfluß von Bedürfnisabweichungen nach unten einen unlustgetönten Kontrollimpuls, der den motorischen Apparat des Menschen aktiviert. Diese Zustandskontrollmechanismen können gemäß den Konditionierungsgesetzen auch durch bedingte Signale aktiviert werden.

Zur Illustration der Zusammenhänge seien die Ergebnisse von zwei Experimenten mit Ratten berichtet:

Calvin, Bicknell und Sperling [44] bildeten zwei Testgruppen von Ratten, die jeweils 24 Tage lang je 30 Minuten in eine bestimmte Test-Box gesperrt wurden. Die Tiere der Testgruppe *SD* (strong drive) hatten vor dem Aufenthalt in der Box 22 Stunden gehungert. Die Ratten der anderen Gruppe *WD* (weak drive) hatten nur 1 Stunde gehungert, d. h. sie waren praktisch satt. Nach diesem Training ließen die Forscher alle Tiere einheitlich $11^1/_2$ Stunden hungern, bevor sie in die Test-Box kamen und dort gefüttert wurden. Ein Vergleich der konsumierten Futtermengen zeigte, daß die Ratten der Testgruppe *SD* nun (!) signifikant mehr gefressen hatten als die der Gruppe *WD*.

Foppa [90, S. 313] berichtet über Experimente, die der Ermittlung von „the effect of infant feeding frustration upon adult hoarding in the albino rat“ [139, S. 338 ff.] dienten. Seine Zusammenfassung der Versuchsergebnisse von Hunt et al. lautet: „Werden neugeborene Ratten längere Zeit hindurch nur unzulänglich gefüttert, so entwickeln die Tiere spezifische Verhaltensweisen, die später immer dann ausgeführt werden, wenn man ihnen die Nahrung entzieht. Gibt man ihnen Gelegenheit dazu, so hamstern sie mehr Futter als vergleichbare Kontrolltiere, die in ihrer frühen Kindheit ausreichend ernährt wurden.[31]“ Die Voraussetzung dafür, daß Ratten horten, ist in jedem Fall das Erlebnis von lang anhaltendem Hunger. Nach Mowrer ist der Anblick eines leeren Käfigs („cage-without-food“) für die Ratten mit Hungererlebnissen zum *CS* des Hungerzentrums geworden. Beim Anblick eines leeren Käfigs befürchten die Ratten, „that they were going to become hungry“. Ein Käfig mit Nahrung bzw. der Anblick von Nahrung ist dagegen zum *CS* des Sättigungszentrums geworden, der über das Sättigungszentrum die unlustgetönte Aktivität des Hungerzentrums hemmt [196, S. 151 ff.]. Weiter muß angenommen werden, daß in den Ratten ein US_0-CS-US_1-Mechanismus vorhanden ist, durch den Ratten mit bedingtem Hunger veranlaßt werden, Nahrung in ihren Käfig zu tragen und sich so die beruhigende Stimulation zu verschaffen.

„Beobachtungen an Kindern und Erwachsenen legen die Vermutung nahe, daß wir beim Menschen mit analogen Mechanismen rechnen müssen [90, S. 313].“ Sie bewirken, daß den Menschen „schon der künftige Hunger hungrig macht[32]“. Der bedingte Hunger wird als Unlust erlebt. Indem er den Menschen

[31] Foppa [90, S. 313], Zusammenfassung der Versuchsergebnisse von Hunt, Schlosberg, Solomon & Stellar: Studies of the Effects of Infantile Experience on Adult Behavior in Rats: I. Effects of Infantile Feeding Frustration on Adult Hoarding [140].

[32] Hobbes, De Hom., X, 3. zitiert bei Gehlen [103, S. 51].

veranlaßt, durch Vorsorge die heute empfundene Unlust zu beseitigen, verhilft er ihm dazu, wenn seine allgemeine materielle Lage es erlaubt, daß er den Hunger in seiner effektiven Form als Folge einer akuten Bedürfnisabweichung nur noch äußerst selten erlebt [104, S. 50 f.; 248, S. 46]. Wie bei den Nahrung hortenden Ratten kann daher auch beim Menschen Aktivität zur „Beibehaltung der Bedürfnisdeckungslage" [104, S. 51] beobachtet werden. Konorski hebt dazu noch hervor, daß beim Menschen „both the time of meals and the situation where they take place, although widely varying among nations and social groups, are amazingly constant and even rigid within the same group. This constancy, which seems so natural to us, is primarily due to classical conditioning" [157, S. 298]. Das wichtigste bedingte Hungersignal ist die mit Hilfe der Uhr oder anderer externer Zeichen ermittelte „zeitliche Entfernung von der letzten Mahlzeit". Der Beweis dafür „that this factor largely acts as a conditioned and not unconditioned stimulus is based on the fact that appearance of hunger totally depends on our daily sterotype and is precisely adjusted to it. We feel hungry just before our usual meal times, whenever in the day they occur, and whatever are the intervals between them. If food is not provided at the usual time, the hunger usually disappears (again demonstrating its conditioned nature), only to reappear at approximately the time of the next meal" [157, S. 299]. Dem muß hinzugefügt werden, daß es bisher aber noch nicht möglich ist, die Einflüsse der Faktoren *CS*, US_0 (Bedürfnisabweichung unter die Homöostase) und Bedürfniskonstellation auf das Auf- und Abklingen des Hungers zu messen. Es kann deshalb noch nicht gesagt werden, welcher dieser Faktoren zu einem bestimmten Zeitpunkt vor allem den Umfang der Aktivität des Hungerzentrums beeinflußt.

Zu (cc): Bedingte Zustandskontrollmechanismen für die Ermittlung von Abweichungen über die Homöostase:

Die unbedingten Zustandskontrollmechanismen produzieren bei Abweichungen über die Homöostase einen unlustgetönten (negativen) Kontrollimpuls. Bedingte angenehme (positive) Zustandsreize (z. B. konditionierbar durch die Erfahrung: auf S_n folgt die Wiederherstellung der Homöostase = $US_1{}^+$) sind experimentell schwer von bedingten positiven Einwirkungsprognosereizen (z. B. konditionierbar durch die Erfahrung: S_n folgt eine Reizung der Süßrezeptoren) zu trennen, weil auch die zweite Reizart das Zustandskontrollzentrum für Abweichungen über die Homöostase kurz- bzw. mittelfristig (Magenfüllung) aktiviert [192, S. 446 ff.]. Bei den folgenden Beispielen kann mit einiger Sicherheit angenommen werden, daß die Versuchstiere die Wirkung von *CS* suchten, weil die Stelle *CS* mit einem positiven Zustandsreiz, d. h. einer Verringerung einer Abweichung unter bzw. einer Abweichung über die Homöostase assoziiert war.

US_1 ist gemäß Definition ein positiver Zustandsreiz, wenn der Bedürfnisinhalt (NaCl, H_2O, Glukose usw.) intravenös gespritzt wird. Coppock und

Chambers [57] konnten bei Ratten bedingte Signalmechanismen allein dadurch bilden, daß auf S_n intravenöse Injektionen von Glukose folgten.

Als analoges Beispiel können junge Schimpansen dienen, die etwa einen Monat lang täglich eine Morphiuminjektion erhielten. Danach zeigten die Tiere alle typischen Zeichen (Entzugssymptome) physiologischer Abhängigkeit von der Droge. Es dauerte aber noch weitere zwei Monate, bis die Affen die Bedeutung der Morphiuminjektion für ihre Sucht erkannt hatten. „Jetzt versuchten die Tiere von sich aus, die Injektion zu bekommen. Sie zerrten z. B. den Experimentator zum Kasten, in dem sich Droge und Injektionsnadeln befanden, brachten ihm die Nadel, nahmen die Kassette usw. [124, S. 250 f.]." Bei den jungen Schimpansen hatte sich ein bedingter Zustandskontrollmechanismus gebildet, und zwar mit den mit der Injektion verbundenen Reizen als *CS* und Opium in der Blutbahn als US_1.

Zu (dd): Bedingte Einwirkungsprognosemechanismen:

Die instinktiven Einwirkungsprognosemechanismen gestatten es dem Bedürfnis vorauszusehen, wie sich der Istwert des Bedürfnisinhalts ändern würde, wenn es zum Kontakt zwischen einem bestimmten Außenreiz bzw. der Reizquelle und der Regelstrecke kommen würde. Sie veranlassen den Organismus zu einem speziellen Appetenzverhalten, in dem je nach dem Bedürfnisstand eine Hin- oder eine Wegtendenz dominiert.

Der eindeutige Beweis, daß es sich bei *CS* um einen bedingten Einwirkungsprognosereiz handelt, wird nur dort erbracht, wo dem unbedingten Einwirkungsprognosereiz (z. B. Süßgeschmack) kein unbedingter Zustandsreiz folgt. Das ist beispielsweise der Fall, wenn Diabetiker mit Saccharin gesüßte Getränke anderen vorziehen. Entsprechende Versuche mit Saccharin wurden mit Ratten durchgeführt [192, S. 446 ff.]. Dabei zeigte sich, daß der Süßgeschmack des Saccharins nur im Mund als US_1 wirkt. Wird Saccharin dagegen direkt in den Magen gebracht, so wirkt es nicht mehr als Reinforcer.

Eine andere Methode zur Erforschung der Leistungen bedingter Einwirkungsprognosemechanismen ist die Scheinfütterung, bei der die Nahrung, die die Tiere durch den Mund aufgenommen haben, sofort wieder durch eine Fistel zu Boden fällt. Trotzdem lernen Hunde und Ratten bei Scheinfütterung die korrekte Positionswahl in einem einfachen Labyrinth rascher als ohne jede Bekräftigung [90, S. 63].

Zu (ee): Bedingte Schaltmechanismen von Instinktbewegungen:

Schaltmechanismen (Zentren) von Instinktbewegungen können ohne weiteres Lernen sämtliche an der Instinktbewegung beteiligte Muskeln erbkoordiniert aktivieren. Zur Frage, ob es möglich ist, die angeborenen Schaltreize durch bedingte Signale zu ersetzen, findet sich bei Foppa ein Versuchsbericht, aus dem sich eine positive Antwort ergibt. Foppa berichtet: Olnjanzkaja[33] „registrierte den Sauerstoffverbrauch von Arbeitern, die – ohne selbst zu

[33] Olnjanzkaja zitiert nach Bykow [43, S. 118] in Foppa [90, S. 24 f.].

arbeiten – an ihrem Arbeitsplatz standen und dabei ihren Kollegen beim normalen Arbeitsablauf zusehen konnten“ [90, S. 24 f.]. Es zeigte sich, daß der Sauerstoffverbrauch und damit die Atemtätigkeit von der jeweils beobachteten Tätigkeit abhängig ist.

Tabelle 2
Sauerstoffverbrauch bei selbst nicht arbeitenden Versuchspersonen während der Beobachtung arbeitender Kollegen [90, S. 25.].

Situative Bedingung	Sauerstoffverbrauch in % des niedrigsten Wertes
In der Werkstatt beim Fehlen jeglicher Arbeit	100 %
Wenn die Kollegen der Vp. mit der eigentlichen Arbeit begonnen haben	141 %
Zur Zeit der intensivsten Arbeit der Brigade, beim Drängen des Brigadiers, baldmöglichst den Versuch zu beenden	172 %

Zu (ff): Bedingte Auslöse- und
zu (gg): bedingte Hemmungsmechanismen:
Die angeborenen Auslösemechanismen verhindern die Dauerentladung eines – meist spontan-automatisch mit Energie versorgten – instinktiven Schaltmechanismus. Sie geben den Ablauf des instinktiven Verhaltens nur in einer angeboren definierten Reizkonstellation frei. Die angeborenen Hemmungsmechanismen verhindern den Ablauf von instinktivem Verhalten unter bestimmten Umweltverhältnissen. Die beiden Mechanismenarten bilden zusammen die instinktiven, die Bedürfnisbefriedigung einschränkenden Mechanismen.

Die Funktion bedingter Auslösemechanismen ist es nun, diese Einschränkung teilweise wieder zu beseitigen. Als bedeutsamstes Beispiel für bedingte Auslöser ist die pornographische Literatur zu nennen. Die Aufgabe bedingter Hemmungsmechanismen ist es dagegen, die Bedürfnisbefriedigung weiter einzuschränken. Das ist z. B. der Fall, wenn immer wieder von Frauen und Kindern die Rede ist, sobald es gilt, aggressives Verhalten zu verhindern.

Zu (2): Gliederung nach der Funktion der bedingten Signalmechanismen:
(a) Bedingte Locksignale;
(b) bedingte Warnsignale;
(c) bedingte Lock-Warnsignale.

Zu (a): Aus der Sicht eines Bedürfnisses entsteht ein bedingter Locksignalmechanismus dann, wenn auf S_n die Wiederherstellung der Homöostase bzw. ein unbedingter angenehmer Einwirkungsprognosereiz folgt. Bedingte Locksignale aktivieren im Menschen eine Hintendenz. Typisch für bedingte Locksignale (z. B. visuelle Reize der Nahrung) ist, daß sie die Hintendenz nur aktivieren können, wenn der Mensch unbedingten oder bedingten Hunger hat.

Zu (b): Bedingte Warnsignalmechanismen entstehen dann, wenn auf S_n eine Bedürfnisabweichung bzw. ein die Bedürfnisabweichung ankündigendes Signal folgt. Bedingte Warnsignale aktivieren im Menschen eine Weg-(Flucht-)tendenz. Typisch für bedingte Warnsignale ist es, daß sie die Wegtendenz bei jeder

Begegnung mit *CS* aktivieren. An Beispielen für Warnsignale wurden der Anblick einer weißen Ratte [307] und der Anblick eines Käfigs ohne Nahrung bei hortenden Ratten [90, S. 313] erwähnt.

Zu (c): Viele bedingte Signale sind sowohl Lock- als auch Warnsignale. Bedingte Lock-Warnsignalmechanismen entstehen demnach, wenn der Mensch nach S_n gleichzeitig oder zu verschiedenen Zeitpunkten sowohl die Voraussetzung für die Konditionierung eines Lock- als auch eines Warnsignalmechanismus erlebt.

Neben diesen beiden Gliederungen der bedingten Signalmechanismen sind für die Wirtschafts- und die anderen Sozialwissenschaften noch die Gliederungen nach folgenden Merkmalen wichtig.

(3) Gliederung nach den Sinnesorganen, die *CS* wahrnehmen:
  (a) Visuell-bedingte Signalmechanismen,
  (b) akustisch-bedingte Signalmechanismen,
  (c) olfaktorisch-bedingte Signalmechanismen,
  (d) thermisch-bedingte Signalmechanismen,
  (e) gustatorisch-bedingte Signalmechanismen usw.

(4) Gliederung nach Signalquellen und Sinnesempfindungen:
  (a) Nach bedingten Personen-Signalen:
    (aa) Personelle, visuell-bedingte Signalmechanismen (*CS* sind z. B. Gesichtsausdrücke, Gesten, Körperstellungen);
    (bb) personelle, akustisch-bedingte Signalmechanismen (*CS* sind z. B. Wortsignale, akustische Begleiterscheinungen der Körperfunktionen – Schnaufen, Stöhnen);
    (cc) personelle, olfaktorisch-bedingte Signalmechanismen;
    (dd) personelle, thermische – bedingte Signalmechanismen;
    (ee) personelle, gustatorisch-bedingte Signalmechanismen usw.
  (b) Nach bedingten Objekt-Signalen: Gliederung entsprechend den personellen Signalmechanismen.

(5) Gliederung nach dem Sitz der Rezeptoren von *CS* und US_1:
  (a) Extero-exterozeptive bedingte Signalmechanismen;
  (b) extero-interozeptive bedingte Signalmechanismen;
  (c) intero-interozeptive bedingte Signalmechanismen.

(6) Gliederung danach, ob *CS* ein Einfach- oder ein Komplexreiz ist: Für den Menschen sind bedingte Signalmechanismen mit Komplexreizen als *CS* typisch.

(7) Gliederung nach der Unmittelbarkeit der Assoziation von *CS* und US_1:
  (a) Bedingte Signalmechanismen 1. Ordnung
  Schaltbild: $CS - US_1$
  (b) Bedingte Signalmechanismen höherer Ordnung:
  Schaltbild: usw. $CS_3 - CS_2 - CS_1 - US_1$

(8) Gliederung nach der Zahl der Bedürfnisse, mit deren Regelmechanismen *CS* assoziiert ist:

(a) *CS* ist nur mit den Regelmechanismen eines Bedürfnisses assoziiert:

(a 1) Schaltbild: $CS \rightarrow US_{1/Beduerfnis\,1\,(B\,1)}$

(a 2) Schaltbild:

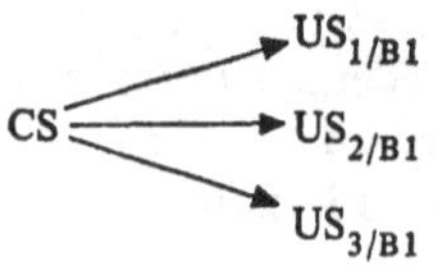

(b) *CS* ist mit Regelmechanismen mehrerer Bedürfnisse assoziiert:
Schaltbild:

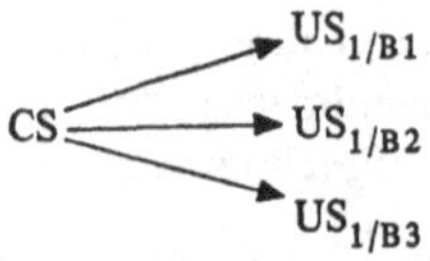

Die unter (8) (b) genannten bedingten Signalmechanismen, deren *CS* mit den Regelmechanismen mehrerer Bedürfnisse assoziiert sind, werden jetzt genauer betrachtet. Für den Menschen ist typisch, daß sein Verhalten in großem Umfang von bedingten Signalen gesteuert wird, die sich im Laufe der individuellen Entwicklung mit den angeborenen Regelmechanismen von fast allen Bedürfnissen assoziiert haben. In einem zivilisierten Land kann der Mensch mit Geld *(CS)* fast jedes Bedürfnis befriedigen. „Die Rolle des Geldwertes und die Tatsache, daß es überhaupt eine Belohnungsfunktion ausüben kann, setzt aber bereits einen intensiven Lernprozeß voraus. Kleine Kinder mögen Geldstücke schätzen, ihr Wert richtet sich für sie jedoch nicht nach deren Kaufkraft, sondern nach der Größe, der Farbe etc. Erst wenn sie Geld in effektive Belohnung umzusetzen gelernt haben (‚man kann sich dafür etwas kaufen'), übertrifft sein Bekräftigungswert den von Glaskugeln, Muscheln, Spielautos etc. [90, S. 92]." Die Entstehungsgeschichte des Wertes des Geldes für den Menschen erhellt ein bereits klassisches Experiment, in dem J. B. Wolfe [318; 322, S. 217 ff.] Schimpansen dazu brachte, für Pokerchips zu arbeiten, nachdem diese gelernt hatten, daß sie die Chips in einem Automaten („Chimpomat") gegen Weinbeeren tauschen konnten. Bei näherem Hinsehen zeigt sich aber, daß die Experimente von Wolfe die Problematik des Geldwertes bei Menschen nur unvollständig berücksichtigen. Etwas dem bedingten Geldsignalmechanismus Entsprechendes wäre im *ZNS* eines Affen erst dann entstanden, wenn es gelungen wäre, ihm „beizubringen", daß er durch dieselbe Tätigkeit (Gewichtheben) auf dem Umweg über Chips die Befriedigung aller Bedürfnisse erreichen kann.[34] Das Schaltbild des bedingten Geldsignalmechanismus sieht wie folgt aus:

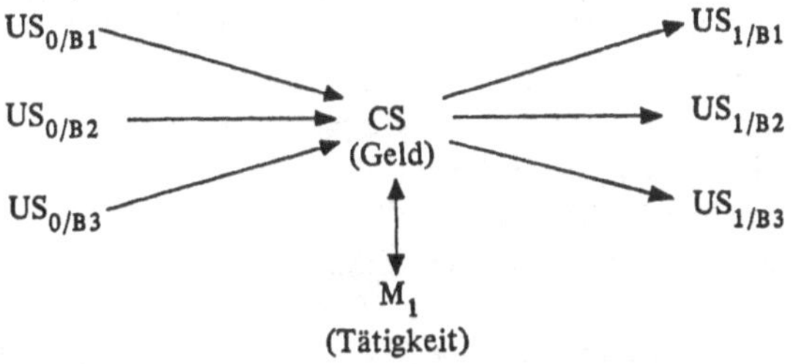

Andere Beispiele für mehrfach bedingte Signale sind: Beifall, Anerkennung, aber auch Bett, Wohnung, Ehepartner und Kleidung.

d) Das Verlernen (Löschen) bedingter Signalmechanismen

Die tatsächliche Bedeutung vieler „bedingter" Signale ändert sich im Laufe des Lebens eines Menschen. Es wird nun untersucht, inwieweit und unter welchen Umständen im einzelnen Menschen eine Anpassung der bedingten (subjektiven) an die tatsächliche Bedeutung eines Signals erfolgt.

Anschließend werden die hier wichtigen Begriffe Vergessen, Verlernen und Umkonditionieren voneinander abgegrenzt. Ist ein gelerntes Erregungssystem nach einer Phase des Nichtpraktizierens nicht mehr aktivierbar, so ist es vergessen worden [283, S. 86]. Durch eine Fülle von empirischen Untersuchungen steht fest, daß bedingte Signalmechanismen 1. Ordnung nicht vergessen werden [90, S. 253 f.]. Auch nach einer längeren Ruhepause kann CS_1 unverändert die Stelle US_1 und damit den beteiligten unbedingten Regelmechanismus aktivieren. Der Mensch braucht also bedeutsame Erfahrungen nicht „zweimal" zu machen. Die bedingten Signale können die Stelle US_1 nur dann nicht mehr aktivieren, wenn der Mensch erlebt, daß auf CS_1 nicht mehr US_1 folgt. Der aktive Prozeß, der sich im Menschen dann abspielt, wird hier Verlernen und Löschen genannt. Vom Umkonditionieren soll gesprochen werden, wenn der Mensch lernt, daß auf CS_1 statt $US_{1/B1}$ $US_{1/B2}$ folgt. Konorski [157, S. 340 ff.] veranschaulicht die Begriffe Umkonditionieren und Verlernen am Beispiel einer unglücklichen Ehefrau:

Konditionierungssituation: Zu Beginn der Ehe befriedigt der Ehemann das Sexualbedürfnis seiner Frau. Sein Anblick, seine Sprechweise usw. werden dadurch zu bedingten sexuellen Locksignalen.

[34] In welchen Grenzen sich Geldsignale und angeborene Bedürfnismechanismen beim Menschen assoziieren, wird von Claessens [52, S. 117 ff.] diskutiert. Er zeigt u. a., daß diese Grenzen dort besonders „festliegen", wo der Mensch bereits „vorher" gelernt hat, Bedürfnisse ohne den Umweg über das Geldverdienen zu befriedigen.

Umkonditionierungssituation: Der Mann beginnt zu trinken. Er wird grob und fügt seiner Frau körperliche Schmerzen zu. Er hat eine Geliebte, daher vernachlässigt er seine Frau. Er ist ständig abweisend zu ihr. Nach einiger Zeit erlebt die „unglückliche" Ehefrau beim Anblick ihres Gatten nicht mehr das Gefühl der Zu-Neigung, sondern Flucht/Angst.

Eine genaue Analyse dieses Prozesses ergibt, daß die beteiligten psychischen Vorgänge auf die bereits besprochenen Prozesse „Verlernen" und „Konditionierung" reduziert werden können.

1. Die Ehefrau verlernte durch die Erfahrung, daß dem Anblick des Ehemanns keine sexuelle Befriedigung mehr folgt, den auf den Mann ausgerichteten bedingten Signalmechanismus des Sexualenergiebedürfnisses (spontan) und

2. sie lernt neu, daß dem Anblick des Manns Bedarfsfallreize des Flucht/Angstenergiebedürfnisses (exogen) folgen.

Wird *CS* zum bedingten Signal eines weiteren Bedürfnisses, so hat das keinen Einfluß auf den bereits bestehenden bedingten Signalmechanismus, wenn *CS* für das zweite Bedürfnis ebenfalls ein Lock- bzw. ebenfalls ein Warnsignal ist. Widersprechen sich dagegen die durch $US_{1/B1}$ und die durch $US_{1/B2}$ ausgelösten Grundtendenzen, so hemmt das stärkere Bedürfnis die Tätigkeit der Regelmechanismen des schwächeren Bedürfnisses. Diese Tatsache machen sich die Vertreter der als Verhaltenstherapie bezeichneten Richtung der modernen Psychiatrie bei der Heilung falsch konditionierter Menschen (z. B. sexuell Perverser) und Süchtiger (Alkohol, Rauschgift) zunutze. Ist CS_{falsch} ein Locksignal, so ist die Heilung dort besonders leicht zu erreichen, wo neben dem bedingten Signalmechanismus US_0-CS_{falsch}-US_1 noch ein zweites bedingtes Erregungssystem mit $CS_{richtig}$ verfügbar ist. Eysenck/Rachman [82, S. 133 f.] berichten den Fall eines Fetischisten, für den die visuellen und die taktilen Reize von Kinderwagen und Handtaschen bedingte Auslöser waren. „Diese Objekte erregten ihn sexuell, und dadurch, daß er sie angriff, erreichte er eine Löschung des Spannungsgefühls. Das Angreifen von Kinderwagen hatte verschiedentlich zu Verhaftungen geführt [82, S. 133 f.]." Die Hemmung des bedingten Locksignalmechanismus konnte durch eine bedingte Aversion erreicht werden. „Dem Patienten wurde eine Sammlung von Handtaschen, Kinderwagen und farbigen Illustrationen gezeigt, ‚nachdem ihm Apomorphin injiziert worden war und kurz bevor die Übelkeit einsetzte' [82, S. 134; 227]." Zur Heilung kam es, weil die mit den Fetischen assoziierte negativ bewertete Übelkeit schwerer wog, als die ebenfalls mit ihnen assoziierte positiv bewertete sexuelle Befriedigung. Die Heilung wurde in diesem Fall dadurch erleichtert, daß der verheiratete Patient auf normale sexuelle Beziehungen ausweichen konnte.

Bei der Analyse des Löschens bedingter Signalmechanismen sollen folgende Problemkreise getrennt behandelt werden:

(a) Das Löschen bedingter Locksignalmechanismen,
(b) die Besonderheiten des Löschens bedingter Warnsignalmechanismen,

(c) das Problem einer Änderung der Quantität von US_1 und
(d) Faktoren, die ein Löschen bedingter Signalmechanismen erschweren.

Zu (a): Bedingte Locksignalmechanismen werden experimentell dadurch gelöscht, daß *CS* so oft hintereinander unbekräftigt dargeboten wird, bis der beteiligte Regelmechanismus nicht mehr reagiert [90, S. 254 f.]. Typisch für die Stellung eines bedingten Locksignalmechanismus im Bedürfnis ist, daß er auch im alltäglichen Leben des Menschen ständig der Bewährungsprobe ausgesetzt ist. Da Locksignale die Chance ankündigen, durch Passivität oder eine bestimmte Aktivität in den Genuß einer „angenehmen" Stimulation zu kommen, merkt der Mensch zwangsläufig den Wandel der tatsächlichen Bedeutung von *CS*. Die Vorgänge, die sich im Menschen beim Löschen eines bedingten Locksignalmechanismus abspielen, sollen am Beispiel eines Menschen untersucht werden, der nach seinem Urlaub mittags hungrig sein Stammlokal aufsucht, um dort zu essen, ohne zu wissen, daß das Lokal inzwischen geschlossen worden ist und daß in denselben Räumen ein ... Laden eröffnet hat. Tatsächlich haben also alle das Stammlokal betreffenden bedingten Signale bereits ihre Bedeutung verloren. Für die Analyse des Sachverhalts ist nach Konorski [157, S. 329] zunächst wichtig, daß die Aktivität des Hungerzentrums unter dem Einfluß der *CS* des Stammlokals weitgehend gehemmt ist. Auf seinem Weg zum Lokal wirkt der Mensch daher äußerlich ruhig. Subjektiv erlebt er Vorfreude. Das Erlebnis des geschlossenen Lokals beendet diese hemmende Wirkung. An die Stelle des speziellen, auf den Besuch des Stammlokals zielenden Appetenzverhaltens tritt wieder ein allgemeines Appetenzverhalten. Bei kleinen Kindern kann in solchen Augenblicken schlagartig Überaktivität („Bock") beobachtet werden. Der Erwachsene erlebt dagegen nur eine neue „starke" Verhaltenstendenz.

Das Umschalten von einer speziellen auf die allgemeine Appetenztendenz, wenn einem bedingten Locksignal nicht wie erwartet US_1^+ folgt, wird von vielen Forschern unabhängig vom Bedürfnis Frustration [133, S. 488 ff.] („Erwartungsenttäuschung") genannt. Festinger ordnet neuerdings denselben Sachverhalt dem Fragenkreis der „cognitive dissonance" zu [84; 86; 166]. Wie der einzelne Mensch im Endeffekt mit einer Erwartungsenttäuschung fertig wird, kann nicht allgemein vorausgesagt werden. Gemäß der modernen Theorie aktiviert Frustration immer Aggression [70].

Nach Konorski muß diese Aggression aber sehr spezifisch gedacht werden [157, S. 311 ff.]. Dabei ist bedürfnistheoretisch gesehen unwichtig, gegen wen sich die Aggression richtet. Wichtig ist, welche inneren oder äußeren Reize das aggressive Verhalten beenden. Das hat Tinklepaugh [296] systematisch an Affen untersucht. Im ersten Teil seines Experiments konnten die Affen zusehen, wie er unter einem von zwei Behältern eine Banane versteckte. Danach tauschte er die Frucht aber unbemerkt gegen ein Salatblatt (weniger beliebt) aus. Im zweiten Teil des Experiments durften die Affen dann einen der beiden Behälter hochheben. Alle Tiere wählten richtig. Aber die Affen „rejected the lettuce leaf and engaged in definite searching behavior" [133, S. 196]. Die Überaktivität (z. B. der Bock) endet mit der Erfüllung der ursprünglichen Erwartung.

Zu (b): Die bedingten Warnsignalmechanismen erlöschen gleich den bedingten Locksignalmechanismen dann, wenn der Mensch *CS* mehrmals erlebt, ohne daß US_1^- folgt [Pawlow, 218, S. 43 ff.]. Zur Veranschaulichung seien einige Gedanken von Eysenck/Rachman [82, S. 15 ff.] zur spontanen Heilung von Angstneurosen berichtet. Danach sind an der Entstehung der meisten neurotischen Erkrankungen bedingte Warnsignalmechanismen beteiligt, durch die „die traumatischen, emotionalen Reaktionen" aktiviert werden. Im Gegensatz zur ursprünglichen Lernkonstellation erleben die Neurotiker dann aber im Alltag sehr häufig *CS*, ohne daß die unbedingten traumatischen Ereignisse folgen. Die beiden Forscher behaupten daher, „daß die überwiegende Mehrheit neurotischer Reaktionen dieser Art eine ‚spontane Remission' zeigen" [82, S. 16]. Diese Hypothese erhielt durch mehrjährige Beobachtungen an 500 schweren Neurosefällen, die keine Psychotherapie erhielten, die erste Bestätigung. Das Ergebnis lautete: 70 % der Neurosen waren bereits nach zwei Jahren, 90 % waren nach fünf Jahren gebessert.

Die Löschung bedingter Warnsignalmechanismen ist aber grundsätzlich schwieriger als die der Locksignalmechanismen, weil der Mensch nicht, wie Pawlows Hunde in einem Gestell fixiert, die Folgen *CS*-US_1^- oder *CS*-Nicht US_1^- passiv erleben muß [82, S. 16 f.]. Er kann vielmehr versuchen, die unangenehme Wirkung von US_1^- zu vermeiden, indem er beispielsweise davonläuft oder ein Schutzmittel (Medikament, Kosmetik, Statussymbol usw.) kauft. Es gehört nun zu den wichtigsten Merkmalen eines Warnsignalmechanismus, daß er *nicht erlischt, wenn* auf *CS* eine *erfolgreiche Vermeidungsreaktion folgt* [133, S. 271 ff.; 322, S. 221 ff.]. Mangels weiterer Erfahrungen hat der Mensch dann auch keine Chance, einen den Warnsignalmechanismus hemmenden Mechanismus aufzubauen, wenn auf *CS* tatsächlich der unangenehme Reiz nicht mehr folgt.[35]

Die Löschung bedingter Warnsignalmechanismen mit Vermeidungsreaktionen wurde in jüngster Zeit an Menschen systematisch von den „Verhaltenstherapeuten" untersucht. Die von ihnen erarbeiteten Löschungsmethoden stützen sich vor allem auf zwei Eigenschaften der an der Bildung von bedingten Signalmechanismen beteiligten *ZNS*-Partien [82].

[35] Vgl. Eysenck & Rachman [82, S. 17] und Foppa [90, S. 76 ff.]. Das wichtigste Tierexperiment wurde durchgeführt von Solomon, R. L., Kamin, L. J. & Wynne, L. .C: Traumatic Avoidance Learning: The Outcomes of Several Extinction Procedures with Dogs [271]. Die mit einem starken elektrischen Reiz bestraften Hunde beherrschten bereits nach wenigen (4 Min.) Durchgängen den perfekten Vollzug der Vermeidungsreaktion. „Dabei ist bemerkenswert, daß trotz der geringen Anzahl bekräftigter Versuche das einmal gelernte Verhalten unter normalen Löschungsbedingungen bestehen bleibt."

1. Der Generalisation von Reizen entspricht eine Generalisation des Löschens [90, S. 225, S. 254]. Ist z. B. der Anblick einer Ratte zum bedingten Bedarfsfallreiz des Flucht/Angstenergiebedürfnisses (exogen) gemacht worden, so ist zu beobachten, daß auch die Anblicke von einer Ratte oberflächlich ähnlichen Objekten (Kaninchen, Pelzmantel usw.) Flucht/Angstenergie aktivieren. Aufgrund von Befragungen oder Beobachtungen eines Neurotikers kann der Therapeut CS_1 und alle S_n eines Warnsignalkomplexes, die durch Generalisierung zu CS_2, CS_3 usw. geworden sind, nach ihrer Potenz ordnen, die Stelle US_1 zu aktivieren. Im allgemeinen aktivieren einige dieser Reize nur so wenig Flucht/Angstenergie, daß eine Vermeidungsreaktion unterbleibt. Erlebt der Neurotiker nun mehrmals diese „Randsignale“, ohne daß US_1^- folgt, so wird deren Fähigkeit, US_1^- zu aktivieren, gehemmt. Zugleich kommt es zu einer Generalisation der Hemmung, was zur Folge hat, daß die Vermeidungsreaktion auch beim nächst stärkeren bedingten Flucht/Angst-Bedarfsfallreiz unterbleibt. Der Verhaltenstherapeut kann sich so langsam an das Schlüsselsignal heranarbeiten und letztendlich eine dauerhafte Desensibilisierung des gesamten Warnsignalkomplexes erreichen.[36]

2. Die Fähigkeit eines bedingten Warnsignals, die Vermeidungsreaktion hervorzurufen, wird herabgesetzt, wenn der Neurotiker zugleich mit der Wirkung des Warnsignals eine als angenehm empfundene Reizung (z. B. durch Nahrung, Lob, Explorations- oder Manipulationsreize) erlebt. Eysenck/Rachman [82, S. 183; 196, S. 395 f.] berichten dazu das Beispiel eines dreijährigen Jungen (Peter), der sich vor weißen Ratten, Kaninchen, Pelzen, Baumwolle und ähnlichen Reizen fürchtete. Er ähnelte in dieser Beziehung Watson/Rayner's konditioniertem Albert [82, S. 75 ff.]. Die Therapie begann mit der Dekonditionierung von Kaninchen. Am ersten Tag saß Peter in einem Sessel und aß Schokolade, als das Kaninchen in einem Käfig hereingebracht wurde. Peter protestierte sofort und verlangte die Entfernung des Tiers. Schließlich duldete er es aber doch, daß das Kaninchen in 7 Meter Entfernung abgestellt wurde. „Die beobachteten allmählichen Entwicklungsfortschritte waren: Kaninchen im Käfig 12 Fuß entfernt geduldet ... in offener Kiste 4 Fuß entfernt geduldet ... dicht daran im Käfig geduldet ... frei im Zimmer geduldet ... streichelt schließlich das Kaninchen liebevoll.[37]“

Zu (c): Eine Frage, die die Problematik von Preis- und Qualitätsänderungen eines Gutes berührt und die damit besonders für die Wirtschaftswissenschaften interessant ist, lautet: wie verändert sich der bedingte Signalmechanismus, der auf CS_x reagiert, wenn sich die Quantität von US_1 bzw. von $CS_{x \div 1}$ (sekundäres Reinforcement) ändert [1]? Die Überlegungen von Konorski besagen,

[36] Für weitere Informationen zur Technik der Desensibilisierung vgl. Eysenck & Rachman [82].

[37] Eysenck & Rachman [82, S. 183]; vgl. Jones, Mary Cover: A Laboratory Study of Fear: The Case of Peter [144]; vgl. auch dies.: The Elimination of Children's Fears [143].

daß auch in diesem Fall ein völlig neuer, den alten hemmender, bedingter Signalmechanismus aufgebaut wird. Die in Tierversuchen beobachtete überproportionale Verringerung der Attraktivität eines Gutes dürfte sich bei sorgfältiger Nachprüfung nur als Übergangserscheinung während der Löschphase erweisen [60].

Zu (d): Faktoren, die das Löschen bedingter Signalmechanismen erschweren. Seit Williams [316] ist bekannt, „daß die Löschungsresistenz von der Anzahl der Bekräftigungen abhängt" [90, S. 264], die der bedingte Signalmechanismus ursprünglich erlebt hat. Folgte bereits in der Lernsituation nicht jeder Darbietung von *CS US*, so muß die Folge *CS*-Nicht US_1 wesentlich häufiger als bei regelmäßiger Bekräftigung dargeboten werden, um die Löschung zu erreichen.[38] „Allgemein gilt, daß alle Formen intermittierender Bekräftigung den Lernvorgang verlangsamen, daß sie aber die Löschungsresistenz der gelernten Verhaltensweisen erhöhen [90, S. 106]." Wie beim Lernen eines bedingten Signalmechanismus ist es auch beim Löschen erforderlich, die Folge *CS*-Nicht US_1 mehrmals zu präsentieren. Wird *CS* schnell hintereinander so oft dargeboten, bis der beteiligte angeborene Bedürfnismechanismus nicht mehr reagiert, so kann nach einiger Zeit ohne jede Bekräftigung eine weitgehende Wiederherstellung (Spontanerholung) des bedingten Signalmechanismus beobachtet werden. Wird der zeitliche Abstand zwischen den Löschschritten vergrößert, so verringert sich die Zahl der bis zur dauerhaften Löschung erforderlichen Darbietungen der Folge *CS*-Nicht US_1 beträchtlich [90, S. 354 ff.].

2. Bedingte Verhaltensfolgenwissensmechanismen (bedingte Typ-II-Mechanismen)

a) Zum Begriff Verhaltensfolgenwissen

Mit den neuralen Mechanismen, die hier bedingte Signalmechanismen genannt werden, kann der erfahrene Mensch voraussehen, welche unbedingten Reize der angeborenen Regelmechanismen der Bedürfnisse er nach einem ursprünglich neutralen Reiz (S_n) erleben wird. Mit der jetzt zu besprechenden zweiten Gruppe der bedingten Bedürfnismechanismen, den bedingten Verhaltensfolgenwissensmechanismen, kann der erfahrene Mensch voraussehen, welche unbedingten oder bedingten Reize der anderen Bedürfnismechanismen einem bestimmten Verhalten folgen werden. Der Mensch kann so erfolgreiche Verhaltensweisen, die zur Bedürfnisbefriedigung führen, bevorzugt ausführen und schädliche Verhaltensweisen, denen Bedürfnisabweichungen folgen, vermeiden. Der Terminus bedingter Verhaltensfolgenwissensmechanismus (be-

[38] Zum Problem partieller Bekräftigung vgl. Foppa [90, S. 106 ff.].

[39] Zu dieser Kurzbezeichnung vgl. Konorski [157], der von „Type II conditioned reflexes" spricht.

dingter Typ-II-Mechanismus[39]) wurde gewählt, weil es beim „instrumental (operant) conditioning“ von den „consequences of responding“ abhängt, ob der erfahrene Organismus bei einer bestimmten Bedürfniskonstellation eine Verhaltensweise ausführt oder nicht [269, S. 60]. Nachteilig ist an der Bezeichnung, daß sie nicht explizit ausdrückt, daß sich viele Verhaltensfolgen nur unter bestimmten äußeren Umständen einstellen und daß der Mensch das zu beachten lernt.

b) Abgrenzung zwischen ererbtem und bedingtem Wissen der Folgen von Verhalten

Wissen wird hier definiert als die durch Erfahrung begründete Erwartung, daß auf die *ZNS*-Erregung-(1) die *ZNS*-Erregung-(2) folgt.

Das phylogenetisch erworbene Wissen hat seinen Niederschlag in angeboren festmontierten Erregungssystemen gefunden[40], die im erfahrungslosen Menschen

a) von Geburt an,
b) von Geburt an bis zum Abschluß einer Reifeperiode oder
c) vom Abschluß einer Reifeperiode an wirken.

Die wichtigste Eigentümlichkeit des ererbten Wissens ist, daß es keine absoluten, sondern nur Aussagen darüber enthält, mit welcher Wahrscheinlichkeit die Aktivität eines stammesgeschichtlich ererbten Erregungssystems den Menschen Bedürfnisbefriedigung finden und der Arterhaltung dienen läßt [201, S. 74; 290, S. 371].

Besitzt der Mensch ein stammesgeschichtlich erworbenes, eine bestimmte Reizkonstellation betreffendes Wissen der Verhaltensfolgen, so zeigt sich das darin, daß angeboren immer „eine Hierarchie von Reaktionen hervortritt, die einzeln oder miteinander verbunden eine größere Chance haben, den bestehenden Bedürfniszustand zu beenden, als eine Zufallsauswahl aus dem Reaktionspotential (drittes Postulat bei Hull [283, S. 31; 138])“, und darin, daß innerhalb dieser Hierarchie die Verhaltensweise mit der phylogenetisch gesehen größten Erfolgswahrscheinlichkeit an erster, die mit der zweitgrößten an zweiter usw. Stelle steht. Als Beispiel einer Manifestation von stammesgeschichtlich erworbenem Verhaltensfolgenwissen kann der Saug-Sättigungs-Vorgang beim Säugling angeführt werden. Die Wahrscheinlichkeit, daß die Saugbewegung zur Sättigung, d. h. zur Befriedigung der „Nahrungsbedürfnisse“ führt, ist in der arttypischen Umwelt des Säuglings sehr groß. Aber selbst dort kann es passieren, daß der hungrige Säugling am falschen Reizträger, z. B. an einer leergetrunkenen Brust, saugt. Das wurde bei der Konstruktion der Bedürfnismecha-

[40] Claessens [55, S. 101], spricht hier vom Instinkt als über „den ‚Mechanismus‘ der Selektion, eine u. U. unzählige Generationen dauernde anpassungsgünstige Auslese“, erworbenem, vererbtem, assoziativem Gedächtnis.

nismen des Saug-Sättigungs-Vorgangs dadurch berücksichtigt, daß der Hunger bald über die Saugtendenz dominiert, d. h. die Saugbewegung hemmt, wenn ihr keine Einwirkungsprognosereize der Nahrungsbedürfnisse (Süßgeschmack, Magenfüllung) folgen. Das Kind läßt dann den ungeeigneten Reizträger los und beginnt zu schreien [26, S. 92 f.; 276, S. 48].

Wenn der erfahrungslose Mensch ein bestimmtes Bedürfnis befriedigen will und wenn alle Reize der Umwelt für ihn den gleichen Aufforderungscharakter besitzen, so produziert er eine Reihe von „charakteristischen Verhaltensweisen", die als „Trail-and-Error-Verhalten" bezeichnet werden [90, S. 43 f.]. Erlebt der Mensch mehrmals die gleiche Reizkonstellation, so ist eine Einengung des Verhaltensspektrums zu beobachten. Verhaltensweisen mit Folgen, die der Mensch bei der bestimmten Bedürfniskonstellation als lustvoll, d. h. als Erfolg wertet, können immer häufiger beobachtet werden, erfolglose Verhaltensweisen treten dagegen immer seltener auf [90, S. 45]. Da die Verhaltensweise ausgeführt werden muß, bevor gelernt werden kann, dieses „learning must be more a matter of control, of coming to want or not want to make a particular response, than of capacity. It is only the relative attractiveness of the response, it seems that is altered by learning and this alteration is unequivocally assumed to be neurologically based".[41]

Durch das Lernen am Erfolg kann es zu einer Kontrolle von Verhaltensweisen durch folgende drei Faktoren kommen[42]:

1. Kontrolle durch den *unbedingten* Reiz *(US_1)*, der dem Verhaltensimpuls *folgt* (Kontrolle durch das Reinforcement);
2. Kontrolle durch den *unbedingten* Reiz *(US_0)*, der dem Verhaltensimpuls *vorausgeht*, z. B. Hunger, Durst, Neugier (Kontrolle durch den Kontrollmechanismus des Bedürfnisses, Kontrolle durch das Motiv);
3. Kontrolle durch einen ursprünglich *neutralen* Reiz *(CS_0)*, der in der Lernsituation *unmittelbar* vor dem erfolgreichen Verhaltensimpuls erlebt wurde (Kontrolle durch den diskriminierenden Hinweisreiz).

Im Gegensatz zu den ererbten Erregungssystemen erlangen diese Faktoren erst nach entsprechenden individuellen Erfahrungen im Laufe des Lebens eines Menschen durch den Mechanismus der Assoziation die Fähigkeit, die Schaltzentren der Verhaltensweisen zu aktivieren oder zu hemmen. Ob ein bedingter Typ-II-Mechanismus entsteht oder nicht und wie er strukturiert ist, hängt wie bei den bedingten Signalmechanismen von der zeitlichen Nähe ab, in der die Stimuli und die Verhaltensimpulse erlebt werden (association by contiguity)[43]. Ob der bedingte Typ-II-Mechanismus bei einer Wiederholung der Lernsitua-

[41] Die von Mowrer [196, S. 221], formulierten Überlegungen wurden zuerst von Carmichael, L.: The Onset Early Development of Behavoir [47], vorgetragen. Der Vorstellung von einer neurologischen Verankerung des Gelernten wird in dieser Arbeit mit dem Ausdruck Mechanismus Rechnung getragen.

[42] Vgl. Stendenbach [283, S. 163]; Reynolds [230, S. 1] und Mowrer [196, S. 212 ff.].

[43] Vgl. Mowrer [196, S. 283] und die Besprechung von Guthrie's Contiguous Conditioning Theory durch Hilgard & Bower [133, S. 74 ff.].

tion die Aktivierung des Verhaltensimpulses fördert oder hemmt, richtet sich aber danach, ob die Verhaltensfolgen für den Organismus insgesamt erwünscht (angenehm) oder nicht erwünscht (unangenehm) sind. Diese Frage wird von den anderen Bedürfnismechanismen der betroffenen Bedürfnisse beantwortet.

c) Die Konditionierung bedingter Typ-II-Mechanismen

Mit Carmichael wird hier die Ansicht vertreten, daß die Entstehung eines bedingten Typ-II-Mechanismus bis auf den folgenden Aspekt völlig befriedigend mit Hilfe des Assoziationsgesetzes erklärt werden kann [47]: Es ist logisch notwendig, daß der Mensch eine Verhaltensweise hervorbringen muß, bevor er ihre Folgen lernen kann [47]. Das führt zur Frage, was den Menschen veranlaßt, sich zu verhalten. Erst nach ihrer Beantwortung können modelltheoretische Aussagen über die Konditionierung und über die Strukturen der bedingten Typ-II-Mechanismen gemacht werden. „Den meisten Lern- und Verhaltenstheorien liegt die unausgesprochene Vorstellung zugrunde, daß Organismen von Hause aus passiv sind und nur unter bestimmten Reiz- und sog. Motivationsbedingungen etwas tun. Man denke hier z. B. an den Begriff Re-aktion, in dem dieses Konzept seinen Ausdruck findet, obwohl dadurch der Handlungsablauf inadäquat beschrieben wird [90, S. 45].“

Für den Menschen werden hier vier Motivationsmöglichkeiten unterschieden:

(1) a) Bei einem Bedürfnis ist die Bedürfnisabweichung so groß, daß der Mensch ohne Außenreizung von sich aus aktiv wird (Appetenzverhalten). Das allgemeine Appetenzverhalten wird beendet, wenn der Mensch die Bedürfnisbefriedigung bzw. einen Einwirkungsprognosereiz erlebt.

b) Der Mensch begegnet – zu einem Zeitpunkt, wo die Bedürfnisabweichung desselben Bedürfnisses unter dem Appetenzniveau liegt – zufällig einem unbedingten Signal. Unter dem Einfluß dieses unbedingten Signals entwickelt er eine spezielle Hin-(Locksignal-) oder Weg-(Warnsignal-)Verhaltenstendenz. Der Mensch „kennt“ dann zwar die Richtung seines Strebens, aber er muß noch lernen, welche Verhaltensweisen ihn hin- oder wegbringen.

c) Der Mensch begegnet CS_1. In diesem Fall muß er bei bedingten Locksignalen lernen, US_1^+ zu finden, und bei bedingten Warnsignalen lernen, US_1^- zu vermeiden.

(2) Von diesen drei Motivationsmöglichkeiten muß die vierte unterschieden werden, bei der ein unbekannter Reiz die Neugier des Menschen erregt.

Die Lernmethode, die der Mensch in den Fällen der Motivationsgruppe (1) anwendet, wird Trail-and-Error-Verhalten genannt. Soweit die Umgebungsreize noch keine Hinweisfunktion erlangt haben, werden alle möglichen Verhaltensweisen planlos probiert. Das „Versuch-Irrtum-Verhalten“ des Menschen wird im Normalfall aber schon in frühster Jugend nicht mehr ausschließlich vom Zufall bestimmt. „In Wirklichkeit ist die Handlungssequenz in jedem Punkt von der Situation und der individuellen Lerngeschichte determiniert [90, S. 45].“ Nur in dem Umfang, in dem der Mensch den ihn erreichenden Umweltreizen keine Information „entnehmen“ kann (z. B. Raumfahrer auf einem fremden Stern), bestimmt der Zufall, welche Verhaltensweisen ausgeführt werden. Für das Verständnis des Prozesses des Versuch-Irrtum-Verhaltens ist wichtig, daß bei ihm ein dominierendes Bedürfnis entscheidet, welche Verhaltensfolgen als Erfolg und welche als Mißerfolg angesehen werden. Das Trail-and-Error-Verhalten endet, wenn der Mensch zufällig einen Regelmechanismus des dominierenden Bedürfnisses aktivierenden, angenehmen Reiz erlebt.

Vom „instrumentellen Lernen bei *Dominanz eines bestimmten Bedürfnisses*“ ist „das instrumentelle Lernen im Rahmen von *Neugierverhalten*“ zu unterscheiden. Auch bei Neugierverhalten kann der Mensch erleben, daß eine bestimmte Verhaltensweise Konsequenzen für einzelne Bedürfnisse hat. Der Mensch kann dann auf diese Verhaltensweisen bevorzugt zurückgreifen bzw. sie vermeiden, wenn „die Appetenz des Ernstfalles auf den Plan tritt“ [180, Bd. II, S. 236]. Wahrscheinlich erwirbt der Mensch die Mehrzahl der bedingten Typ-II-Mechanismen durch Neugierverhalten. Die Konditionierung eines bedingten Typ-II-Mechanismus soll nun – ausgehend von einem häufig zitierten Experiment – untersucht werden, in dem Neal Miller und John Dollard ein etwa sechsjähriges Mädchen, von dem sie wußten, daß es „Süßigkeitshunger“ hatte, Bonbons suchen ließen [193; 283, S. 50 ff.]. Das Versuchsprotokoll hatte folgenden Inhalt: Während das Mädchen vor dem Zimmer auf den Versuchsbeginn wartet, wird unter einem Buch in der untersten Reihe eines vollen Büchergestells ein Bonbon versteckt. „Die Bücher dieser Reihe sind alle schwarz, so daß von der Farbe her keine Diskriminierung ausgeht. Nach einiger Zeit wird das Mädchen ins Zimmer gerufen und ihm mitgeteilt, daß unter einem Buch ein Bonbon versteckt ist. Es wird gefragt, ob es das Bonbon suchen will. Auf die Antwort ‚ja‘ wird ihm versichert, es könne das Bonbon behalten und essen, sobald es dieses gefunden habe. Nach dieser Instruktion macht sich das Mädchen auf die Suche. Das kleine Mädchen beginnt zunächst, in der obersten Reihe des Regals die Bücher hochzuheben, ohne dabei das erwünschte Objekt zu finden. Daraufhin wendet es sich der untersten Reihe zu und nimmt acht Bücher ohne Erfolg heraus. Es wird ungeduldig und läuft hin und her, um sich dann schließlich den Zeitschriften zuzuwenden, die auf dem obersten Regal liegen. Aber auch hier kein Erfolg. Schließlich geht es zum Experimentator und fragt: ‚Wo ist das Bonbon?‘ Als dieser nicht antwortet, kehrt es wieder zum Regal zurück und nimmt erneut einige Bücher aus dem unteren Regal heraus. Aber nach wie vor kein Erfolg. Es zieht sich jetzt zurück, betrachtet eine halbe Minute lang das Regal, geht dann auf den Tisch zu, auf dem einige Bücher liegen, hebt einige davon auf und findet immer noch kein Bonbon. Das Mädchen wendet sich nochmals der untersten Bücherreihe im Regal zu und findet schließlich unter dem siebenunddreißigsten Buch, das es zieht, das Bonbon. Es nimmt das Bonbon unter einem Aufschrei des Entzückens und ißt es. Das ganze hat 210 Sekunden gedauert [283, S. 51].“ Anschließend wird der Versuch mit demselben Mädchen noch neunmal wiederholt.

Da die Strukturen bedingter Erregungssysteme von den tatsächlich erlebten Reizen abhängen, ist für die Analyse des Versuchs als erstes erforderlich zu ermitteln, welche inneren und äußeren Reize das Mädchen während des Versuchs in welcher Reihenfolge erlebt hat. Es sind:

1. Bereits vor dem Beginn des Versuchs erlebte es eine Abweichung von der Homöostase des Blutzuckerbedürfnisses *(US_0)*. Das Mädchen hat Süßigkeitshunger.

2. Bevor das Mädchen zu handeln beginnt, erlebt es die visuellen Reize des Regals, der Bücher und der sonstigen Gegenstände im Zimmer. Für die Konditionierung des bedingten Typ-II-Mechanismus sind von diesen Reizen vor allem die der Bücher wichtig. Gäbe es keine Art von diskriminierender Auszeichnung der Bücher, so könnte das Mädchen die Lösung des Problems nicht lernen.

3. Die Mitteilung des Versuchsleiters, daß unter einem der Bücher ein Bonbon versteckt ist, macht alle Bücher schlagartig zu *CS* des Nahrungsbedürfnisses. Die Mitteilung aktiviert eine Hintendenz zu den Büchern und eine spezielle Verhaltenstendenz (Grundtenor: Bücher hochheben).

4. Bevor ein bestimmtes Buch hochgehoben wird, verengt sich das Wahrnehmungsfeld auf die visuellen Reize dieses Buches.

5. Im Anschluß an jede erfolglose Greifbewegung wird der bedingte Signalmechanismus mit den visuellen Reizen des falschen Buches „gelöscht“. Zugleich erlebt das Kind Mühe (negativer Innenreiz).

6. Nachdem es das richtige Buch hochgehoben hat, erlebt es dagegen den Anblick des Bonbons *(CS_1)* sowie den Süßgeschmack des Bonbons *(US_1)*, die beide die als lustvoll erlebte Wirkung haben, die Aktivität des Hungerzentrums zu hemmen.

Da das Kind diese Reize gleichzeitig oder zeitlich sehr dicht nacheinander mehrmals hintereinander erlebt, ist nach den Konditionierungsgesetzen zu erwarten, daß sich ein bedingtes Erregungssystem mit den *ZNS*-Stellen gebildet hat, die so mehrmals gleichzeitig erregt worden sind. Der weitere Versuchsbericht bestätigt diese Vermutung. „Das Mädchen wird wieder aus dem Zimmer geschickt und ein Bonbon unter *demeslben* Buch versteckt. Dann wird das Mädchen wieder hereingelassen. Es läuft sofort zum unteren Regal hin, zieht einige Bücher und findet das Bonbon unter dem zwölften Buch. Dauer 86 Sekunden. Beim dritten Versuch findet es das Bonbon unter dem zweiten Buch nach 11 Sekunden. Beim nächsten Versuch dauert es wieder etwas länger, dann aber werden die Leistungen immer besser, bis es nach dem neunten Versuch das richtige Buch sofort findet und insgesamt nur 3 Sekunden dafür braucht [283, S. 51].“ An dem bedingten Erregungssystem müssen beteiligt sein: Die

Stelle US_0 (Blutzuckerkontrollzentrum = Zuckerhungerzentrum), deren Erregung automatisch das allgemeine motorische Zentrum[44] aktiviert. Die Stelle CS_0 (Anblick des richtigen Buches), durch deren Aktivität oder Passivität die Situation charakterisiert wird, in der sich das Verhalten lohnt. Die Stelle M_1, ohne deren Erregung auf CS_0 nicht CS_1 (Anblick des Bonbons) bzw. US_1 (Süßgeschmack) folgen. Die Stellen CS_1 und US_1, bei deren Erregung per gelernter oder geerbter Assoziation die Aktivität des Hungerzentrums automatisch gehemmt wird [157, S. 427 f.].

Bei den anschließenden modelltheoretischen Aussagen über die Strukturen und die Funktionsweise von bedingten Typ-II-Mechanismen werden fünf Modellstufen unterschieden.[45]

Modellstufe 1:

Der Kern jedes bedingten Typ-II-Mechanismus ist eine Verbindung zwischen dem Schaltmechanismus einer Verhaltensweise (Stelle M_1) und einer Stelle US_1, deren Erregung unbedingt aktivierend oder hemmend auf die Stelle M_1 wirkt. Tritt die Verhaltensweise M_1 nach dem Erlebnis von US_1 verstärkt auf, so wird US_1 positiver Reinforcer *(US_1^+)*, tritt sie seltener auf, so wird er negativer Reinforcer *(US_1^-)* genannt. US_1^+ kann die Verringerung der Bedürfnisabweichung oder ein positiver Einwirkungsprognosereiz sein. US_1^- kann eine Bedürfnisabweichung oder ein negativer Einwirkungsprognosereiz sein. Die Verbindung zwischen den Stellen M_1 und US_1 entsteht dadurch, daß unmittelbar nach der Erregung der Stelle M_1 die Stelle US_1 gereizt wird. Besteht diese Verbindung, so hat die Reizung der Stelle M_1 nach dem Assoziationsgesetz automatisch auch die Erregung der Stelle US_1 zur Folge.

Die von dem Plan M_1 auszuführende aktivierte Vorstellung von US_1 wirkt dann über den Kontrollmechanismus des Bedürfnisses auf dem Wege eines angeborenen Erregungssystems verstärkend *(US_1^+)* oder hemmend *(US_1^-)* auf die Stelle M_1 zurück [196, S. 245]. Damit der Organismus vom Wissen der Verhaltensfolgen profitieren kann, muß der bedingte Typ-II-Mechanismus wirksam werden, bevor die Verhaltensweise M_1 tatsächlich produziert wird. Es ist hier an Gehlen zu denken, der sagt: beim Menschen „besteht eine weitgehende Unabhängigkeit der Handlungen sowie des wahrnehmenden und denkenden Bewußtseins von den eigenen elementaren Bedürfnissen und Antrieben oder die Fähigkeit, beide Seiten sozusagen ‚auszuhängen' oder einen ‚Hiatus' freizulegen" [103, S. 53]. Über die Funktionsweise der bedingten Typ-II-Mechanismen ist dazu zu sagen: Wirkt eine Bedürfnisabweichung *(US_0)* über die Stelle US_0 auf eine Stelle M_1 aktivierend, so sind zwei Erregungsniveaus zu unterscheiden:

(1) Auf dem Erregungsniveau 1 ist die Stelle M_1 bereits aktiv, aber die Erregung ist noch nicht groß genug, um das Verhalten zu aktivieren.

[44] Englisch: Central motor behavioral system; vgl. Konorski [157, S. 479 f.].
[45] Zu den folgenden Ausführungen vgl. vor allem Konorski, [157, S. 353 ff.].

(2) Auf dem Erregungsniveau 2 wird das Verhalten produziert. Aber, nur im Ausnahmefall (Schock) vermag das „Bedürfnis" die Erregung von M_1 sofort auf das Niveau 2 zu heben.

Die Erregung der Stelle M_1 auf dem Niveau 1 reicht aber bereits aus, um über das bedingte Erregungssystem (= bedingter Typ-II-Mechanismus) automatisch die assoziierten US_1-Stellen zu aktivieren. Es kann formuliert werden: der Auslösewiderstand des angeborenen Erregungssystems, durch das die Verhaltensweise angeschaltet wird, ist größer als der des bedingten Erregungssystems, durch das das Denken aktiviert wird und Einfluß nimmt. So kann der Mensch noch bevor er handeln muß, Vorstellungen der wahrscheinlichen Folgen erleben. Die per Assoziation aktivierten US_1-Stellen wirken dann über den zentralen Koordinierungsprozeß erregend (bei US_1^+) oder hemmend (bei US_1^-) auf die Stelle M_1 zurück. Der Mensch kann so aus seinem Verhaltensrepertoire je nach seinem Bedürfnisstand die Verhaltensweise auswählen, die den größten Lustgewinn erwarten läßt.

Mit Freud – Gehlen folgt ihm darin – scheint es also zweckmäßig zu sein, im Denken einen Koordinationsvorgang zu sehen, der im *ZNS* des Menschen normalerweise zwangsläufig vor dem Handeln abläuft. Anders als bei Freud scheint es jedoch richtiger zu sein, sich diesen Vorgang nicht losgelöst von der Tätigkeit der angeborenen Regelmechanismen der Bedürfnisse des Menschen, sondern ganz im Gegenteil abhängig von ihr vorzustellen. Wird mit Lorenz zur Veranschaulichung dieses Koordinationsvorgangs das Bild einer parlamentarischen Einrichtung gewählt [177, S. 114 ff.], so sind alle Bedürfnisse, die einen Lustgewinn erwarten, für und alle, die einen Unlustzuwachs befürchten, gegen die Durchführung einer bestimmten Verhaltensweise. Die Stärke der Stimme eines Bedürfnisses richtet sich nach dem Umfang des erwarteten Lustgewinns oder Unlustzuwachses.

Die vorstehenden modelltheoretischen Überlegungen sollen nun durch den Bericht über eine Konditionierungsmethode veranschaulicht werden, nach der u. a. Mowrer, Lovibond und H. G. Jones Enuresis geheilt haben [198; 142; 183; 184]. Dabei schlafen die Bettnässer auf einer Kissen-Elektrode. Sobald das Kissen naß wird, schließt sich der Stromkreis und es ertönt eine Sekunde lang ein starker Hörreiz (US_1^-). Nach einer Minute Stille ertönt dann ein Summer, der das Pflegepersonal ruft. Auf diese Weise gelang es, im Durchschnitt 85 % der Patienten von Enuresis zu heilen. Eine Heilung wurde in praktisch allen Fällen dann erreicht, wenn das Geräusch in unregelmäßiger Folge nur nach 50 % der Fehlreaktionen ertönte [82, S. 174]. Lovibond erklärt den Heilerfolg wie folgt: „Der reflektorischen Kontraktion des Detrusors und der Erschlaffung des Sphincters folgt der unangenehme Reiz – der elektrische Schlag oder das laute Geräusch. Nach einer Anzahl solcher Verbindungen wird der von der Erschlaffung des Sphincters ausgehende Reiz zum bedingten Reiz für die Vermeidungsreaktion oder Kontraktion des Sphincters. Mit anderen Worten: Der bedingte Reiz ist nicht die Ausdehnung der Blase, sondern das aus der Sphinctererschlaffung und dem Urinieren entstehende Reizmuster. Wenn das Bedingen das Stadium erreicht, in dem das erste Anzeichen der Reizung die antagonistische Reaktion der Kontraktion des Sphincters entstehen läßt, näßt das Kind nicht ein, und der unangenehme Reiz wird vermieden [183]." Eine Verschiebung des Symptoms wurde nicht beobachtet. Diese Interpretation deckt sich weitgehend mit dem hier vorgetragenen Ansatz. Der bei dem Bettnässer aufgebaute bedingte Typ-II-Mechanismus besteht aus einer Verbindung zwischen dem Blasenentleerungszentrum und der US_1^--Stelle des Flucht/Angstzentrums, die von lauten Geräuschen gereizt wird. Dieser Mechanismus muß als bedingter Bedürfnismechanismus des Flucht/Angstenergiebedürfnisses (exogen) angesehen werden, da dieses Bedürfnis ohne den bedingten Typ-II-Mechanismus bei jedem Bettnässen eine Bedürfnisabweichung erleiden würde.

Modellstufe 2:

Häufig wird als nächstes vorgeschlagen, eine Verbindung zwischen der Stelle US_0 (z. B. Hungerzentrum) und dem Mechanismus M_1-US_1 anzusetzen [157, S. 393 f.]. Die zweite Stufe des Modells hätte dann die Form $US_0 \rightarrow M_1 \rightarrow US_1$.

Erlebt der Mensch eine Bedürfnisabweichung, so aktiviert die Stelle US_0 per Assoziation automatisch die Stelle M_1 [157, S. 419]. In der Realität ist aber kaum eine Situation denkbar, in der der Mensch lernen muß, daß eine bestimmte Verhaltensweise immer zur Befriedigung eines bestimmten Bedürfnisses führt.

Zur Veranschaulichung der zweiten Stufe des Modells eines bedingten Typ-II-Mechanismus seien die Ergebnisse eines Experiments berichtet, in dem Skinner Tauben alle 15 Sekunden unabhängig von ihrem Verhalten fütterte [267, S. 85 ff.; 230, S. 31 f.]. Obwohl das positive Ereignis unabhängig vom Verhalten der Tiere eintrat, zeigte sich bei den Tauben ein von Tier zu Tier unterschiedlicher Verhaltenswandel. Es gab Tauben, die ständig von einem Bein auf das andere hopsten, andere drehten sich immer wieder scharf zu einer Seite und zurück, wieder andere stolzierten nur noch mit erhobenem Kopf herum usw. Dieses Verhalten wird von Skinner „abergläubiges" Verhalten genannt. Ihm entspricht beim Menschen z. B. ein Regentanz, der bei Wassermangel durchgeführt wird, obwohl er keinen Einfluß auf das Wetter hat [230, S. 32]. Das Auftreten von „abergläubigem" Verhalten bei Tauben erklärt Skinner damit, daß diese Verhaltensweisen zufällig unmittelbar vor der Fütterung ausgeführt wurden. Das führte dazu, daß diese Handlungen etwas häufiger als vorher produziert wurden, was wiederum die Chance eines Zusammentreffens von Verhalten und Fütterung erhöhte usw.

Modellstufe 3:

Um die Normalform des bedingten Typ-II-Mechanismus zu erkennen, muß noch einmal auf N. Miller/J. Dollards Experiment mit dem sechsjährigen Mädchen eingegangen werden. Und zwar sollen die Reize und Reizkonstellationen gesondert betrachtet werden, die das Kind auch dann noch erlebte, als es die Lösung der Aufgabe, das Bonbon zu finden, fehlerlos beherrschte [283, S. 50 f.].

(1) Das Mädchen hatte Süßigkeitshunger.

(2) Unmittelbar vor der erfolgreichen Handlung (M_1) erlebte das Mädchen die visuellen Reize des Buches, unter dem das Bonbon versteckt war (S_n), die durch das Experiment zu CS_0 werden.

(3) Es folgte der Verhaltensimpuls M_1.

(4) Unmittelbar danach erlebte das Kind den Anblick des Bonbons (CS_1) und den Süßgeschmacksreiz $(US_1{}^{+})$.

Nur diese Reize und ihre Beziehungen zueinander können sich in den Strukturen des neu bedingten Bedürfnismechanismus widerspiegeln.

Die Analyse der unbedingten Reizwirkungen und der aufgrund der Assoziationsgesetze mit Sicherheit entstehenden gelernten Erregungssysteme ergibt:

(1) Der Süßigkeitshunger aktiviert unbedingt das zentrale motorische Verhaltenssystem [157, S. 479 f.];

(2) Der Süßgeschmacksreiz hemmt unbedingt das Hungerzentrum (Lustgefühl). Dadurch wird zugleich das allgemeine Appetenzverhalten gehemmt [157, S. 44 ff.];

(3) Es kommt zu einer Assoziation zwischen dem Hungerzentrum (Stelle US_0) und der Stelle CS_0, die vom Anblick des richtigen Buches erregt wird;

(4) Es kommt zu einer Assoziation zwischen der Stelle CS_0 und der Stelle M_1 [157, S. 424 ff.];

(5) Es kommt zu einer Assoziation zwischen der Stelle M_1 und der Stelle US_1, die vom Süßgeschmack erregt wird [157, S. 424 ff.].

Das Modell des bedingten Typ-II-Mechanismus hat dann an dieser Stelle die Form:

$US_0 \rightarrow CS_0 \rightarrow M_1 \rightarrow US_1$

Im folgenden wird nun zunächst der Teil $CS_0 \rightarrow M_1 \rightarrow US_1$ des erweiterten Typ-II-Mechanismus betrachtet. Dieser Teil wird bedingter Signalmechanismus mit Hinweisfunktion genannt [90, S. 40]. CS_0 gibt in der instrumentellen Lernsituation „einen Hinweis auf mögliche künftige Ereignisse, die jedoch nur dann eintreten, wenn bestimmte Verhaltensweisen – in einem gegebenen Zeitraum – ausgeführt oder unterlassen werden“ [90, S. 40]. Wenn der Mensch überraschend ein Hinweissignal erlebt, ereignet sich in ihm folgendes Erregungsgeschehen: Per Assoziation aktiviert CS_0 über die Stelle M_1 die Stelle US_1. US_1 wirkt über ein angeborenes Erregungssystem auf die Stelle US_0. Ist die Verhaltensfolge erwünscht, so aktiviert die Stelle US_0 (z. B. Hungerzentrum) M_1 (z. B. Greifbewegung). Ist der Verhaltenserfolg unerwünscht, z. B. weil der Mensch satt ist, so hemmt die Stelle US_0 die Stelle M_1, verhindert also die Durchführung des Verhaltens [157, S. 21 f.].

Ob das trainierte Mädchen bei einer Wiederholung des Versuchs die Verhaltensweise Buch hochheben durchführt oder nicht, bestimmen demnach die folgenden zwei Faktoren [157, S. 427 ff.]:

(1) Das Mädchen muß den Anblick des richtigen Buches (CS_0) erleben;
(2) Es muß unbedingten Süßigkeitshunger (weiterer Verhaltensablauf: das Bonbon wird aufgegessen) oder bedingten Süßigkeitshunger (weiterer Verhaltensablauf: das Bonbon wird mitgenommen, behalten) haben.

Fehlt der Hunger oder das Habenwollen (bedingter Hunger), so ist das Mädchen nicht bereit zu handeln. Hat das Mädchen dagegen Hunger (unbedingten oder bedingten), ohne zugleich eine Reizung der Stelle CS_0 zu erleben, so weiß es nicht, was es tun soll, um seinen Hunger zu befriedigen. Entsprechend den Assoziationsgesetzen wird die Erregung der Stelle US_0 dann die assoziierten Stellen CS_0, M_1 und US_1 aktivieren. Aber jetzt wirkt die zwischen die Stellen US_0 und M_1 geschaltete Station CS_0 wie ein Auslösemechanismus, der M_1 nur freigibt, wenn CS_0 gereizt wird. Die Erregung von US_0 kann dann nur die Vorstellungsproduktion und das allgemeine Appetenzverhalten aktivieren und über diesen „Umweg" dann auch wieder M_1, nun aber gleich-„niedrig"-wertig wie alle anderen Elemente des gesamten Verhaltensrepertoires.

Modellstufe 4:

Viele bedingte Typ-II-Mechanismen dienen aber nicht nur einem Bedürfnis. In vielen Fällen hat eine Verhaltensweise unter bestimmten Umständen für einige Bedürfnisse positive, für andere aber negative Folgen. Der bedingte Hinweismechanismus hat dann folgende Form:

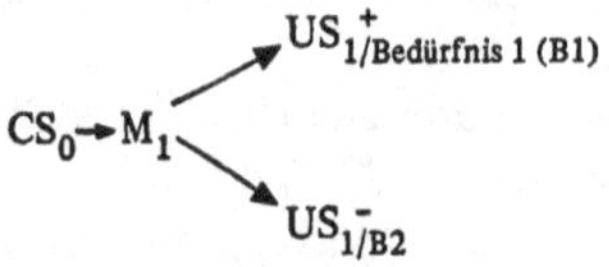

Die Erregung der Stelle US_1^+ würde automatisch dazu führen, daß die Stelle $US_{0/B1}$ M_1 zu aktivieren tendiert, während die miterregte Stelle $US_{1/B2}^-$ über die Stelle $US_{0/B2}$ M_1 zu hemmen trachtet. Ob M_1 durchgeführt wird oder nicht, hängt dann von der Bedürfnisstärke des Bedürfnisses 1 vor und der erwarteten Bedürfnisstärke des Bedürfnisses 2 nach der Ausführung des Verhaltens ab. Kann zwischen mehreren Verhaltensmöglichkeiten gewählt werden, die sich nur in den negativen Folgen unterscheiden, so wird jeweils die Verhaltensmöglichkeit mit den schwächsten negativen Folgen gewählt.

Das zuletzt Gesagte kann mit einem Ratten-Experiment von Tolman und Honzik [299] veranschaulicht werden. Die Ratten lernten nacheinander drei Wege zur selben Futterstelle. Die Wege unterschieden sich deutlich in der Länge. Konnten die Tiere frei wählen, so entschieden sie sich nur für den kürzesten Weg 1. War der kürzeste Weg blockiert, so bevorzugten fast alle Tiere (90 %) den dann kürzesten Weg 2. Erst wenn die beiden kürzeren Wege unpassierbar waren, nahmen die Tiere den längsten Weg. Im Alltag des Menschen ist bei der Entscheidung, welche Kaufhandlung getätigt wird, vor allem die unangenehme Folge Bezahlung der hemmende Faktor. Stehen mehrere Kaufmöglichkeiten zur Wahl, so besteht für den Menschen aber häufig auch die Aufgabe, Angebote zu vergleichen, die sich sowohl in den positiven als auch den negativen Folgen der Kaufhandlung unterscheiden. Der Käufer steht dann gleich den Ratten vor der Aufgabe, das Angebot zu finden, bei dem er den größten Lustzuwachs erlebt [1, S. 43 ff.]. Dabei ist der Kaufpreis nur ein bedingtes Warnsignal, das seine Kraft per Assoziation aus den Bedürfnisabweichungen zieht, die als Folge der Ausgaben erwartungsgemäß ertragen werden müssen.

Modellstufe 5:

Dieser Hinweis leitet über zur letzten Erweiterung des Modells des bedingten Typ-II-Mechanismus, bei der die Möglichkeit berücksichtigt wird, daß unmittelbar nach M_1 nicht US_1 sondern CS_1 folgt. CS_1 wiederum kann ein bedingtes Hinweissignal sein, das die Möglichkeit anzeigt, durch eine weitere Verhaltensweise (M_2) US_1 zu erleben. So erlebt das kleine Mädchen nach der Verhaltensweise Buch-hochheben zunächst den Anblick des Bonbons (CS_1). CS_1 löst die Bewegungsfolge „Ergreifen bis in den Mund stecken" aus. Erst nach M_2 erlebt das Mädchen den unbedingten (primären) Reinforcer Süßgeschmack (US_1). Der bedingte Verhaltensfolgenwissensmechanismus hat in seiner umfangreichsten Ausformung z. B. die folgende Struktur:

$$
\begin{array}{ccccccccc}
 & & & & US^{-}_{1/B1} & & & & US^{-}_{1/B1} \\
 & & & & \uparrow & & & & \uparrow & \nearrow US^{-}_{1/B2} \\
US_{0/B3} & \rightarrow & CS_0 & \rightarrow & M_1 & \rightarrow & CS_1^{+} & \rightarrow & M_2 & \\
 & & & & \downarrow & & & & \downarrow & \searrow US^{+}_{1/B3} \\
 & & & & US^{-}_{1/B2} & & & & US^{+}_{1/B4}
\end{array}
$$

$US_{0/B3}$ = *ZNS*-Stelle, die von einer Bedürfnisabweichung des Bedürfnisses 3 erregt wird,

$US^{-}_{1/B1}$ = *ZNS*-Stelle, die z. B. von einer Bedürfnisabweichung des Bedürfnisses 1 erregt wird,

$US_1{}^{+}{}_{/B3}$ = *ZNS*-Stelle, die z. B. von einer Wiederherstellung der Homöostase des Bedürfnisses 3 erregt wird,

CS_0 = *ZNS*-Stelle, die von dem bedingten Hinweissignal CS_0 erregt wird,

CS_1 = *ZNS*-Stelle, die von dem bedingten Hinweissignal CS_1 erregt wird,

M_1 = *ZNS*-Stelle, die die motorische Verhaltensweise 1 anschalten kann.

Bei den meisten bedingten Ketten von Reizen und Reaktionen, die für die Bedürfnisbefriedigung des Menschen bedeutsam sind, befinden sich wesentlich mehr Glieder zwischen der Bedürfnisabweichung, die das Verhalten als unbedingter interozeptiver Stimulus (US_0) in Gang setzt, und dem Reiz, dessen Erlebnis die Aktivität des Menschen beendet. Dabei ist der bedingte Reinforcer (CS_1) der Verhaltensweise M_1 zugleich das bedingte Hinweissignal der Verhaltensweise M_2.

Das soll an der Verhaltenssequenz eines Menschen verdeutlicht werden, der Hunger hat und der deshalb ein Restaurant besuchen will. Die Kette von Umweltreizen und von Verhaltensimpulsen, die er nach der Entscheidung zugunsten des Restaurantbesuchs zu erleben erwartet, sieht etwa folgendermaßen aus [230, S. 53; 298, S. 448 ff.]: Der Anblick der geschlossenen Tür *(CS_0)* – Tür öffnen *(M_1)* – der Anblick der offenen Tür *(CS_1)* – das Haus verlassen *(M_2)* – der Anblick des verschlossenen Wagens *(CS_2)* – in den Wagen einsteigen *(M_3)*, ihn starten *(M_4)* – Geräusch des laufenden Motors *(CS_4)* – den Wagen fahren *(M_5)* – diverse Wegezeichen *(CS_5)* – Wagen parken *(M_6)* – die Fassade des Restaurants *(CS_6)* – Betreten des Restaurants *(M_7)*, Hinsetzen *(M_8)*, die Karte lesen *(M_9)* – das Erscheinen des Obers *(CS_{7-9})* – Bestellen *(M_{10})* – Anblick, Geruchsreize der Nahrung *(CS_{10})* – Geschmacksreize der Nahrung *(US_1^+)* – Bezahlung *(CS_2^-)*. Der Mensch versucht z. B. nicht, in den Wagen zu steigen, bevor die Tür offen ist, oder das Essen zu bestellen, bevor der Ober an den Tisch getreten ist. Die offene Tür verstärkt die Verhaltensweise Schlüssel-in-das-Schloß-stecken usw., sie ist zugleich das Hinweissignal, das die Verhaltensweise in-den-Wagen-ein-steigen freigibt.

Hat die Kette in der Realität eine Lücke, d. h. wenn auf M_x nicht wie erwartet CS_x folgt, so setzt ein mehr oder weniger von der Erfahrung strukturiertes spezielles Appetenzverhalten mit dem Ziel ein, CS_x oder $CS_{x+1,2,usw.}$ zu finden. Ist das vorgesehene Lokal z. B., ohne daß der Mensch es weiß, auf Selbstbedienung umgestellt worden, so wird der vertraute Anblick der Lokaleinrichtung trotzdem bewirken, daß sein bedingter Typ-II-Mechanismus „Lokalbesuch" automatisch die weitere Führung seines Verhaltens übernimmt. Der Mensch wird sich wie gewohnt an einen Tisch setzen, die Karte durchlesen und seine Bestellung vorformulieren. Erscheint nun nach einer als normal angesehenen Zeitspanne noch immer nicht der Ober, so wird der Mensch, mehr oder weniger an Erfahrungen orientiert, zu handeln (Appetenzverhalten) beginnen. Er wird rufen, suchend umhergehen, andere Menschen fragen usw. Diese Seitenlinie seines Verhaltens bricht ab, wenn er durch Selbstbedienung Nahrung erhalten hat. Anschließend übernimmt dann wieder der bedingte Typ-II-Mechanismus „Lokalbesuch und Rückkehr vom Lokal" die Führung des Verhaltens.

d) Arten bedingter Typ-II-Mechanismen

Systematik der bedingten Typ-II-Mechanismen nach den Merkmalen der Verhaltensfolgen:

(1) Gliederungsgesichtspunkt: Angenehme oder unangenehme Folgen einer Verhaltensweise werden erwartet.

(2) Gliederungsgesichtspunkt: Unbedingte oder bedingte Reize werden als Folge einer Verhaltensweise erwartet.

Zu (1): Dieser Gliederungsgesichtspunkt führt zu folgenden Untergruppen:

(A) Bedingte Typ-II-Mechanismen, die das Bedürfnis als Folge einer Verhaltensweise Bedürfnisbefriedigung erwarten lassen.

1. Bedingte Typ-II-Mechanismen, die das Bedürfnis als Folge einer Verhaltensweise die Beseitigung einer Bedürfnisabweichung erwarten lassen.

Bedingte Appetenzverhaltensmechanismen: Beim Appetenztraining kommt es darauf an, die Verhaltensweise zu erkennen, durch die der Mensch bei einer Bedürfnisabweichung bei einem Typ-I- oder Typ-II-Bedürfnis einen die Bedürfnisbefriedigung ankündigenden Reiz bzw. die Beseitigung der Bedürfnisabweichung findet. Erlebt der Mensch z. B. eine Abweichung von der Blutzuckerhomöostase *(US_0)*, so lautet die angeboren vorgegebene Aufgabenstellung: Finde eine Süßgeschmacksreizung *(US_1)* oder die Wiederherstellung der Blutzuckerhomöostase.

Fluchtverhaltensmechanismen: Beim Fluchttraining kommt es z. B. darauf an, aus dem Reaktionsrepertoire die Reaktion herauszufinden, die einen bereits wirksamen Schmerzreiz beendet. Der Erfolg liegt hier in der Beendigung einer unbedingten Bedarfsfallreizung bei einem Typ-III-Bedürfnis.

2. Vermeidungsverhaltensmechanismen: Die Ausgangssituation beim Vermeidungstraining ist: ein bedingtes Warnsignal kündigt US^- an. Für den Organismus gilt es dann, die Verhaltensweise zu finden, durch die er die Gefahr (Einwirkung von US^-) vermeidet bzw. die unangenehme Wirkung von US^- möglichst weitgehend abschwächt. Der Erfolg liegt also beim bedingten Vermeidungsverhalten darin, daß eine mit Sicherheit erwartete Reizung durch US^- ausfällt oder mindestens nur abgeschwächt auftritt. So kann beispielsweise ein Kind lernen, daß die Bestrafung nach einer Missetat meist ausbleibt, wenn „es sich rechtzeitig entschuldigt, zu weinen oder zu schmeicheln beginnt" [90, S. 76].

(B) Bedingte Unterlassungsverhaltensmechanismen: Beim Unterlassungstraining gilt es zu erkennen, daß die Folgen einer bestimmten Verhaltensweise insgesamt unangenehm sind, es also sinnvoll ist, diese Verhaltensweise zu unterlassen. Statt von Unterlassungs- wird oft von Bestrafungstraining gesprochen, weil Menschen das Verhalten anderer häufig dadurch manipulieren, daß sie diese jedesmal bestrafen, wenn sie eine unerwünschte Verhaltensweise ausführen. „Unarten kleiner und größerer Kinder versucht man häufig auf diese Weise abzustellen: Jedesmal, wenn das Kind sein (im Sinne der Eltern) fehlangepaßtes Verhalten zeigt, folgt darauf mehr oder minder unmittelbar und mehr oder minder konsequent" ein unbedingter oder ein bedingter negativer Reiz [90, S. 76].

(C) Bedingte Typ-II-Mechanismen, die den Menschen nach einer Verhaltensweise sowohl angenehme als auch unangenehme Folgen erwarten lassen. Diese Art der bedingten Typ-II-Mechanismen ist wahrscheinlich die am weitesten verbreitete Art.

e) Das Verlernen (Löschen) bedingter Typ-II-Mechanismen

Das Verlernen bedingter Typ-II-Mechanismen erfolgt nach denselben Regeln, nach denen bedingte Signalmechanismen verlernt werden [90, S. 253 ff.; 157, S. 360 f.]. Hier ist es daher nur noch notwendig zu fragen, wann infolge des vom Vorhandensein von bedingtem Wissen ausgehenden Zwangs, sich in einer bestimmten Weise zu verhalten [S. 91 f.; S. 125 f.], das Wissen nicht mehr überprüft werden kann und daher das Verlernen des bedingten Typ-II-Mechanismus unterbleibt. Diese Frage wird anschließend für die vier Hauptarten der bedingten Typ-II-Mechanismen getrennt untersucht.

(1) Bedingte Appetenzverhaltensmechanismen lassen den Menschen als Folge einer Verhaltensweise US_1^+ erwarten. Diese Mechanismen werden verlernt, wenn der Mensch die Verhaltensweise mehrmals ausführt, ohne daß US_1^+ folgt. Gibt der Mensch dem von US_0 und/oder einem bedingten Hinweissignal ausgehenden Zwang zu handeln nach, so hat er keine Chance zu merken, daß die Verhaltensweise nicht mehr erforderlich ist, um die Wirkung von US_1^+ zu erlangen. Im Zusammenhang mit abergläubigem Verhalten wird dieses Problem oft erwähnt.

(2) Das unter (1) Gesagte gilt auch für das Verlernen bedingter Fluchtverhaltensmechanismen.

(3) Beim bedingten Vermeidungsverhaltensmechanismus erwartet der Mensch als Folge der Handlung, daß er US_1^- nicht erlebt. Kann sich der Mensch mit seinem bewährten Vermeidungsverhalten nicht mehr vor der Wirkung von US_1^- schützen, so wird der bedingte Vermeidungsverhaltensmechanismus verlernt. Ist das bedingte Vermeidungsverhalten dagegen erfolgreich, so besteht für ihn keine Möglichkeit zu prüfen, ob dem bedingten Warnsignal überhaupt noch US_1^- folgt. Der Mensch hat keine Gelegenheit zu erkennen, daß das Vermeidungsverhalten überflüssig ist, und verlernt diese bedingten Mechanismen daher auch nicht.

(4) Bedingte Unterlassungsverhaltensmechanismen werden dann verlernt, wenn der Mensch eine Verhaltensweise, von der er erwartet, daß ihr US_1^- folgt, ausführt, ohne daß ihr US_1^- tatsächlich folgt. Diese Erfahrung kann der Mensch aber nur machen, wenn das Gewicht der erwarteten positiven Folgen einer Verhaltensweise wenigstens gelegentlich so groß ist, daß sie trotz der erwarteten negativen Folgen die Auslösung des Verhaltens erzwingen.

Bei der Besprechung der Umstände, die beim Menschen zum Verlernen bedingter Typ-II-Mechanismen führen, ist es wichtig zu beachten, daß diese Mechanismen auch einfach dadurch verlernt bzw. abgeschwächt werden können, daß der Mensch bei anderen Menschen beobachtet oder von ihnen erfährt, daß das Verhalten neuerdings bzw. auch andere, den eigenen Erfahrungen widersprechende bzw. diese vervollständigende Folgen hat.

C. Zur Frage der Autonomisierung bedingter Bedürfnismechanismen

Die Frage, wann bedingte Typ-II-Mechanismen verlernt werden, leitet über zur Frage nach der funktionellen Autonomie der bedingten Bedürfnismechanismen. In der Literatur wird dieser Problemkreis auch unter den Bezeichnungen: „Learned responses as sources of drives“ [37, S. 138], „learnable drives“ [37, S. 139], „sekundäre Motivation“ [90, S. 86], „secondary drives“ [322, S. 55] und „acquired drives“ [30, S. 304] behandelt.

Allport [5; 6; 7], der den Begriff der funktionellen Autonomie der Motive (hier: bedingte Bedürfnismechanismen) geprägt hat, „betrachtet die Motive des Erwachsenen als unendlich verschiedenartige und sich selbst tragende, in der Gegenwart bestehende Systeme, die aus vorhergehenden Systemen erwachsen, aber von ihnen funktionell unabhängig sind. Genauso wie ein Kind allmählich von den Eltern unabhängig wird, einen eigenen Willen entwickelt, sich selbständig macht und sich von seinen Eltern fortlebt, so ist es auch mit den Motiven. Jedes Motiv hat einen bestimmten Ausgangspunkt ... Aber wenn das Individuum reift, wird die Verbindung unterbrochen. Die Verbindung ist historisch [7, S. 491].“ Allport stützt sich dabei auf William James' „Lehre von der Flüchtigkeit der Instinkte. Nach dieser Theorie ... erscheint ein Instinkt nur ein einziges Mal im Leben eines Menschen und verschwindet daraufhin prompt, indem er in Gewohnheiten umgewandelt wird. Wenn es wirklich Instinkte gibt“, so fährt Allport fort, „ist dies ohne Zweifel ihr Schicksal, denn kein Instinkt kann unvermindert seine motivierende Kraft aufrecht erhalten, nachdem er von der umgestaltenden Kraft des Lernens aufgesaugt und zurückgedrängt worden ist. Das ist ein Gedanke von James, und das ist auch das Prinzip der funktionellen Autonomie [7, S. 491].“

Die von Allport unter dem Stichwort „funktionelle Autonomie der Motive“ angerissene Problematik wurde in dieser Arbeit von zwei Seiten aus untersucht.

1. Bei der Frage nach dem Wiederholungszwang bei bedingten Bedürfnismechanismen und
2. bei der Frage, wann bedingte Bedürfnismechanismen verlernt werden.

Zu 1.: Es wurde festgestellt, daß beim Menschen mit der Fähigkeit, neue bedingte Bedürfnismechanismen zu lernen, ein Wiederholungszwang verbunden ist, der als Erinnerungszwang und bei bedingten Typ-II-Mechanismen zusätzlich als Handlungs-*(US^+)* bzw. Unterlassungszwang *(US^-)* [55, S. 123 ff.; S. 91 f.; S. 125 f.] wirkt, da die bedingten Bedürfnismechanismen bereits vor jeder neuen unbedingt bedeutungsvollen Erfahrung allein aufgrund der Reizung durch *CS* die Beurteilung der Situation und die Führung des Verhaltens übernehmen. Dazu können die Ergebnisse von Experimenten angeführt werden, die Gilhousen mit weißen Ratten gemacht hat. Hatten die Tiere erst einmal gelernt, daß ein bestimmter langer schwieriger Weg zur Futterstelle führt, so blieben sie diesem Weg auch dann noch längere Zeit hindurch hartnäckig treu, als sie gelernt hatten, daß es noch eine zweite, bequemere Möglichkeit gab [107].

Aus folgenden Gründen dürfen die Ergebnisse des Experiments von Gilhousen aber nur mit Vorsicht als Beweise für Allports These von der funktionellen Autonomie der Motive angeführt werden:

1. Beide Wege führen weiter zur Futterstelle. Sie unterscheiden sich für die Tiere nur darin, daß die US_1^- (z. B. Energieverlust durch Laufen) beim Weg 1 unangenehmer als die US_1^- beim Weg 2 sind.
2. Allport weist selber auf die Möglichkeit hin, daß die US_1^+ beim Weg 1 dadurch angenehmer als die beim Weg 2 sein könnten, daß z. B. zusätzlich zu den Nahrungsbedürfnissen noch das Explorations- und das Bewegungssteuerungsenergiebedürfnis (spontan) befriedigt werden [7, S. 492 ff.].

Bisher liegt noch kein eindeutiger Beweis dafür vor, daß höhere Säugetiere oder Menschen sich für die unvorteilhaftere von zwei bekannten Möglichkeiten, ein bestimmtes Ziel zu erreichen, nur deshalb entscheiden, weil sie diese zuerst kennengelernt haben.

Nach der hier vertretenen Ansicht wäre die Beschränkung der Lernfähigkeit durch das Gelernte mit dem Theorem „Überfüllung" nicht ausreichend zu erklären. Wenn etwas gelernt worden ist, so bedeutet das nicht, daß für neues Wissen kein Platz mehr da ist. Es bedeutet nur, daß von dem Gelernten ein „Wiederholungszwang" ausgeht, der die Chance, Neues zu lernen, verringert. Hat der Mensch die Erfahrung gemacht, daß an einer bestimmten Stelle eine Quelle ist, so fällt ihm das bei Wassermangel sofort ein, und er erlebt einen Zwang, erneut zu der bekannten Wasserstelle zu gehen. Das Wissen, da und da gibt es Wasser, verhindert so, daß der Mensch unter dem Druck von Wassermangel (wenn er durstig ist) auch an anderen Stellen nach Wasser sucht und es eventuell findet. Ähnlich liegen die Verhältnisse bei einem gebrannten Kind, das das Feuer scheut. Denn durch seine Angst vor dem Feuer beraubt es sich auch der Gelegenheit, neue Erfahrungen mit dem bedingten visuellen Reiz „Anblick des Feuers" zu machen. Der von den bedingten Bedürfnismechanismen ausgehende Wiederholungszwang verringert die Chance des Menschen, einem Bedürfnis weitere, mit den vorhandenen konkurrierende bedingte Bedürfnismechanismen anzugliedern.

Zu 2.: Nach dem bisher Gesagten erscheint es im Zusammenhang mit der Frage nach der Autonomisierung bedingter Bedürfnismechanismen fruchtbar, die Theoreme über das Löschen bedingter Bedürfnismechanismen erneut zu diskutieren. Besonderes Interesse verdient dabei die Bedingung, daß bedingte Bedürfnismechanismen nur dann verlernt werden – d. h. ihren Wiederholungszwang verlieren – wenn der Mensch den ursprünglichen Erfahrungen widersprechende Erfahrungen macht.

Hat der Mensch gelernt, daß es an einer bestimmten Stelle Wasser gibt, so kanalisiert der bedingte Typ-II-Mechanismus zwar das Wasser-Appetenzverhalten, aber es kann hier keineswegs von einer vollständigen funktionellen Autonomie im Sinne Allports die Rede sein. Der Mensch geht nur zur Quelle, wenn er „unbedingt" Wasser braucht, und der bedingte Appetenzverhaltensmechanismus verliert seine Fähigkeit, das Wasser-Such-Verhalten zu steuern, wenn das bedingte Appetenzverhalten nicht mit dem Erlebnis von US_1^+ (Wasserreiz in der Mundhöhle) endet. Dieser bedingte Bedürfnismechanismus beschränkt zwar das Verhaltensspektrum, sein Wirken und seine Existenz im Menschen sind aber von dem Erlebnis der unbedingten Reize der Regelmechanismen des H_2O-Bedürfnisses abhängig. Es liegt in der Natur des bedingten Appetenzverhaltensmechanismus, daß der Mensch seinen Anpassungswert ständig objektiv prüft.

Ganz anders liegen die Dinge, wenn das Verhalten des Menschen bereits von dem bedingten Signal „Anblick des Feuers" gesteuert wird und wenn der Verhaltenserfolg darin besteht, daß US_1^- (Schmerz durch Brandwunde) nicht erlebt wird. Im Gegensatz zum bedingten Appetenzverhaltensmechanismus trifft Allports Definition funktionell autonomer Motive im Fall dieses Unterlassungsverhaltensmechanismus zu. Der Mensch braucht nur „einmal" im Leben die unbedingte Erfahrung zu machen, daß auf CS (Anblick des Feuers) $+ M_1$ (Bewegung hin zu CS) $= US_1^-$ (Schmerz durch Brandwunde) folgt, um in Zukunft in Gegenwart von CS M_1 zu unterlassen. Dieser bedingte Typ-II-Mechanismus wirkt dann während des ganzen Lebens des Menschen, ohne daß je wieder ein unbedingter Reiz erlebt zu werden braucht. Die bedingten Unterlassungsverhaltensmechanismen erlangen die Stellung eines selbständigen Typ-III-Bedürfnisses dadurch, daß sie das Verhalten so steuern, daß der Mensch die für das Verlernen erforderlichen Erfahrungen – auch falls sie objektiv möglich sind – *nicht mehr machen kann*. Es liegt somit in der Natur dieser Mechanismen, daß ihr Anpassungswert niemals objektiv geprüft wird. Aber auch sie werden verlernt, wenn der Mensch z. B. durch Werbung oder die Hilfe eines Arztes die erforderlichen Erfahrungen macht. Bedingte Unterlassungsverhaltensmechanismen sind also nicht in dem Sinne autonom, daß es keine Bedürfnismechanismen gibt, die ihren Anpassungswert prüfen können, sondern nur insofern,als sie gegen den Einfluß dieser Instanz weitgehend abgeschirmt sind. Das gilt auch für bedingte Vermeidungsverhaltensmechanismen. Diese Mechanismen werden gedacht als das Zusammenwirken eines bedingten Signalmechanismus und eines Verhaltensfolgenwissensmechanismus. Der beteiligte bedingte Signalmechanismus läßt den Menschen nach CS US^- erwarten. Als Folge der Erwartung der Reizung durch US^- erlebt der Mensch bereits beim Erlebnis von CS^- eine Wegtendenz, die in der Literatur meist Furcht genannt wird. CS^- wirkt so per Assoziation aktivierend auf das allgemeine motorische Verhaltenssystem. Hat nun eine Verhaltensweise den Erfolg, daß CS^- endet und/oder daß die erwartete Reizung durch US^- nicht folgt, so hat das die Entwicklung eines bedingten Typ-II-Mechanismus zur Folge, der bewirkt, daß der Mensch weiß, daß er mit einer bestimmten Verhaltensweise *US⁻* vermeiden kann.

Haben sich die beschriebenen bedingten Bedürfnismechanismen erst einmal gebildet, so reagiert der Mensch bereits auf *CS* mit einer Verhaltensweise, deren Erfolgskriterium darin besteht, daß kein unbedingter negativer Stimulus erlebt wird. Auch der Vermeidungsverhaltensmechanismus verhindert, daß der Mensch erfahren kann, ob *CS* tatsächlich eine Gefahr ankündigt oder nicht. Hierzu die Ergebnisse eines berühmten, sehr häufig zitierten Versuchs von Solomon und Wynne[46]. Die beiden Forscher „setzten Hunde in einen Versuchskäfig, dessen Boden elektrisch aufgeladen werden konnte. Der Käfig war in zwei Hälften geteilt, die durch eine Falltür und eine Barriere getrennt waren. Wurde das Licht im Abteil, in dem sich das Versuchstier gerade befand, ausgeschaltet und die Tür geöffnet, folgte zehn Sekunden später ein massiver elektrischer Schlag, dem das Versuchstier nur durch Flucht" – über die Barriere – „in die benachbarte (beleuchtete) Käfighälfte entkommen konnte [90, S. 77]." Dieselben Forscher verwendeten auch die unangenehmenReize einer Schüttelbox als *US⁻*.

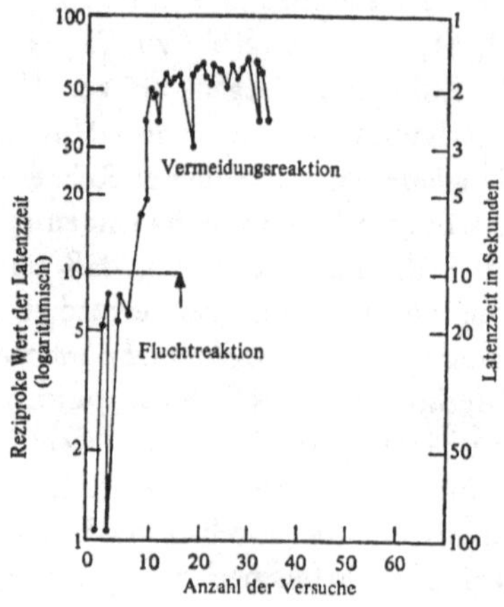

Abb. 1: Fluchtreaktionen in einer Schüttelbox. Die Verlaufskurve ist typisch für das Verhalten eines Hundes in einer Schüttelbox. Man beachte die lange Latenz der Fluchtreaktionen und das zeitige Auftreten von Kriterien des Vermeidungslernens [272].

Abb. 1 zeigt, daß die Tiere bereits nach wenigen erfolgreichen Fluchtreaktionen absolut verläßliche Vermeidungsreaktionen ausbildeten, die sich auf einem relativ konstanten Geschwindigkeitsniveau hielten. „Dabei ist bemerkenswert, daß trotz der geringen Anzahl bekräftigter Versuche das einmal gelernte Verhalten unter normalen Löschungsbedingungen nahezu unbegrenzt bestehen bleibt [271]." Desgleichen erreichte die Reaktionsverzögerung niemals eine Größe von 10 oder mehr Sekunden, bei der sich gezeigt hätte, ob

[46] Solomon, R. L. & Wynne, L. C.: Traumatic Avoidance Learning: Acquisition in Dogs [272], zitiert bei Foppa [90, S. 77 f.]; Eysenck & Rachman [82, S. 151 f.]; Hilgard & Marquis [134, S. 275] und Mowrer [197, S. 484 ff.].

die Situation wirklich noch gefährlich war. Tatsächlich ließen die Forscher bereits nach den ersten Vermeidungsreaktionen dem bedingten Signal nicht mehr *US*⁻ folgen. Die Übertragbarkeit dieser Versuchsergebnisse auf den Menschen wurde 1962 von Turner und Solomon durch ähnliche Versuche mit Menschen bewiesen [300].

Beim Menschen ist für die Bildung löschungsresistenter bedingter Bedürfnismechanismen besonders die Sprachfähigkeit von Bedeutung [37, S. 182]. Die Worte „laß das" *(CS)* sind für ein Kind angeboren ohne Inhalt. Erlebt es aber mehrmals im Anschluß an eine bestimmte Bewegung (M_1) *CS* und danach beispielsweise einen Schmerzreiz, so wird *CS* zu einem Warnhinweissignal, das das Verhalten per Assoziation hemmt. Das Kind lernt die Strafe dadurch zu vermeiden, daß es M_1 abbricht. Später lernt es dann vielleicht auch noch, daß *CS* auf M_1 nur dann folgt, wenn es den Anblick der Mutter erlebt. Das führt weiter dazu, daß M_1 unterlassen wird, wenn das Kind den Anblick der Mutter erlebt.

Das zur Autonomisierung bedingter Bedürfnismechanismen Gesagte wird nun mit einigen Überlegungen aus J. S. Browns Analyse von „anxiety as an element of the ‚acquired drive' for money" illustriert [37, S. 171 ff.; 104, S. 50 ff.]. Am Anfang des „acquired drive for money" stehen zwei Erfahrungen:

1. Die Erfahrung, daß Geld gegen Bedürfnisbefriedigung getauscht werden kann. So wird Geld z. B. dadurch zur Quelle angenehmer *CS*, daß es häufig gegen Nahrung getauscht wird, die ihrerseits den Hunger reduziert.

2. Die Erfahrung, daß in Abwesenheit von Geld als unangenehm empfundene Bedürfnisabweichungen ertragen werden müssen.

Durch die Erfahrung Nr. 2 werden „stimulus patterns" wie die, die von einer leeren Geldbörse oder der Nachricht, daß das Bankkonto überzogen worden ist, ausgehen, zu *CS* mit „the capacity to elicit reactions of insecurity, uneasiness, or anxiety" [37, S. 172]. „One does not learn to have a drive for money. Instead, one learns to become anxious in the presence of a variety of cues signifying the absence of money [36, S. 14]." Diese Angst beginnt bereits, wenn ein Mindestgeldbestand unterschritten wird bzw. bei den ersten Anzeichen dafür. Gehlen spricht hier von einem „Bedürfnis nach Beibehaltung der Bedürfnisdeckungslage" [104, S. 51]. „The obtaining of money automatically terminates or drastically alters such cues, and in doing so, produces a decrease in anxiety [36, S. 14]." Die Verringerung der Angst wird subjektiv als angenehm und als Kommando „weitermachen" erlebt. „Money-seeking responses, or other reactions, appearing during the arousal of anxiety are strongly reinforced by the decline of anxiety attending the receipt of money [36, S. 14]." Das sind aber nur die zentralen Mechanismen des „acquired drive for money". Für alle Arbeitnehmer ist die Bedürfnisdeckungslage beispielsweise bereits durch die Rüge des Chefs bedroht, die die Gefahr, den Arbeitsplatz zu verlieren, ankündigt. Umgekehrt wird eine versöhnende Äußerung bzw. ein Lob als angenehm erlebt, weil sie eine Stabilisierung der Bedürfnisdeckungslage bedeuten. Ebenso wie der Mangel an Geld können ein Mangel an Prestige, an „Liebe“ auf Seiten des begehrten Partners oder an Macht Angst auslösen und so zu Haupttriebfedern des Verhaltens werden [37, S. 175].

Ganz entsprechend kritisiert Allport auch an der amerikanischen psychologischen Theorie des Gewissens, daß sie Gewissen nur als Phänomen opportunistischen Lernens behandle, obwohl dabei „eine Bestrafung und nicht etwa eine Belohnung das Entscheidende darstellt“ [5, S. 65]. „Das kleine Kind wird bestraft, wenn es ein Tabu der Eltern verletzt.“ „Nach ausreichender Wiederholung hört das Kind die Stimme der Autorität, wenn es in Versuchung ist, und erleidet einen moralischen Schmerz, wenn es eine Übertretung begeht.“ [5, S. 65] „Die äußere Stimme der Autorität“ ist zur „inneren Stimme der Autorität“ geworden, die „Aufnahme ins Proprium“ gefunden hat. [5, S. 67] Das bedeutet: der bedingte Fluchtverhaltensmechanismus ist durch einen bedingten Unterlassungsverhaltensmechanismus ersetzt worden.

VI. Abschluß

A. Bedürfnisbefriedigung und Güter

Bevor der Mensch die das Bedürfnis befriedigende Endhandlung vollziehen kann, muß er fast immer instrumentelle Verhaltensweisen ausführen, die nur mittelbar diesem Ziel dienen. Die angeborenen Bedürfnismechanismen sowie die angeborenen Dispositionen eines Bedürfnisses, neue Mechanismen zu lernen, sind diesen Anforderungen angepaßt. So geht der Hunger ohne scharfe Grenze z. B. in den instrumentellen Akt über, an einer bestimmten, früher als ergiebig erkannten Stelle nach Nahrung zu suchen und die dazu nötigen Leistungen praktischer Art zu vollziehen [103, S. 52 f.; 248, S. 42]. Gehlen charakterisiert diese Fähigkeit der Bedürfnisse mit dem Ausdruck, „die Bedürfnisse (Antriebe) wachsen den nötigen Handlungen nach" [103, S. 52].

Bei der Besprechung der bedingten Bedürfnismechanismen wurde beschrieben, daß der Vollzug des Bedürfnisbefriedigungsprozesses erst dadurch möglich wird, daß vor den instrumentellen Verhaltensweisen instrumentelle Signale *(CS)* und vor den Endhandlungen unbedingte Signale *(US)* erlebt werden. Die instrumentellen Signale können von Gegenständen (Instrumenten, Produktionsmitteln) ausgehen, die nacheinander für die Auslösung mehrerer instrumenteller Verhaltensweisen bedeutsam sind. Sie können aber auch isolierte Hinweissignale sein. Ein Beispiel für ein isoliertes Hinweissignal ist das Parkenerlaubt-Signal einer Parkuhr, wenn die Parkgebühr bezahlt worden ist. Die unbedingten Signale, die die Endhandlung auslösen, können von einer Reizquelle (Stück Kuchen) ausgehen, die durch die Endhandlung (Kauen, Schlucken) verzehrt wird, oder von einer Reizquelle (Fernsehapparat, Sexualpartner), die von der Endhandlung (visuell explorieren, sexuelle Endhandlung) direkt nicht verändert wird.

Von der Besprechung der Umstände, unter denen bedingte Bedürfnismechanismen gelernt und verlernt werden, ist bekannt, daß sich die bedingten Bedürfnismechanismen, die den Menschen veranlassen, die Bedürfnisbefriedigung durch einen bestimmten Bedürfnisbefriedigungsprozeß anzustreben, durch die Assoziation von instrumentellen Signalen und instrumentellen Verhaltensweisen mit einem oder einer Gruppe von unbedingten Signalen bilden. Wie bei den instrumentellen Verhaltensweisen reagiert der Mensch daher „auf die instrumentellen Elemente mit der gleichen oder mit ähnlicher Begehrungskraft, wie auf die Objekte, die dieses Begehren unmittelbar mit physiologischer Lust entgelten". Malinowski bezeichnet „diese starke, unausweichliche Anhänglichkeit des Organismus an bestimmte Gegenstände, Normen oder Personen, die Hilfsmittel zur Befriedigung (der) Bedürfnisse sind, mit dem Wort ‚Wert' – das Wort im weitesten Sinn genommen [187, S. 164]."

Besteht der Bedürfnisbefriedigungsprozeß aus einer längeren Kette von instrumentellen Verhaltensweisen und Hinweissignalen, so hat das erste instrumentelle Signal seinen Wert dadurch erhalten, daß der Mensch nach der passenden instrumentellen Verhaltensweise ein unbedingtes Signal erlebte. Das folgende instrumentelle Signal hat seinen Wert dadurch erhalten, daß der Mensch nach der zweiten instrumentellen Verhaltensweise das erste instrumentelle Signal erlebte usw. Eine bestimmte, der Umwelt angepaßte Ausprägung des Bedürfnisbefriedigungsprozesses wird verlernt, wenn nach dem instrumentellen Verhalten nicht mehr die erwarteten bedingten bzw. unbedingten Signale folgen [S. 168 ff.].

Die externen Signale, die der Mensch vor einer Verhaltensweise erleben muß, damit er weiß, was er zu tun hat, können mit dem wirtschaftswissenschaftlichen Ausdruck „Güter" bezeichnet werden. Die Reize, die der Mensch nach einer Verhaltensweise erleben muß, wenn die Güter für ihn Wert erhalten und behalten sollen, haben in dieser Arbeit die Bezeichnung angenehme Folgen (Nutzen) erhalten. Die Güter können in instrumentelle Güter und in Endgüter, die Folgen können entsprechend in instrumentelle Folgen und in Endfolgen (Bedürfnisbefriedigung – Bedürfnisabweichung) untergliedert werden.

Zum Wesen der Güter gehört es, auf die Möglichkeit hinzuweisen, angenehme Folgen zu erleben. Die Stellung der Güter im Leben des Menschen wird aber nur dann richtig erfaßt, wenn beachtet wird, daß eine bestimmte Folge nur unter bestimmten Umständen für den Menschen angenehm, unter anderen Umständen aber unangenehm ist. Die Nahrungsaufnahme hat bei allen Menschen die Folge, das Volumen des Mageninhalts zu vergrößern, aber nur der Hungrige bewertet diese Folge als angenehm. Ganz entsprechend sind die instrumentellen Folgen, die ein Gut ermöglicht, nicht für jeden Menschen unter allen Umständen wünschenswert. Das „Erlebnis der Güter" ist für den Menschen begehrenswert, weil er mit seiner Hilfe unter bestimmten Umständen angenehme Folgen (Nutzen) erleben kann. Diesen Sachverhalt charakterisiert Herbert Gross sehr prägnant mit dem Begriffspaar Problem – Problemlösung. Ein Gut wird vom Menschen nur so lange begehrt, solange er bestimmte instrumentelle Probleme und bestimmte Endprobleme (Bedürfnisabweichungen) hat. [111, S. 92 ff.]

Weiterhin ist es wichtig zu beachten, daß es eine Frage der Perspektive ist, ob eine Umwelterscheinung instrumentelles Gut oder instrumenteller Nutzen ist. So ist ein Auto beispielsweise der instrumentelle Nutzen einer bestimmten Berufstätigkeit, zugleich ist es aber ein Gut, das, in einer bestimmten Weise gehandhabt, die instrumentelle Folge des Ortswechsels ermöglicht. Die Berufstätigkeit unterbleibt ceteris paribus, wenn sie nicht zum Besitz eines Autos nur dadurch, daß der Ortswechsel wertvoll ist, weil z. B. bei einem Lokalführt. Das Auto als instrumentelles Gut erlangt seinen Wert für den Menschen

besuch einige Endgüter (Musik, Geselligkeit und wohlschmeckende Nahrung u. ä.) erlebt werden, denen nach den passenden Endhandlungen (visuell und akustisch Explorieren, Schlucken usw.) als Endnutzen die Befriedigung einiger Bedürfnisse (Explorations-Assoziationsenergiebedürfnis [spontan], „Nahrungsbedürfnisse") folgt.

Im Gegensatz zu einer geschlossenen Hauswirtschaft, in der alle instrumentellen Handlungen ausgeführt werden, die erforderlich sind, um aus den Naturgaben einen bestimmten Endnutzen zu gewinnen, wird in der arbeitsteiligen Wirtschaft der modernen Industriestaaten der größte Teil dieses Prozesses in speziellen Produktionsstätten, den (abgeleiteten) Betrieben ausgeführt. Der einzelne Betrieb vollbringt das instrumentelle Verhalten, für das bei ihm die günstigsten Bedingungen bestehen [254, S. 3]. Die Haushalte erwerben von den Betrieben das „Erlebnis von Gütern" und führen danach den Bedürfnisbefriedigungsprozeß zu Ende.

Welche Bedürfnisnähe die Güter besitzen, d. h. welche instrumentellen Verhaltensweisen der Haushalt noch ausführen muß, bevor er den Endnutzen erleben kann, richtet sich danach, welche Bedürfnisabweichungen der Mensch als unangenehmer erlebt:

(a) Die Bedürfnisabweichungen, die er ertragen muß, um in einem Betrieb Einkommen zu erzielen oder

(b) die Bedürfnisabweichungen, die er ertragen muß, um die dann erforderlichen instrumentellen Verhaltensweisen selber tätigen zu können [261, S. 100 f.].

Grundsätzlich kann gesagt werden, daß der Teil des Bedürfnisbefriedigungsprozesses, der von den Mitgliedern moderner arbeitsteiliger Gesellschaften selbst getätigt wird, in den letzten 50 Jahren bei den meisten Bedürfnissen immer kürzer und problemloser geworden ist. Es sei nur darauf hingewiesen, welche beträchtliche Verkürzung die Bedürfnisbefriedigungsprozesse der entsprechenden Bedürfnisse durch Fertiggerichte, pflegeleichte Garderobe, den Fernsehapparat (Fertigunterhaltung) usw. erfahren haben.

Dadurch, daß beim Kauf eines instrumentellen Gutes im Haushalt weniger Bedürfnisabweichungen als Folge instrumenteller Verhaltensweisen ertragen werden müssen als vorher, bewirkt das gekaufte Erlebnis eines instrumentellen Gutes neben dem instrumentellen Nutzen auch immer Endnutzen. Entsprechend ist auch beim Kauf des Erlebnisses eines Endgutes der instrumentelle Aspekt zu beachten. Bananen in Südamerika sind so gesehen für eine Berliner Hausfrau etwas völlig anderes als Bananen auf dem Tisch ihrer Familie. Ein weniger dramatischer Unterschied besteht zwischen Brötchen beim Bäcker nebenan und direkt auf den Frühstückstisch gelieferten Brötchen. Die zugestellten Brötchen verkörpern zusätzlich den Endnutzen eines gesparten Gangs zum Bäcker, eventuell aber auch den Nachteil eines entgangenen Plauschs mit der Nachbarin.

Nach dem bisher Gesagten sind drei Definitionen des Begriffs wirtschaftliches Gut möglich:

1. Die objektive Definition: Ein wirtschaftliches Gut ist eine Summe von neutralen und/oder unbedingten Reizen, deren Erlebnis dem Menschen durch den Kaufakt unter bestimmten inneren und äußeren Umständen die *Chance* eröffnet, durch eine Reihe von Verhaltensweisen einen Nutzen und eventuell auch Nachteile *zu erleben*.
2. Die subjektive Definition (aus der Sicht des Käufers vor dem Kaufakt): Ein wirtschaftliches Gut ist eine Summe von neutralen und/oder unbedingten Reizen, bei deren Erlebnis der Mensch *erwartet*, daß er durch den Kaufakt unter bestimmten inneren und äußeren Umständen durch eine Reihe von Verhaltensweisen Nutzen und Nachteile erfahren kann.
3. Die subjektive Definition aus der Sicht des Käufers nach dem Kauf- und dem Konsumakt: Ein wirtschaftliches Gut ist ein bzw. eine Summe von bedingten und/oder unbedingten Reizen, nach deren Erlebnis der Mensch nach dem Kaufakt unter bestimmten inneren und äußeren Umständen nach einer Reihe von Verhaltensweisen einen Nutzen und Nachteile *erfahren hat*.

Auf der Seite des Käufers besteht die *Tendenz*, die *Erwartungen*, die in ein Gut gesetzt werden, den *Erfahrungen* mit dem Gut *anzupassen*. Die wichtigste Aufgabe der Werbung ist es, im Menschen die Vorstellungen der Güter mit positiven Erwartungen zu assoziieren.[1]

Mit Hilfe der in dieser Arbeit entwickelten Modellvorstellungen soll nun versucht werden, einige kritische Anmerkungen zu den Ergebnissen der Qualitätsdiskussion in der Wirtschaftswissenschaft zu machen. Es kann dabei von Erich Schäfer ausgegangen werden, der darauf hinweist, daß die wirtschaftswissenschaftlichen Qualitätsvorstellungen „nahezu restlos erfüllt sind von der Idee der stofflichen, der Substanzqualität der Ware (ergänzend von Gedanken der Güte des Herstellungsverfahrens: z. B. „handgebunden", „autogen geschweißt" usw.). Diese Qualitätsvorstellungen sind bis zum Vorurteil gesteigert worden. Unter dem Gesichtspunkt der Warenverwendung kommt es jedoch unmittelbar weniger auf eine bestimmte Materialhaltigkeit an als darauf, daß die Ware den spezifischen Verwendungsbeanspruchungen gut standhält. Das führt Erich Schäfer „zu einem ganz anderen Qualitätsbegriff, zur Verwendungs- und Funktionsqualität im Gegensatz zu jener Substanzqualität, die natürlich weiterhin von Bedeutung bleiben wird".[2]

Die Ausführungen E. Schäfers zeigen einen entscheidenden Mangel des traditionellen wirtschaftswissenschaftlichen Güterbegriffs. Es wird versucht, die

[1] Zum Problem der Realität in der Sozialpsychologie vgl. Bernt Spiegel: Die Struktur der Meinungsverteilung im sozialen Feld [274, S. 29 f.]; vgl. auch Behrens, Absatzwerbung [15, S. 27 ff.].

[2] Erich Schäfer, Die Aufgabe der Absatzwirtschaft [241, S. 153]; vgl. dazu auch: Abbott [1, S. 7 ff.]; Dean, Joel & Joel Dean Associates [65, S. 148]; Drucker [73, S. 152 ff.]; Fiuczynski [87, S. 27]; Gross [111, S. 91 ff.]; Kropff [163, S. 236]; Martineau, Pierre [189, S. 81 f.]; Mellerowicz [190]; Schätzle [245, S. 97].

Güter, die der Mensch als zusammengehörende bedingte und unbedingte Reize aller Sinnesorgane erlebt, nur durch ihre Eigenschaft, taktile Reize zu vermitteln, zu beschreiben. Nach dieser Definition ist das wichtigste Merkmal der Güter, *„greifbare Gegenstände"* zu sein. Dieser mangelhafte Güterbegriff erlaubt es aber z. B. nicht, für die Bedürfnisbefriedigung so bedeutsame Umweltserscheinungen wie das Fernsehprogramm, die Reize, die von einer Gruppe von Menschen ausgehen, oder das Image eines greifbaren Produkts zu erfassen. Die Mängel des Güterbegriffs führen auch dazu, daß so unterschiedliche greifbare Güter, wie Bananen in Südamerika und Bananen in Berlin (räumliche Präferenz), Äpfel im Herbst und Äpfel im Winter (zeitliche Präferenz), Kleid und Kleid plus liebenswürdige Bedienung (persönliche Präferenz), nur mühsam mit Hilfe des Terminus Präferenz, d. h. eines Vorgriffs auf die Nutzenerwägungen der Käufer unterschieden werden können. So spricht auch Erich Gutenberg in seinen „Grundlagen der Betriebswirtschaftslehre" von „an sich gleichartigen Waren", die „durch zeitliche oder räumliche Differenzierungen zu ‚heterogenen' Waren werden" bzw. von „Waren, (die) trotz ihrer qualitativen Gleichartigkeit... ökonomisch ungleichartige Waren" sind [114, S. 180 f.; 191, S. 111 f.].

Eine Fülle von betriebswirtschaftlichen Diskussionsbeiträgen zur Frage der Qualitätsbestimmung, die vor allem unter dem Einfluß der neuen Konzeption des Marketing entstanden sind, haben die Frage nach dem ebenfalls bereits von E. Schäfer aufgezeigten Unterschied zwischen Substanz- und Verwendungs-Funktionsqualität zum Inhalt[3]. Der Gegensatz ist identisch mit dem vom Verfasser aufgezeigten Unterschied zwischen Gut und Nutzen bzw. Nachteil. Die bedingten und unbedingten Reize, die das Gut ausmachen, weisen den Menschen darauf hin, daß er durch bestimmte instrumentelle Verhaltensweisen bestimmte Folgen (Nutzen und Nachteile) erleben kann. Soll beschrieben werden, woran der Mensch erkennt, daß eine bestimmte Umwelt die Möglichkeit bietet, einen bestimmten Nutzen zu erlangen, so muß das Gut beschrieben werden. Denn der erfahrene Mensch assoziiert mit den Signalen (Substanzqualität), die das Gut für ihn ausmachen, auch bestimmte Nutzenvorstellungen. In einer statischen Wirtschaft ist es also nicht erforderlich, zusätzlich zum Gut noch über den Nutzen zu sprechen, den sein Erlebnis ermöglicht. Erlebt der Mensch dagegen ein neues Gut, so sind das für ihn neue neutrale Signale, bei denen er erst lernen muß, welche Folgen ihre Verwendung ermöglicht. In diesem Fall ist es sehr sinnvoll, wenn in der Werbung vor allem von dem Nutzen die Rede ist, den das Gut ermöglicht[4]. Denn das Individuum richtet seine Entscheidungen gegenüber einem Meinungsgegenstand nicht danach, wie dieser ist, sondern danach, wie es glaubt, daß er wäre [274, S. 29]." Die Situation des unerfahrenen Menschen zeigt deutlich, daß die Substanz- und Verarbeitungsmerkmale

[3] Vgl. u. a. Behrens, Vom Verbraucher [14, S. 209 ff.]; Gross [111, S. 92 ff.] und Mellerowicz [190, S. 149].

[4] In diesem Sinne äußern sich auch Hammel [118, S. 114] und Martineau [187, S. 325].

eines Gutes nur bedingte Signale der Folgen sind, die das „Erlebnis eines Gutes" ermöglicht. Daher erscheint es angebracht, die „Signalqualität" einer Ware bei der Bestimmung des wirtschaftswissenschaftlichen Qualitätsbegriffs auszuschließen und die Qualität eines Gutes als den Nutzen und die Nachteile zu definieren, die der Mensch beim Erlebnis eines Gutes erfährt [87, S. 28; 245, S. 97].

Der Unterschied zwischen Gut (Ware und Dienstleistungen) und Nutzen/Nachteile aus der Sicht des Verbrauchers kann mit Peter Drucker wie folgt deutlich gemacht werden: „Weil der Kunde Befriedigung und nicht Ware kauft, konkurrieren alle Produkte und Leistungen sehr intensiv mit Produkten und Leistungen, die völlig anders aussehen, anderen Zwecken dienen, anders hergestellt, verteilt oder verkauft werden – aber alternative Mittel für den Kunden darstellen, die gleiche Befriedigung zu erreichen. Daß der Cadillac um die Kaufkraft des Kunden mit dem Nerzmantel, dem Schmuck, dem Winterurlaub in luxuriösen Kurorten und anderen Prestigebefriedigungen konkurriert, ist ein Beispiel – und gleichzeitig eines der wenigen Beispiele, die sowohl das allgemeine Publikum als auch der Unternehmer verstehen. ... Daß die Bowling-Hersteller ... nicht in allen Lieferanten auf dem Markt der ‚Befriedigung von Tätigkeitsbedürfnissen' ihre Konkurrenz sahen, erklärt ihren jähen Abstieg im Markt der sechziger Jahre [73, S. 154]." „Der Nationalökonom gibt ein falsches Bild der Menschheit, wenn er annimmt, daß dem mehr oder weniger zufälligen Sortiment der vorhandenen Güter eine genau entsprechende Zahl von Bedürfnissen gegenübersteht[5]." Wie Peter Drucker z. B. gezeigt hat, gibt es viele Güter, die sehr verschieden sind, aus deren Verwendung der Verbraucher aber denselben Nutzen ziehen kann.

Bei den meisten Gütern hat die Verwendung durch den Menschen gleichzeitig Folgen für mehrere Bedürfnisse. In diesem Fall richtet sich der Gesamtnutzen und der Gesamtnachteil nach der Bedürfniskonstellation[6]. Liegt der Bedürfnisstand unter der Homöostase, so erlebt der Mensch eine Vergrößerung des Istwertes des Bedürfnisinhalts als Nutzen. Im entgegengesetzten Fall liegt der Nutzen in einer Verringerung des Istwertes des Bedürfnisinhalts. Bei unterschiedlichen Bedürfniskonstellationen ist daher auch der Nutzen, den ein Gut stiften kann, verschieden.

Kann der Mensch einen bestimmten Nutzen für ein Bedürfnis (z. B. H_2O-Bedürfnis) durch verschiedene Güter erreichen, deren Verwendung aber zusätzlich zu ganz unterschiedlichen Folgen für die anderen Bedürfnisse führt, so richtet sich die Wahl nach der Restbedürfniskonstellation. Ist der Mensch durstig (Abweichung unter die H_2O-Homöostase) und zusätzlich leicht hungrig

[5] Ruby Turner Norris: The Theory of Consumer's Demand [204, S. 136 f.] vgl. auch Abbott [1, S. 31]und Fiuczynski [87, S. 21].

[6] Bedürfniskonstellation – daran sei erinnert – wird die Gesamtheit aller Bedürfnisstände (Istwerte der Bedürfnisinhalte) zu einem bestimmten Zeitpunkt genannt.

und sehr ausgekühlt (Abweichung unter die Körpertemperaturhomöostase), so hat er z. B. vom Trinken einer heißen Brühe den größten Nutzen. Hat der Mensch dagegen neben dem Durst einen anders gearteten Hunger und ist er überhitzt (Abweichung über die Körpertemperaturhomöostase), so erlebt er z. B. nach dem Verzehr eines kühlen Milchmixgetränks den größten Nutzen. Die beiden Güter unterscheiden sich aus der Sicht des H_2O-Bedürfnisses überhaupt nicht. Hier bringt ihr Verzehr den gleichen Nutzen. Sie unterscheiden sich aber durch eine größere Genauigkeit bei der Befriedigung der „Nahrungsbedürfnisse". Während es im Winter zu einer größeren Abweichung unter die Homöostase der „Nahrungsbedürfnisse" gekommen ist, besteht im Sommer bei diesen Bedürfnissen nur eine geringfügige Abweichung nach unten. Daher ist im Winter eine „massive" Nahrungszufuhr erwünscht, während der Zucker im Sommer im Extremfall gerade noch den Geschmack „verbessert". Weiter wird auch die Eigenschaft „warm" wegen des abweichenden Bedürfnisstandes der Körpertemperatur im Winter und im Sommer anders bewertet. Dadurch, daß sich die Bedürfniskonstellationen unterscheiden, veranlassen dieselben Bedürfnisse den Menschen, zu verschiedenen Zeitpunkten andere Güter zu verwenden. Aus der Sicht der Betriebe gleicht die Bedürfniskonstellation eines Wirtschaftssubjekts einer Zielscheibe. „Das Schwarze ist der Punkt optimaler Befriedigung, die vom idealen Produkt erreicht wird [1, S. 76; 129, S. 91]."

Da die Bedürfniskonstellation als für die Entscheidung zwischen zwei Angeboten ausschlaggebende Größe zur Zeit nur sehr schwer zu ermitteln ist, werden in der modernen Nationalökonomie häufig Gut und Milieu in Beziehung gesetzt. Das ist insoweit berechtigt, als das verschiedenartige Milieu ceteris paribus der Faktor ist, der den Unterschied zwischen den Bedürfniskonstellationen zu zwei Zeitpunkten bewirkt. So weist Mrs. Norris darauf hin, daß der Verbraucher als Idealfall wünschen wird, er könnte für jede Gelegenheit ein anderes Gut wählen. Ein Gut, so muß hinzugefügt werden, dessen Verwendungsfolgen der jeweiligen Bedürfniskonstellation am günstigsten angepaßt sind [1, S. 32]. Auch Duesenberry argumentiert: „Eine Frau wünscht sich einen großen Kleiderschrank voll verschiedener Kleider nicht allein wegen der Abwechslung, sondern ... weil sie verurteilt ist, dasselbe Kleid bei verschiedenen Anlässen zu tragen, wenn sie nur wenige Kleider besitzt [75, S. 21]." Abbott setzt diese Argumentation ausschließlich milieutheoretisch fort, wenn er sagt: „Immer wenn die Zahl der möglichen verschiedenen Situationen, in denen eine bestimmte Ware verwendet werden kann, die Wahl der Varianten dieser Ware, die auf dem Markt vernünftigerweise angeboten werden können, übersteigt, ist die Anpassung unvollkommen [1, S. 32]." Die milieutheoretische Position eignet sich besonders für die Analyse der Gründe für die Unterschiede in der Bewertung von instrumentellen Gütern. Der Mensch wird sich unterschiedliche Güter „wünschen", wenn er zur Erlangung der Bedürfnisbefriedigung in unterschiedlichen Situationen verschiedene instrumentelle Folgen benötigt. Die Nationalökonomin Mrs. Ruby Norris erwähnt kritisch, daß „Schuhe mit hohen

Absätzen dem Zweck des Bergsteigens unvollkommen angepaßt sind" [204, S. 131 f.].

Der Wert, den ein bestimmtes Gut für den Menschen hat, ändert sich also mit der Bedürfniskonstellation und der Konstellation der instrumentellen Probleme, die beide mit bestimmten Umwelten korrelieren.

Ist die Preis-Nutzen-Relation eines Gutes A für den Käufer bei der Bedürfniskonstellation (1) am günstigsten und die des Gutes B bei der Bedürfniskonstellation (2), so ist die Nachfrage nach den beiden Produktarten davon abhängig, wie häufig die jeweilige Bedürfniskonstellation erlebt wird [1, S. 68 ff.]. Warme Kleidung wird in einem Land, in dem die Mittagstemperatur in neun Monaten des Jahres über 20° C liegt, seltener gekauft werden als in einer Gegend, wo sie genauso lange nicht über 0° C steigt. Temperaturgünstige Wohn-(Zentralheizung), Transport- (geheizter PKW) und Arbeitsverhältnisse (statt Arbeit im Freien, Arbeit in geheizten Räumen) können aber auch in den kalten Gegenden zur Änderung der Häufigkeiten der Erlebnisse der Bedürfniskonstellationen (1) und (2) und damit verbunden zu einem Fallen der Nachfrage nach warmer Kleidung führen. Das Gesagte sei noch an einigen Beispielen von Verschiebungen der Güternachfrage in den USA verdeutlicht. Dort hat die Landflucht die Arbeitsbedingungen geändert. „Eine größere Zahl von Menschen verdient ihren Lebensunterhalt am Schreibtisch. Die Mechanisierung hat die körperliche Anstrengung derjenigen, die immer noch physische Arbeit verrichten, vermindert. Die Zahl der Arbeitsstunden hat mit jeder weiteren Dekade abgenommen. Diese Veränderungen erklären die rückläufige Nachfrage nach kalorienreicher Kraftnahrung (Fett, Speck usw. d. V.), einschließlich Fleisch und Weizenerzeugnissen. Aus der Analyse der Nachfragekurve für Nahrungsmittel waren auch noch andere bemerkenswerte Entwicklungen zu erkennen: Bessere Wohnverhältnisse, ein größerer Gebrauch der Zentralheizung und infolgedessen eine geringere Einwirkung der Kälte haben wahrscheinlich den Bedarf nach Wärme produzierenden Nahrungsmitteln beeinflußt. Forschungsergebnisse aus der Bekleidungsindustrie zeigen ähnliche Auswirkungen [32, S. 141]."

B. Bedürfnisbefriedigung, Bedarf und Nachfrage

Wenn ein Mensch ein bestimmtes konkretes Gut benötigt, um Bedürfnisbefriedigung zu erlangen (Letztbedarf) oder um ein instrumentelles Problem zu lösen (instrumenteller Bedarf), so soll hier von seinem Bedarf gesprochen

[7] So spricht Hofstätter [136, S. 49] von organischem Bedarf, wenn er ausdrücken will, daß der Körper einer Ratte nach einer Vitamin-B-Deprivation Vitamin B benötigt. Von den Wirtschaftswissenschaftlern definiert Heinrich Nicklisch [202, S. 20]: „Bedarf sagt, mit welcher Gütermenge und welchen Qualitäten (technischen) der Komplex der vorhandenen Bedürfnisse oder ein bestimmter Teil derselben befriedigt werden könnte."

werden[7]. Neben diesem objektiven hat der Begriff Bedarf in den Wirtschafts- und Sozialwissenschaften häufig einen mehr subjektiven Inhalt. So definiert Scherhorn Bedarf als das „Gefühl oder Bewußtsein vom Mangel eines (wirtschaftlichen) Gutes und den Wunsch, diesen Mangel zu beseitigen" [248, S. 84 f.]. Werden diese beiden Definitionen von Bedarf auf ihre Gemeinsamkeiten hin untersucht, so ergibt sich: Bei den beiden Bedarfsbegriffen ist „die Orientierung des Bedürfnisses an einem konkreten Objekt" [248, S. 85] ein wichtiges Bestandteil der Definition. Das konkrete Güterangebot beschränkt den Rahmen dessen, was Bedarf ist. Ob bei einem Menschen ein Bedarf an einem bestimmten Gut besteht, richtet sich nach der Konstellation der Bedürfnisse und nach der instrumentellen Umweltsituation. So hat beispielsweise ein Hochofenarbeiter häufiger einen Bedarf an Erfrischungsgetränken als ein Büroangestellter, der in einem klimatisierten Büro arbeitet. Und eine Hausfrau, die täglich den Abwasch für fünf Personen besorgen muß, hat häufiger einen Bedarf an Leistungen einer Geschirrspülmaschine als eine alleinstehende Rentnerin.

Der konkrete Bedarfsinhalt ist wandelbar, solange die Folgen der Verwendung eines Gutes bei einer bestimmten Bedürfniskonstellation nicht zur völligen Befriedigung bzw. bei einer instrumentellen Problemsituation nicht zur völligen Problemlösung führen. Erscheinungen wie Mode, Geschmackswandel und wirtschaftliche Entwicklung sind auf Unvollkommenheiten des Zusammenhangs zwischen dem Bedarf und den Bedürfnissen bzw. den instrumentellen Problemsituationen zurückzuführen [1, S. 37; 38, S. 41 ff.; 248, S. 99].

In dieser Arbeit wird vorgeschlagen, dem Bedarfsbegriff ausschließlich den erwähnten objektiven Inhalt zu geben, weil er sich dann besser für die Beschreibung der folgenden Sachverhalte eignet:

a) Ob ein Mensch das Gefühl oder Bewußtsein vom Mangel eines wirtschaftlichen Gutes hat, das tatsächlich geeignet ist, einen Nutzen zu stiften, richtet sich danach, ob er von der Existenz und der Eignung des Gutes weiß oder nicht [8, S. 42].

b) Das Gefühl oder Bewußtsein vom Mangel eines wirtschaftlichen Gutes kann sich durch eine fehlerhafte Information auch dann einstellen, wenn ein Gut tatsächlich nicht geeignet ist, den erwarteten Nutzen zu stiften. Von der Besprechung der Konditionierungsgesetze ist aber bekannt, daß sich die Strukturen der bedingten Bedürfnismechanismen unter dem Einfluß der konkreten Erfahrungen der Realität anpassen. Die Überschätzung der Eignung eines Gutes durch den Käufer bildet daher *keine* dauerhafte Basis für die Aktivität eines Betriebes.

Ob die Menschen von der Existenz eines Gutes, das bei ihnen einen bestimmten Nutzen stiften kann, wissen oder nicht, ist für die Wirtschafts- und Sozialwissenschaften eine bedeutsame Frage. Daher sollen nach diesem Gesichtspunkt zwei Bedarfsarten unterschieden werden.

(1) Unbekannter Bedarf liegt vor, wenn die Menschen nicht wissen, daß es ein Gut gibt, das in der Lage ist, bei ihnen einen bestimmten Nutzen zu stiften.
(2) Bekannter Bedarf liegt vor, wenn die Menschen wissen, daß es ein Gut gibt, das in der Lage ist, bei ihnen einen bestimmten Nutzen zu stiften.[8]

Der Unterschied zwischen Bedarf und Nachfrage ergibt sich dadurch, daß auf dieser Erde auch heute noch in der Regel mit Mitteln gewirtschaftet werden muß, „die im Verhältnis zu den von ihnen abhängigen Zwecken ‚knapp' sind, so daß ihr Einsatz für bestimmte Zwecke den Verzicht auf ihre Verwendung für andere Zwecke bedingt" [217, S. 7]. In der modernen arbeitsteiligen Gesellschaft bestimmt die, im Verhältnis zum Bedarf ebenfalls knappe Kaufkraft der Menschen, welchen Teil ihres Bedarfs sie decken können. Bevor der Mensch seine Kaufkraft einsetzt, ordnet er mit Hilfe der Instinktmechanismen und der bedingten Bedürfnismechanismen seine Bedarfe nach der Höhe der Nutzen, die die Güter ihm ermöglichen.

Ergibt die individuelle Nutzenkalkulation, daß ein bestimmter, bekannter Bedarf aus der vorhandenen Kaufkraft gedeckt werden soll, so sind die Voraussetzungen der offenen, effektiven Nachfrage erfüllt.

Von latenter Nachfrage kann gesprochen werden, wenn bei unbekanntem Bedarf die individuelle Nutzenkalkulation ergeben würde, daß dieser Bedarf aus der vorhandenen Kaufkraft gedeckt werden sollte.

Von stabiler Nachfrage kann geredet werden, wenn der durch Kauf und Konsum eines Gutes erreichbare Nutzen der Nutzenerwartung mindestens entspricht. Labile Nachfrage liegt vor, wenn die Nutzenerwartung über dem tatsächlich erreichbaren Nutzen liegt.

[8] Gelegentlich wird auch statt von unbekanntem von „latentem" und statt von bekanntem von „offenem" Bedarf gesprochen [67, S. 52].

Literaturverzeichnis

[1] *Abbott, Lawrence:* Qualität und Wettbewerb. Ein Beitrag zur Wirtschaftstheorie, Originaltitel: Quality and Competition. An Essay in Economic Theory, Berlin–München 1958.

[2] *Albert, Hans:* Ökonomische Ideologie und politische Theorie, Göttingen 1954.

[3] –: Nationalökonomie als Soziologie. Zur sozialwissenschaftlichen Integrationsproblematik, in: Kyklos, Internationale Zeitschrift für Sozialwissenschaften, 1960, S. 1–41.

[4] *Alexander, F.:* Homöostase und überflüssige Energie, in: [292, S. 474–478].

[5] *Allport, Gordon W.:* Werden der Persönlichkeit. Gedanken zur Grundlegung einer Psychologie der Persönlichkeit, Originaltitel: Becoming, Bern–Stuttgart 1958.

[6] –: The Functional Autonomy of Motives, in: Theories of Motivation in Personality and Social Psychology, hrsg. von Teevan, Richard C. & Birney, Robert C., Toronto–London–New York 1964.

[7] –: Entstehung und Umgestaltung der Motive, in: [292, S. 488–497].

[8] *Angehrn, Otto:* Unternehmer und betriebliche Marktforschung, Heft 33 der betriebswirtschaftlichen Studien, hrsg. von Debes, R., Gesell, E. & Ulrich, H., Zürich–St. Gallen 1954.

[9] *Arndt, Helmut:* Schöpferischer Wettbewerb und klassenlose Gesellschaft, Berlin 1952.

[10] *Aschoff, J.:* Wärmehaushalt, in: [237, Bd. I, S. 331–369].

[11] *Ashby, W. Ross:* Design for a Brain. The Origin of Adaptive Behavoir, 2. revised Ed., London 1960.

[12] –: Principles of the Self-Organizing System, in: Principles of Self-Organization, hrsg. von v. Foester, Heinz & Zopf, George W., Oxford–London–New York–Paris 1962, S. 255–278.

[13] *v. Beckenrath, Erwin, Meyer, Fritz W., & Müller-Armack, Alfred* (Herausgeber): Wirtschaftsfragen der freien Welt. Festschrift für Ludwig Erhard, Frankfurt a. M. 1957.

[14] *Behrens, Karl Christian:* Vom Verbraucher, in:[13].

[15] –: Absatzwerbung, Bd. X der Schriftenreihe Betrieb und Markt, hrsg. von Behrens, Karl Christian, Wiesbaden 1963.

[16] –: Demoskopische Marktforschung, Bd. I der Studienreihe Betrieb und Markt, hrsg. von Behrens, Karl Christian, 2., überarbeitete und erweiterte Aufl., Wiesbaden 1966.

[17] *Bellinger, Bernhard* (Herausgeber): Gegenwartsfragen der Unternehmung. Offene Fragen der Betriebswirtschaftslehre. Festschrift zum 70. Geburtstag von Fritz Henzel, Wiesbaden 1961.

[18] *Berkefeld, Wolfgang:* Der Trick mit der inneren Wärme. Menschen müssen temperaturkonstante Warmblüter sein, in: Der Tagesspiegel Nr. 6869, Berlin 12. 4. 1968, S. 11.

[19] *Berkowitz, Leonard:* Aggression: A Social Psychological Analysis, in: McGraw-Hill Series in Psychology, New York–Toronto–London–San Francisco 1962.

[20] *Berlyne, Daniel E.:* Conflict, Arousal, and Curiosity, New York 1960.

[21] *Bernard, Luther Lee:* Instinct. A Study in Social Psychology, New York 1924.

[22] –: An Introduction to Social Psychology, New York 1926.

[23] *Bidlingmaier, Johannes:* Unternehmerziele und Unternehmerstrategien, Bd. VIII der Studienreihe Betrieb und Markt, hrsg. von Behrens, Karl Christian, Wiesbaden 1964.

[24] –, *Jacobi, Helmut* & *Uherek, Edgar W.* (Herausgeber: Absatzpolitik und Distribution, Behrens, Karl Christian zum 60. Geburtstag, Sonderband der Studienreihe Betrieb und Markt, hrsg. von Behrens, Karl Christian, Wiesbaden 1967.

[25] *Bierens De Haan, J. A.:* Die tierischen Instinkte und ihr Umbau durch Erfahrungen, Leiden 1940.

[26] *Bijou, Sidney W.* & *Baer, Donald M.:* Child Development, Bd. II Universal Stage of Infancy, New York 1965.

[27] *Bindra, Dalbir* & *Stewart, Jane:* Motivation, in: Penguin Modern Psychology UPS 1, Middlesex, England–Baltimore, USA–Victoria, Australia 1966.

[28] *Bishop, G. H.:* Feedback Through the Environment as an Analog of Brain Functioning, in: Self-Organizing Systems, Bd. II der Schriftenreihe International Tracts in Computer Science and Technology and their Application, hrsg. von Yovits, Marshall C. & Cameron, Scott, Oxford–London–New York–Paris 1960, S. 122–146.

[29] *Blough, Donald S.* & *Blough, Patricia McBride:* Eperiments in Psychology. Laboratory Studies of Animal Behavior, New York 1964.

[30] *Bolles, Robert C.:* Theory of Motivation, New York–London–Tokyo 1967.

[31] *Bongard, Willi:* Die phantastische Welt des Ernest Dichter. Der Vater der Motivforschung erntet Beifall für blühenden Unsinn, in: Die Zeit, Nr. 44, Hamburg 1. 11. 1968, S. 40.

[32] *Borden, Neil H.:* Der Einfluß von Entwicklungstendenzen im Absatzmarkt, in: Unternehmerstrategie, hrsg. von Bursk, Edward C. & Fenn, Dan H., Essen 1956, S. 138–151.

[33] *Bowlby, J.:* Maternal Care and Mental Health, 2. Aufl., Geneva 1952.

[34] *Brains, S. N., Napalkow, A. W.* & *Swetschinski, W. B.:* Neurokybernetik. Mit einer Einführung von Georg Klaus, Berlin 1964.

[35] *Brentano, Lujo:* Versuch einer Theorie der Bedürfnisse, in: Sitzungsberichte der Königlich Bayrischen Akademie der Wissenschaft, philosophisch-philologische und historische Klasse, 10. Abhandlung, München 1908.

[36] *Brown, Judson Seise:* Problems Presented by the Concept of Acquired Drives, in: Current Theory and Research in Motivation: A Symposium, Lincoln, Nebr., 1953, S. 1–24.

[37] –: The Motivation of Behavior, New York–Toronto–London 1961.

[38] *Bruggmann, Max:* Betriebswirtschaftliche Probleme der industriellen Forschung, Winterthur 1957.

[39] *Bühler, Charlotte:* Psychologie im Leben unserer Zeit, München–Zürich 1962.

[40] –, *Hetzer, R.* & *Mabel, F.:* Die Affektwirksamkeit von Fremdeindrücken im ersten Lebensjahr, in: Zeitschrift für Psychologie und Physiologie der Sinnesorgane, Abt. 1. Zeitschrift für Psychologie, Bd. 107, 1928, S. 30–49.

[41] *Buytendijk, Frederik J. J.:* Allgemeine Theorie der menschlichen Haltung und Bewegung. Als Verbindung und Gegenüberstellung von physiologischer und psychologischer Betrachtungsweise, Originaltitel: Allgemene Theorie der menselijke Honding en Beweging, Berlin–Göttingen–Heidelberg 1956.

[42] –: Prolegomena einer anthropologischen Physiologie, Originaltitel: Prolegomena van een anthropologische Fysiologie, Bd. 7 der Schriftenreihe Neues Forum. Das Bild des Menschen in der Wissenschaft, hrsg. von Revers, Wilhelm Josef, Salzburg 1967.

[43] *Bykow, K. W.:* Großhirnrinde und innere Organe, Berlin 1953.

[44] *Calvin, J. S., Bicknell, E. A.* & *Sperling, D. S.:* Establishment of a Conditioned Drive Based on the Hunger Drive, in: Journal of Comparative Psychology, Bd. 46, 1953, S. 173–175, zitiert in [196, S. 146 f.].

[45] *Cannon, Walter B.:* The Wisdom of the Body, 2. revised and enlarged Ed., New York 1939.

[46] –: Bodily Changes in Pain, Hunger, Fear and Rage. An Account of Recent Researches into the Function of Emotional Excitement, 2. Ed., Boston 1953.

[47] *Carmichael, Leonard:* The Onset and Early Development of Behavior, in: Manual of Child Psychology, hrsg. von Carmichael, Leonard, 2. Ed., New York–London 1954, S. 60–185, zitiert in [196].

[48] *Claessens, Dieter:* Familie und Wertsystem. Eine Studie zur „zweiten soziokulturellen Geburt“ des Menschen, Heft 4 der Soziologischen Abhandlungen, hrsg. von Bülow, F. & Stammer, O., Berlin 1962.

[49] –: Status als entwicklungssoziologischer Begriff, Bd. 4 der sozialwissenschaftlichen Schriftenreihe „Daten“, hrsg. von Clausen, L., Danckwerts, D., Krysmanski, H. J. & Reichwein, R., Dortmund 1965.

[50] –: Angst, Furcht und gesellschaftlicher Druck, neu in: [51, S. 88–101].

[51] –: Angst, Furcht und gesellschaftlicher Druck und andere Aufsätze, Dortmund 1966.

[52] –: Rationalität, revidiert, in: [51, S. 116–124].

[53] –: Ein Theorem zur Struktur der Psyche, neu in: [51, S. 70–87].

[54] –: Instinkt, Psyche, Geltung, Vorlesung an der Freien Universität, Berlin Wintersemester 1966/67.

[55] –: Instinkt, Psyche, Geltung. Bestimmungsfaktoren menschlichen Verhaltens, Köln–Opladen 1968.

[56] –: Seminar: Soziologie und Verhaltensbiologie, Freie Universität, Berlin Wintersemester 1968/69.

[57] *Coppock, H. W.* & *Chambers, R. M.:* Reinforcement of Position Preference by Automatic Intravenous Injection of Glucose, in: Journal of Comparative and Physiological Psychology, Bd. 47, 1954, S. 355–357, zitiert in [196, S. 195 f.].

[58] *Count, Earl W.:* The biological Basis of Human Sociality, in: American Anthropologist, Bd. 60, 1958, S. 1049–1085.

[59] *Craig, Wallace:* Appetites and Aversions as Constituents of Instincts, in: Biological Bulletin, Bd. 34, Jhrg. 2, 1918, S. 91–107.

[60] *Crespi, L. P.:* Quantitative Variation of Incentive and Performance in the White Rat, in: American Journal of Psychology, Bd. 55, 1942, S. 467–517, zitiert in [90, S. 56 f.].

[61] *Cuhel, Franz:* Zur Lehre von den Bedürfnissen. Theoretische Untersuchungen über das Grenzgebiet der Ökonomik und der Psychologie, Innsbruck 1907.

[62] *Dahrendorf, Ralf:* Homo Sociologicus. Ein Versuch zur Geschichte, Bedeutung und Kritik der Kategorie der sozialen Rolle, 4., erweiterte Aufl., Köln–Opladen 1964.

[63] *Davis, C. M.:* Self Selection of Diets by Newly Weaned Infants, in: American Journal of Diseases of Children, Bd. 36, 1928.

[64] *Davis, R. C.:* Die Domäne der Homöostase, in: [292, S. 479–487].

[65] *Dean, Joel & Joel Dean Associates:* Managerial Economics, 6. Ed., Englewood Cliffs, N. J., 1956.

[66] *Denker, Rolf:* Aufklärung über Aggression, Stuttgart–Berlin–Köln–Mainz 1966.

[67] *Deutsch, Paul:* Problemstellung der betriebswirtschaftlichen Marktforschung, in: [17, S. 41–64].

[68] *Dichter, Ernest:* Strategie im Reich der Wünsche, Originaltitel: The Strategy of Desire, Düsseldorf 1961.

[69] *v. Ditfurth, Hoimar* (Herausgeber): Aspekte der Angst, Starnberger Gespräche 1964, Stuttgart 1965.

[70] *Dollard, John, Doob, L. W., Miller, N. E., Mowrer, O. H. & Sears, R. R.:* Frustration and Aggression, New Haven, Mass., 1939.

[71] *Dröscher, Vitus:* Kinder träumen mehr. Im Schlaf herrscht Aufruhr im Nervensystem, in: Die Zeit, Nr. 28, Hamburg 8. 7. 1966.

[72] *Drucker, Peter F.:* Praxis des Management. Ein Leitfaden für die Führungs-Aufgaben in der modernen Wirtschaft, 1. Aufl., Düsseldorf 1956.

[73] –: Sinnvoll wirtschaften. Notwendigkeit und Kunst, die Zukunft zu meistern, Originaltitel: Managing for Results, Düsseldorf 1965.

[74] *Dubberke, Hans-Achim:* Betriebswirtschaftliche Theorie des privaten Haushalts, Berlin 1958.

[75] *Duesenberry, James S.:* Income, Saving, and the Theory of Consumer Behavior, Cambridge 1949.

[76] *Edgeworth, Francis Y.:* Mathematical Psychics, London 1932.

[77] *Eibl-Eibesfeld, Irenäus:* Grundriß der vergleichenden Verhaltensforschung. Ethologie, München 1967.

[78] *Egner, Erich:* Der Haushalt. Eine Darstellung seiner volkswirtschaftlichen Gestalt, Berlin 1952.

[79] *Eysenck, Hans-Jürgen* (Herausgeber): The Behaviour Therapy and the Neuroses, Oxford 1960.

[80] –: The Biological Basis of Personality, Springfield, Ill., USA, 1967.

[81] –: Nicht philosophieren sondern experimentieren. Die Verhaltenstherapie stützt sich auf eine naturwissenschaftliche Psychologie – Neurosen kann man verlernen, in: Die Zeit, Nr. 39, Hamburg 29. 9. 1967, S. 46.

[82] – & *Rachman, S.:* Neurosen – Ursachen und Heilmethoden. Einführung in die moderne Verhaltenstherapie, Originaltitel: The Causes and Cures of Neurosis. An Introduction to Modern Behaviour Therapy Based on Learning Theory and the Principles of Conditioning, Berlin 1967.

[83] *Feather, Ben W.:* Human Salivary Conditioning. A Methodological Study, in: [154, S. 117–143].
[84] *Festinger, Leon:* A Theory of Cognitive Dissonance, New York 1957.
[85] –: The Motivating Effect of Cognitive Dissonance, in: Human Motives, hrsg. von Lindzey, Gardner, New York 1958.
[86] –: The Psychological Effect of Insufficient Rewards, in: American Psychologist, Bd. 16, 1961, S. 1–11.
[87] *Fiuczynski, Hans-W.:* Die Produkt- und Preispolitik der Markenartikelhersteller, in: Schriftenreihe des Forschungsinstituts für das Markenwesen, Berlin, in Verbindung mit der Gesellschaft zur Erforschung des Markenwesens e. V. Wiesbaden, hrsg. von Mellerowicz, Konrad, Freiburg i. Br. 1960.
[88] *Flechtner, Hans-Joachim:* Grundbegriffe der Kybernetik. Eine Einführung, Stuttgart 1966.
[89] *Fleming, D. G.:* Zur Informationsverarbeitung im lebenden Organismus, in: [121, S. 129–143].
[90] *Foppa, Klaus:* Lernen, Gedächtnis, Verhalten. Ergebnisse und Probleme der Lernpsychologie, Köln–Berlin 1965.
[91] *Frank, Helmar* (Herausgeber): Kybernetik – Brücke zwischen den Wissenschaften, 6. erweiterte Aufl., Frankfurt a. M. 1966.
[92] *v. Frankenberg, G.:* Instinkt als „Gedanke der Art“, in: Natur und Volk, 85, Heft 4, 1955, S. 101–109.
[93] *Freud, Anna:* Anstaltskinder, London 1943.
[94] *Freud, Sigmund:* Aus den Anfängen der Psychoanalyse, London 1950.
[95] –: Jenseits des Lustprinzips, in: Gesammelte Werke, Bd. 13, London 1955.
[96] –: Die Traumdeutung, Bd. 428/429 der Fischer-Bücherei, Frankfurt a. M.–Hamburg 1961.
[97] –: Triebe und Triebschicksale, in: [292, S. 181–184].
[98] *Fuller, John L.:* Motivation. A Biological Perceptive, New York 1962.
[99] *Galambos, Robert, Sheatz, Guy & Vernier, Vernon G.:* Electrophysiological Correlates of a Conditioned Response in Cats, in: [165].
[100] *Galbraith, John Kenneth:* Gesellschaft im Überfluß, Originaltitel: The Affluent Society, München–Zürich 1959/1963.
[101] *Gauer, O. H.:* Kreislauf des Blutes, in: [237, Bd. I, S. 65–186].
[102] *Gehlen, Arnold:* Sozialpsychologische Probleme der industriellen Gesellschaft, in: Schriftenreihe der Akademie Speyer, Tübingen 1949.
[103] –: Der Mensch. Seine Natur und seine Stellung in der Welt, 7. Aufl., Frankfurt a. M.–Bonn 1962.
[104] –: Urmensch und Spätkultur. Philosophische Ergebnisse und Aussagen, 2., neubearbeitete Aufl., Frankfurt a. M.–Bonn 1964.
[105] –: Anthropologische Forschung. Zur Selbstbegegnung und Selbstentdeckung des Menschen, rde Bd. 138, Reinbek bei Hamburg 1965.
[106] *George, F. H.:* Automation, Cybernetics and Society, London 1960.
[107] *Gilhousen, H. C.:* Fixation of Excess Distance Patterns in the White Rat, in: Journal of Comparative Psychology, Bd. 16, 1933, S. 1–23, zitiert in [6, S. 69].
[108] *Göpfert, H.:* Innere Sekretion, in: [237, Bd. I, S. 306–330].
[109] *Goldman, S.:* Further Consideration of Cybernetic Aspects of Homeostasis, in: Self-Organizing Systems, Bd. II der Schriftenreihe: International Tracts in Com-

puter Science and Technology and their Applications, hrsg. von Yovits, Marshall C. & Cameron, Scott, Oxford–London–New York–Paris 1960, S. 108–121.

[110] *Gossen, Herrmann Heinrich:* Entwicklung der Gesetze des menschlichen Verkehrs und der daraus fließenden Regeln für menschliches Handeln, 3. Aufl. Braunschweig 1927 (1854).

[111] *Gross, Herbert:* Der Mut zum Neuen, 2. Aufl., Düsseldorf–Wien 1965.

[112] *Grossmann, Sebastian Peter:* A Textbook of Physiological Psychology, New York–London–Sydney 1967.

[113] *Guiton, Ph.:* On the Control of Behavior during the Reproductive Cycle of the Gasterosteus aculeatus, in: Behavior, Bd. 15, 1960, S. 163–184.

[114] *Gutenberg, Erich:* Grundlagen der Betriebswirtschaftslehre. 2. Bd. „Der Absatz", 9. Aufl., Berlin–Heidelberg–New York 1966.

[115] –: Grundlagen der Betriebswirtschaftslehre, 1. Bd. „Die Produktion", 14. Aufl., Berlin–Heidelberg–New York 1968.

[116] *Habermas, Jürgen:* Anthropologie, in: Philosophie, Fischer-Lexikon, hrsg. von Diemer, Alwin & Frenzel, Ivo, Frankfurt a. M.–Hamburg 1963, S. 18–35.

[117] –: Résumé, in: [69, S. 124–129].

[118] *Hammel, Werner:* Das System des Marketing. Dargestellt am Beispiel der Konsumgüterindustrie, Freiburg i. Br. 1964.

[119] *Harlow, H. F.:* Love in Infant Monkeys, in: Scientific American, June 1959.

[120] *Harris, L. J., Clay, J., Hargeaves, F. J. & Ward, A.:* Appetite and Choice of Diet: The Ability of the Vitamin B Deficient Rat to Discriminate between Diets Containing and Lacking the Vitamin, in: Proceedings of the Royal Society of London, Series B. 113, London 1933, S. 161–190.

[121] *Haseloff, OttoWalter* (Herausgeber): Forschung und Information, Berlin 1967.

[122] *Hassenstein, Bernard:* Kybernetik und Biologie, in: [121, S. 55–64].

[123] *Hebb, Donald Olding:* Die Triebe und das C. N. S. (Conceptual Nervous System), in: [292, S. 431–447].

[124] –: Einführung in die moderne Psychologie, Originaltitel: A Textbook of Psychology, Weinheim–Berlin 1967.

[125] *Hehlmann, Wilhelm:* Schlagwort Verhalten, in: Wörterbuch der Psychologie, Stuttgart 1959.

[126] *Henatsch, H.-D.:* Allgemeine Elektrophysiologie der erregbaren Strukturen, in: [237, Bd. II, S. 547–628].

[127] *Henry, Harry:* Was ist Motivforschung, in: Konsum und Nachfrage, hrsg. von Streissler, Erich und Monika, Köln–Berlin 1966, S. 256–265.

[128] *Hensel, Herbert:* Allgemeine Sinnesphysiologie, Hautsinne, Geschmack, Geruch, in: Lehrbuch der Physiologie in zusammenhängenden Einzeldarstellungen, hrsg. von Trendelenburg W. & Schütz, E., Berlin–Heidelberg–New York 1966.

[129] *Henzler, Reinhold:* Das Unternehmen in der modernen Wettbewerbswirtschaft, in: [17, 1961, S. 87–98].

[130] *v. Hermann, Friedrich B. W.:* Staatswirtschaftliche Untersuchungen, München 1832.

[131] *Hess, W. R.:* Psychologie in biologischer Sicht, Stuttgart 1962.

[132] *Hiebsch, Hans* (Herausgeber): Ergebnisse der sowjetischen Psychologie, Berlin 1967.

[133] *Hilgard, Ernest R. & Bower, Gordon H.:* Theories of Learning, 3., verbesserte Aufl., New York 1966.

[134] – & *Marquis, D. G.:* Conditioning and Learning, revised by Gregory A. Kimble, 2. Ed., New York 1961.

[135] *Hofstätter, Peter R.:* Einführung in die Sozialpsychologie, 3., neubearbeitete Aufl., Stuttgart 1963.

[136] –: Psychologie, Fischer-Lexikon, Frankfurt a. M. 1965.

[137] *Homans, George Caspar:* Social Behavior. Its Elementary Forms, erschienen in der Schriftenreihe: International Library of Sociology and Social Reconstruction, hrsg. von Sprott, W. J. H., London 1961.

[138] *Hull, Clark L.:* Principles of Behavior, New York 1943, zitiert in [283, S. 31].

[139] *Hunt, McV. J.:* The Effects of Infant Feeding Frustration upon Adult Hoarding in the Albino Rat, in: Journal of Abnormal and Social Psychology, Bd. 36, 1941, S. 338 ff.

[140] –, *Schlosberg, H., Solomon, R. L. & Stellar, E.:* Studies of the Effects of Infantile Experience on Adult Behavoir in Rats. I. Effects of Infantile Feeding Frustration on Adult Hoarding, in: Journal of Comparative and Physiological Psychology, Bd. 40, 1947, S. 291–301.

[141] *Jockusch, Harald und Brigitte:* Eiweißmoleküle erkennen, was süß schmeckt, in: Die Zeit, Nr. 34, S. 35, Hamburg 23. 8. 1968.

[142] *Jones, H. G.:* The Behavioural Treatment of Enuresis Nocturna, in: [79].

[143] *Jones, Mary Cover:* The Elimination of Children's Fear, in: Journal of experimental Psychology, Bd. 7, 1924, S. 382–390.

[144] –: A Laboratory Study of Fear: The Case of Peter, in: Pedagogic Seminary, Bd. 31, 1924, S. 308–315.

[145] *Karn, H. W. & Porter, J. M. Jr.:* The Effect of Certain Pretraining Procedures upon Maze Performance and their Significance for the Concept of Latent Learning, in: Journal of Experimental Psychology, Bd. 36, 1946, S. 461–469, zitiert bei Foppa [90, S. 117 f.].

[146] *Katona, George:* Das Verhalten der Verbraucher und Unternehmer. Über die Beziehungen zwischen Nationalökonomie, Psychologie und Sozialpsychologie, Originaltitel: Psychological Analysis of Economic Behavior, Tübingen 1960.

[147] –: Der Massenkonsum. Eine Psychologie der neuen Käuferschicht. Mit einem Geleitwort von Prof. G. Schmölders, Originaltitel: The Mass Consumption Society, Wien–Düsseldorf 1965.

[148] *Katz, David:* Hunger und Appetit, Leipzig 1932.

[149] –: Zur Grundlegung einer Bedürfnispsychologie, Reprint from „Acta Psychologica“, Bd. I, The Hague – Martinus Nijhoff 1935.

[150] –: Mensch und Tier. Studien zur vergleichenden Psychologie, Bd. 1 der Sammlung „Erkenntnis und Leben, hrsg. von Corti, Walter, Zürich 1948.

[151] –: Die Wahrnehmungswelt als Gegenstand der Psychologie, in: Handbuch der Psychologie, hrsg. von Katz, David und Rosa, 2., erweiterte Aufl., Basel–Stuttgart 1960, S. 129–171.

[152] –: Gestaltpsychologie, 3., unveränderte Aufl., Basel–Stuttgart 1961.

[153] *Kielholz, Paul* (Herausgeber): Angst. Psychische und somatische Aspekte, Bern–Stuttgart 1967.

[154] *Kimble, Gregory A.* (Herausgeber): Foundation of Conditioning and Learning, New York 1967.

[155] *Klaus, Georg:* Kybernetik und Erkenntnistheorie, Berlin 1966.

[156] –: Wörterbuch der Kybernetik, zwei Bände, Fischer Bücherei, Frankfurt a. M., Hamburg 1969.

[157] *Konorski, Jerzy:* Integrative Activity of the Brain. An Interdisciplinary Approach, Chicago–London–Toronto 1967.

[158] *Kosiol, Erich:* Die Unternehmung als wirtschaftliches Aktionszentrum. Einführung in die Betriebswirtschaftslehre, rde Bd. 256/257, Reinbek bei Hamburg 1966.

[159] *Kraus, Oskar:* Das Bedürfnis. Ein Beitrag zur beschreibenden Psychologie, Leipzig 1894.

[160] *Kraus, Siegfried:* Bedürfnis und Befriedigung. Eine Untersuchung über die Hintergrundmächte der Gesellschaft, Wien 1931.

[161] *Kreidel, Wolf Dieter:* Kybernetische Leistungen des Menschlichen Organismus, in: [91, S. 39–50].

[162] *Kreienberg, W.* & *Harth, O.:* Verdauung und Resorption, in: [237, Bd. I, S. 234–259].

[163] *Kropff, H. F. J.:* Angewandte Psychologie und Soziologie in Werbung und Vertrieb. Der gegenwärtige Entwicklungsstand der Werbepsychologie unter Einbezug sozio-psychologischer Erfahrungen, Stuttgart 1960.

[164] *Kropotkin, Peter:* Gegenseitige Hilfe in der Tier- und Menschenwelt, Leipzig 1908.

[165] *Landauer, Thomas K.* (Herausgeber): Readings in Physiological Psychology. The Bodily Basis of Behavior, New York–St. Louis–San Francisco–Toronto–London –Sydney 1967.

[166] *Lawrence, D. H.* & *Festinger, L.:* Deterrents and Reinforcement: The Psychology of Insufficient Reward, Stanford 1962.

[167] *Lawson, Reed:* Learning and Behavior, New York 1960.

[168] *Lazo, Hector* & *Corbin, Arnold:* Management in Marketing, New York-Toronto–London 1961.

[169] *Legewie, Herrmann:* Organismus und Umwelt, in: Forschung zur Völkerpsychologie und Soziologie, Bd. X, 1. Halbband, Arbeiten zur biologischen Grundlegung der Soziologie, hrsg. von Thurnwald, R., Leipzig 1931.

[170] *Leibenstein, Harvey:* Mitläufer-, Snob- und Veblen-Effekt in der Theorie der Konsumentennachfrage, in: [285, S. 231–255].

[171] *Lersch, Philipp:* Aufbau der Person, 8., überarbeitete Aufl., München 1962.

[172] *Levi, Lennart:* Biochemische Reaktionen bei verschiedenen experimentell hervorgerufenen Gefühlszuständen, in: [153, S. 83–102].

[173] – (Editor): Emotional Stress. Physiological and Psychological Reactions, Medical, Industrial and Military Implications, Basel–New York 1967.

[174] *Leyhausen, Paul:* Zur Naturgeschichte der Angst, in: [313, S. 94–112]

[175] –: Zur Naturgeschichte der Angst, in: [182, S. 272–296].

[176] *Lorenz, Konrad:* Die angeborenen Formen möglicher Erfahrungen, in: Zeitschrift für Tierpsychologie, Bd. 5, Berlin 1943, S. 235–409.

[177] –: Das sogenannte Böse. Zur Naturgeschichte der Aggression, 7.–16. Aufl., Wien 1963.

[178] –: Diskussionsbeitrag, in: [69, S. 83].

[179] –: Zur Naturgeschichte der Aggression, in: Neue Sammlung Göttinger Blätter für Kultur und Erziehung, 5. Jg., Heft 4, Juli/August 1965, S. 296–308.

[180] –: Über tierisches und menschliches Verhalten. Aus dem Werdegang der Verhaltenslehre. Gesammelte Abhandlungen Bd. 1 und 2, München 1965.

[181] –: Die instinktiven Grundlagen der menschlichen Kultur, in: Die Naturwissenschaften, 54. Jg., Heft 15/16, August 1967, S. 377–388.

[182] –: & *Leyhausen, Paul* (Herausgeber): Antriebe tierischen und menschlichen Verhaltens. (Gesammelte Abhandlungen), München 1968.

[183] *Lovibond, S. H.:* Conditioning and Enuresis, Ph. D. Theses der University Adelaide, 1961, zitiert in [82, S. 172 ff.].

[184] –: The Mechanism of Conditioning Treatment of Enuresis, in: Behaviour Research and Therapy, Bd. 1, 1963, S. 1–8, zitiert in [82, S. 172 ff.].

[185] *Luce, Gay* & *Segal, Julius:* Der Mensch verschläft ein Drittel seines Lebens. Eine Anatomie des Schlafs, Originaltitel: Sleep, Bern–München–Wien 1967.

[186] *Lückert, Heinz-Rolf:* Konfliktpsychologie. Einführung und Grundlegung, München–Basel 1957.

[187] *Malinowski, Bronislaw:* Eine wissenschaftliche Theorie der Kultur und andere Aufsätze, Zürich 1949.

[188] *Mandel, Rudolf:* Die Aggressivität bei Schülern. Beobachtungen und Analyse des aggressiven Verhaltens einer Knabengruppe im Pubertätsalter, Nr. 4 der Beiträge zur genetischen Charakterologie, hersg. von Meili, Richard & Meili-Dworetzki, Getrud, Bern–Stuttgart 1959.

[189] *Martineau, Pierre:* Kaufmotive. Neue Weichenstellungen für Werbung und Kundenpflege, Originaltitel: Motivation in Advertising, Düsseldorf 1959.

[190] *Mellerowicz, Konrad:* Marktmäßige Gestaltung der Produktionsprogramme, in: [17, S. 149–176].

[191] –: Unternehmenspolitik, 2., unveränderte Aufl., Freiburg i. Br. 1965.

[192] *Miller, Neal E.:* Experiments on Motivation. Studies Combining Psychological, Physiological, and Pharmacological Techniques, in: [154, S. 440–464].

[193] – & *Dollard, John:* Social Learning and Imitation, New Haven 1941, zitiert in [235, S. 283].

[194] –, *Sears, R. R., Mowrer, O. H., Doob, L. W.* & *Dollard, John:* Die Frustrations-Aggressions-Hypothese, in: [292, S. 205–209].

[195] *Morris, Desmond:* Der nackte Affe, Originaltitel: The Naked Ape, München–Zürich 1968.

[196] *Mowrer, O. Hobart:* Learning Theory and Behavior, New York–London 1960.

[197] –: Learning Theory and the Symbolic Processes, New York–London 1960.

[198] – & *Mowrer, W.:* Enuresis. A Method for its Study Treatment, in: American Journal of Orthopsychiatry, Bd. 8, 1938, S. 436–459, zitiert in [82, S. 172 ff.].

[199] *Müller, A.:* Das naturphilosophische Werk Teilhard de Chardins, Freiburg–München 1964.

[200] *Müller-Limmroth, W.:* Gesichtssinn, in: [237, Bd. II, S. 826–902].

[201] *v. Neumann, John:* Die Rechenmaschine und das Gehirn, Originaltitel: The Computer and the Brain, München 1960.

[202] *Nicklisch, Heinrich:* Allgemeine kaufmännische Betriebslehre als Privatwirtschaftslehre des Handels und der Industrie, Leipzig 1912.

[203] *Noelle, Elisabeth:* Umfragen in der Massengesellschaft. Einführung in die Methode der Demoskopie, rde Bd. 177/178, Reinbek bei Hamburg 1963.

[204] *Norris, Ruby Turner:* The Theory of Consumer's Demand, 1. Aufl., New Haven 1941.

[205] *Olds, J. & Milner, P.:* Positive Reinforcement Produced by Electrical Stimulation of Septal Area and Other Regions of Rat Brain, in: Journal of Comparative and Physiological Psychology, Bd. 47, 1954, S. 419–427.

[206] – & *Olds, M. E.:* Interference and Learning in Paleocortial Systems, in: Brain Mechanism and Learning, Oxford 1961, S. 153–183.

[207] *Othmer, Ekkehard:* Persönlichkeit und Schlafverhalten, Bd. 9 der Psychologia Universalis, hrsg. von Bay, Eberhard et al., Meisenheim am Glan 1965.

[208] *Packard, Vance:* Die geheimen Verführer. Der Griff nach dem Unterbewußten in Jedermann, Originaltitel: The Hidden Persuaders, Düsseldorf 1958.

[209] *Parsons, Talcott:* The Structure of Social Action, Glencoe 1964.

[210] –: Einige Grundzüge der allgemeinen Theorie des Handelns, in: Moderne Amerikanische Soziologie, hrsg. von Hartmann, Heinz, Stuttgart 1967, S. 153 bis 172.

[211] – & *Shils, Edward* (Herausgeber): Toward a General Theory of Action, Cambridge, Mass., 1954.

[212] – & *Shils, Edward:* Values, Motives, and Systems of Action, in: [211, S. 47–275].

[213] *Passow, Cord:* Einführung in die Kybernetik für Wirtschaft und Industrie, Quickborn 1966.

[214] *Paulsen, Andreas:* Der Staat und die Wirtschaftsfunktion, in: Finanzarchiv Bd. 11, Tübingen 1949.

[215] –: Allgemeine Volkswirtschaftslehre, Bd. I Grundlegung, Wirtschaftskreislauf, 7. Aufl., Berlin 1966.

[216] *Pawlow, Iwan P.:* Zwanzigjährige Erfahrungen mit dem objektiven Studium der höheren Nerventätigkeit (des Verhaltens) der Tiere. Sämtliche Werke, Bd. III/1, Berlin 1953.

[217] –: Ergänzungen. Sämtliche Werke, Bd. III/2, Berlin 1953.

[218] –: Vorlesungen über die Arbeit der Großhemisphären. Sämtliche Werke, Bd. IV, Berlin 1953.

[219] *Peak, H.:* Attitude and Motivation, in: Nebraska Symposium on Motivation, hrsg. von Jones, M. R., Lincoln, Nebr., 1955.

[220] *Petermann, Günter:* Marktstellung und Marktverhalten des Verbrauchers, Bd. IV der Studienreihe Betrieb und Markt, hrsg. von Behrens, Karl Christian, Wiesbaden 1963.

[221] *Pickenhain, L.:* Grundriß der Physiologie der höheren Nerventätigkeit, Berlin 1959.

[222] *Pilzecker, A. & Müller, G. E.:* Exp. Beiträge zur Lehre vom Gedächtnis, Leipzig 1900, zitiert in [235, S. 261].

[223] *Plessner, Helmuth:* Die Stufen des Organischen und der Mensch, 2. Aufl., Berlin 1965.

[224] *Poletajew, I. A.:* Kybernetik. Kurze Einführung in eine neue Wissenschaft, 2. Aufl., Berlin 1964.

[225] *Prechtl, H. F. R.:* The Directed Head-Turning Response and Allied Movements of the Human Baby, in: Behavior, Bd. 13, 1958, S. 212–242.

[226] *Raffé, H.:* Der private Haushalt als Forschungsobjekt der Betriebswirtschaftslehre, in: Zeitschrift für betriebswirtschaftliche Forschung, 1966, S. 179 ff.

[227] *Raymond, M.:* Case of Fetishism Treated by Aversion Therapy, in: British Medical Journal, Bd. 2, 1956, S. 854–856, zitiert in [82, S. 134].

[228] *Razran, G.:* The Observable Unconscious in Current Soviet Psychophysiology. A Survey and Interpretation of Experiments in Interoceptive Conditioning, in: Progress in Clinical Psychology, hrsg. von Abt, L. E. & Ries, B. F., New York 1960.

[229] –: The Observable Unconscious and the Inferable Conscious in Current Soviet Psychophysiology. „Interoceptive Conditioning, Semantic Conditioning, and the Orienting Reflex", in: Psychological Review, Bd. 68, 1961, S. 81–147.

[230] *Reynolds, G. S.:* A Primer of Operant Conditioning, Glenview, Ill., 1968.

[231] *Ribble, M. A.:* Infantile Experience in Relation to Personality Development, in: Personality and the Behavior Disorders, vol. II, hrsg. von Hunt, J. M., New York 1944.

[232] *Rieger, Wilhelm:* Einführung in die Privatwirtschaftslehre, 2., unveränderte Aufl., Erlangen 1959 (1928).

[233] *Roese, Peter:* Was verdrängt unser Gedächtnis? Schockierendes vergißt man schneller, in: Die Zeit, Nr. 47, Hamburg 24. 11. 1967, S. 30.

[234] *Rohracher, Hubert:* Regelprozesse im psychischen Geschehen, in: Österreichische Akademie der Wissenschaften, Philosophisch-Historische Klasse, Sitzungsberichte, 236. Band, 4. Abhandlung, 29. 4. 1960, Wien–Graz–Köln 1961.

[235] –: Einführung in die Psychologie, 9., unveränderte Aufl., Wien–Innsbruck 1965.

[236] –: Die Arbeitsweise des Gehirns und die psychischen Vorgänge, 4. umbearbeitete und erweiterte Aufl., München 1967.

[237] *Rosemann, Hans-Ulrich* (Herausgeber): Lehrbuch der Physiologie des Menschen, 2 Bände, 28. Aufl., Berlin–München, 1. Band 1960, 2. Band 1962.

[238] *Rothschuh, K. E.:* Erregungsphysiologie des Herzens, in: [237, Bd. I, S. 22–64].

[239] *Rudolph, Wolfgang:* Die amerikanische „Cultural Anthropology" und das Wertproblem, Bd. 3 der Forschungen zur Ethnologie und Sozialpsychologie, hrsg. von Thurnwald, Hilde, Berlin 1959.

[240] –: Der kulturelle Relativismus. Kritische Analyse einer Grundsatzfragen-Diskussion in der amerikanischen Ethologie, Bd. 6 der Forschungen zur Ethologie und Sozialpsychologie, hrsg. von Thurnwald, Hilde, Berlin 1968.

[241] *Schäfer, Erich:* Die Aufgabe der Absatzwirtschaft, 2., erweiterte Aufl., Köln-Opladen 1950.

[242] –: Die Unternehmung. Einführung in die Betriebswirtschaftslehre, 5. Aufl., Köln-Opladen 1963.

[243] –: Grundlagen der Marktforschung, Marktuntersuchung und Marktbeobachtung, 4. Aufl., Köln–Opladen 1966.

[244] *Schaefer, Hans:* Was kennzeichnet biologische im Gegensatz zu technischen Regelvorgängen. Enzyklopädisches Stichwort, in: [312, S. 243–248].

[245] *Schätzle, Gerhard:* Forschung und Entwicklung als unternehmerische Aufgabe, Bd. 22 der Beiträge zur betriebswirtschaftlichen Forschung, hrsg. von Gutenberg, Hasenack, Hax & Schäfer, Köln–Opladen 1965.

[246] *Scheler, Max:* Die Stellung des Menschen im Kosmos, 4. Aufl., München 1947.

[247] *Schelsky, Helmut:* Soziologie der Sexualität, rde. Bd. 2, Reinbek bei Hamburg 1955.

[248] *Scherhorn, Gerhard:* Bedürfnis und Bedarf. Sozialökonomische Grundbegriffe im Lichte der neueren Anthropologie, Heft 1 der Beiträge zur Verhaltensforschung, hrsg. von Schmölders, G., Berlin 1959.

[249] –: Verhaltensforschung und Konsumtheorie, in: Schmollers Jahrbuch für Gesetzgebung, Verwaltung und Volkswirtschaft, 80. Jg., I. Halbband, Berlin 1960.

[250] *Schjederup, Harald:* Einführung in die Psychologie, Originaltitel: Innföring i Psykologi, Bern–Stuttgart 1963.

[251] *Schmidtbauer, Wolfgang:* So verräterisch sind die schlafenden Augen nicht. Eine Traumtheorie muß revidiert werden, in: Die Zeit, Nr. 39, Hamburg 1968, S. 53.

[252] *Schmidtke, Heinz:* Grundlagen physiologischer Motivationstheorien, in: Handbuch der Psychologie, Bd. II „Motivation", hrsg. von Thomae, Hans, Göttingen 1965, S. 705–736.

[253] *Schmölders, Günter:* Ökonomische Verhaltensforschung, in: ORDO, Jahrbuch für die Ordnung der Wirtschaft und Gesellschaft, 5. Bd., Düsseldorf–München 1953.

[254] *Schneider, Erich:* Einführung in die Wirtschaftstheorie. I. Teil: Theorie des Wirtschaftskreislaufs, 9., erweiterte Aufl., Tübingen 1961.

[255] *Schneider, D.:* Geschmacksinn, in: [237, Bd. II, S. 817–825].

[256] –: Haut- und Enterorezeptoren, in: [237, Bd. II, S. 798–816].

[257] *Schneider, Max:* Einführung in die Physiologie des Menschen, revidierter Neudruck der 15. Aufl., Berlin–Heidelberg–New York 1966.

[258] *Schneider, Rudolf:* Computer sinnvoll nutzen. Technik und Anwendung informationsverarbeitender Maschinen, Düsseldorf–Wien 1966.

[259] *Schnutenhaus, Otto Richard:* Absatzpolitik und Unternehmensführung, Freiburg i. Br. 1961.

[260] *Schouten, J. F.:* Der Reaktionsablauf beim Menschen, in: Aufnahme und Verarbeitung von Nachrichten durch den Organismus, hrsg. von Nachrichtentechnische Gesellschaft im VDE Fachausschuß „Informations- und Systemtheorie", Stuttgart 1961, S. 49–55.

[261] *Schrader, Karl:* Marktforschung und Preispolitik, in: [24, S. 95–112].

[262] *Schreiber, Klaus:* Kaufverhalten der Verbraucher, Bd. 5 der Studienreihe Betrieb und Markt, hrsg. von Behrens, Karl Christian, Wiesbaden 1965.

[263] –: Marktforschung, Berlin–Frankfurt a. M. 1966.

[264] *Schulz-Borck, Herrmann:* Standort und gegenwärtige Probleme der Forschung in dem Fachgebiet Wirtschaftslehre des Haushalts, in: Hauswirtschaft und Wissenschaft, 12, 1964, Heft 2, S. 17–24.

[265] *Selg, Herbert:* Zur Diagnostik der Aggressivität und Feindseligkeit, in: Diagnostica, Heft 10, 1964, S. 54–75.

[266] *Sherif, M.:* An Outline of Social Psychology, New York 1956.

[267] *Skinner, B. F.:* Science and Human Behavior, New York 1953.

[268] *Smith, David D.:* Mammalian Learning and Behavoir. A Psychoneurological Theory, Philadelphia–London 1965.

[269] *Smith, Wendell I.* & *Moore, J. William:* Conditioning and Instrumental Learning. A Program for Self-Instruction, New York – St. Louis – San Francisco – Toronto–London–Sydney 1966.

[270] *Sokolow, J. N.:* Die reflektorischen Grundlagen der Wahrnehmung, in: Ergebnisse der sowjetischen Psychologie, hrsg. von Hiebsch, Hans, Berlin 1967, S. 61–94.

[271] *Solomon, R. L., Kamin, L. J.* & *Wynne, L. C.:* Traumatic Avoidance Learning: The Outcomes of Several Extinction Procedures with Dogs, in: Journal of Abnormal and Social Psychology, Bd. 48, 1953, S. 291–302, zitiert in [90, S. 77 f.].

[272] – & *Wynne, L. C.:* Traumatic Avoidance Learning: Acquisition in Dogs, in: Psychological Monographs, Bd. 67, Nr. 354, 1953, zitiert in [90, S. 77 f.].

[273] *Spence, Kenneth W.:* Behavior Theory and Learning, Englewood Cliffs, N. J., 1960.

[274] *Spiegel, Bernt:* Die Struktur der Meinungsverteilung im sozialen Feld. Das psychologische Marktmodell, Bd. 6 der Schriftenreihe Enzyklopädie der Psychologie in Einzeldarstellungen, hrsg. von Heiß, Robert, Bern–Stuttgart 1961.

[275] *Spitz, René A.:* The Smiling Response. A Contribution to the Ontogenesis of Social Relation, in: Genetic Psychological Monographs, Bd. 34, 1946, S. 57–125.

[276] –: The First Year of Life. A Psychoanalytic Study of Normal and Deviant Development of Object Relations, New York 1965.

[277] –: Vom Säugling zum Kleinkind. Naturgeschichte der Mutter-Kind-Beziehungen im ersten Lebensjahr, Originaltitel: The First Year of Life, Stuttgart 1967.

[278] –: Nein und Ja, Raubdruck ohne Jahr.

[279] *Staats, Arthur W.* (Herausgeber): Human Learning. Studies Extending Conditioning Principles to Complex Behavior, New York–Chicago–San Francisco–Toronto–London 1964.

[280] *Stachowiak, Herbert:* Denken und Erkennen im kybernetischen Modell, Wien–New York 1965.

[281] *Steinbuch, Karl:* Automat und Mensch. Kybernetische Tatsachen und Hypothesen, 2., erweiterte Aufl., Berlin–Göttingen–Heidelberg 1963.

[282] –: Falsch programmiert, Stuttgart 1968.

[283] *Stendenbach, F.:* Soziale Interaktion und Lernprozesse, 2. Aufl., Köln–Berlin 1967.

[284] *Straus, Erwin:* Vom Sinn der Sinne. Ein Beitrag zur Grundlegung der Psychologie, 2., vermehrte Aufl., Berlin–Göttingen–Heidelberg 1956.

[285] *Streissler, Erich* und *Monika* (Herausgeber): Konsum und Nachfrage, Köln–Berlin 1966.

[286] *Swetschinski, W. B.* & *Braines, S. N.:* Elemente einer allgemeinen Theorie der Steuerung des Organismus, in: Deutsche Zeitschrift für Philosophie, 13. Jg., Heft 3, 1965, S. 336–342.

[287] *Teevan, Richard C.* & *Birney, Robert C.* (Herausgeber): Theories of Motivation in Personality and Social Psychology, Toronto–London–New York 1964.

[288] *Tembrock, Günter:* Verhaltensforschung. Eine Einführung in die Tier-Ethologie, Jena 1961.

[289] –: Grundlagen der Tierpsychologie, Berlin 1963.

[290] *Teplow, Lew Pawlowitsch:* Grundriß der Kybernetik. Ein populärwissenschaftlicher Überblick, Berlin 1963.

[291] *Thomae, Hans:* Einführung, in: [292, S. 13–31].

[292] – (Herausgeber): Die Motivation menschlichen Handelns, erschienen in: Neue Wissenschaftliche Bibliothek 4. Psychologie, Köln–Berlin 1965.

[293] *Thorpe, W. H.:* The Definition of some Terms Used in Animal Behavior Studies, in: Animal Behavior, Bd. 9, 1951, S. 34–49.

[294] *Tiburtius, Joachim:* Der Begriff des Bedürfnisses. Seine psychologische Grundlage und seine Bedeutung in der Wirtschaftswissenschaft, in: Jahrbücher für Nationalökonomie und Statistik, 103. Bd., III. Folge, 48. Bd., 1914, II, Jena 1914, S. 721–790.

[295] *Tinbergen, Nikolaas* (Niko.): Instinktlehre. Vergleichende Erforschung angeborenen Verhaltens, 4. Aufl., Berlin–Hamburg 1966.

[296] *Tinklepaugh, O. L.:* An Experimental Study of Representative Factors in Monkeys, in: Journal of Comparative Psychology, Bd. 8, 1928, S. 197–236, zitiert in [133, S. 195 f.].

[297] *Tolman, Edward C.:* Psychological Model, in: [211].

[298] –: Ein kognitives Motivationsmodell, in: [292, S. 448–461].

[299] – & *Honzik, C. H.:* „Insight" in Rats, in: University of California Publications in Psychology, Bd. 4, 1930, S. 215–232, zitiert in [133, S. 215 ff.].

[300] *Turner, L. & Solomon, R. L.:* Human Traumative Avoidance Learning, in: Psychological Monographs, Bd. 76, Nr. 40, 1962.

[301] *v. Uexküll, Thure:* Grundfragen der psychosomatischen Medizin, rde Bd. 179/180, Reinbek bei Hamburg 1964.

[302] *Vershofen, Wilhelm:* Handbuch der Verbrauchsforschung. 1. Band: Grundlegung, Berlin 1940.

[303] *Wagner, Richard:* Probleme und Beispiele biologischer Regelung, Stuttgart 1954.

[304] –: Beginn und Aufstieg der Kybernetik, in: [121, S. 14–20].

[305] *Walsh, E. Geoffrey:* Physiology of the Nervous System, 2. Ed., London 1964.

[306] *Walter, W. Grey:* Über kybernetische Verhaltens- und Lernmodelle, in: [121, S. 129–143].

[307] *Watson, John B. & Rayner, Rosalie:* Conditioned Emotional Reactions, in: [279, S. 20–25].

[308] *Weinert, Franz:* Hunger und Durst, in: Handbuch der Psychologie, Bd. II – Motivation, hrsg. von Thomae, Hans, Göttingen 1965, S. 465–512.

[309] *Wiener, Norbert:* Mensch und Menschmaschine, Originaltitel: The Human Use of Human Beings (Cybernetics and Society), Berlin–Frankfurt a. M. 1952.

[310] –: Cybernetics, or Control and Communication in the Animal and the Machine, 2. Ed., New York–London 1961.

[311] –: Mathematik – mein Leben, Originaltitel: I am a Mathematican, Bd. 668 der Fischer-Bücherei, Frankfurt a. M.–Hamburg 1965.

[312] –: Kybernetik. Regelung und Nachrichtenübertragung in Lebewesen und Maschine, rde Bd. 294/295, Reinbek bei Hamburg 1968.

[313] *Wiesbrock, Heinz* (Herausgeber): Die politische und gesellschaftliche Rolle der Angst, Frankfurt a. M. 1967.

[314] *v. Wieser, Friedrich:* Theorie der gesellschaftlichen Wirtschaft. Grundriß der Sozialökonomie, I. Abt., 2. Aufl., Tübingen 1924.

[315] –: Der natürliche Werth, Wien 1889.

[316] *Williams, S. B.:* Resistance to Extinction as a Function of the Number of Reinforcement, in: Journal of Experimental Psychology, Bd. 23, 1938, S. 506–521, zitiert in [90, S. 56 f.].

[317] *Wöhe, Günter:* Einführung in die „Allgemeine Betriebswirtschaftslehre", 7., neubearbeitete und erweiterte Aufl., Berlin–Frankfurt a. M. 1967.

[318] *Wolfe, J. B.:* The Effectiveness of Token Rewards for Chimpanzees, in: Comparative Psychology Monographs, Bd. 12, Nr. 60, 1936, zitiert in [90, S. 92 f.].

[319] *Woolbridge, Dean E.:* Mechanik der Gehirnvorgänge, Originaltitel: The Machinery of the Brain, Wien–München 1967.

[320] *Yates, Aubbrey J.:* Frustation and Conflict, London–New York 1962.

[321] *Young, J. Z.:* A Model of the Brain, Oxford 1964.

[322] *Young, Paul Thomas:* Motivation and Emotion. A Survey of the Determinants of Human and Animal Activity, New York–London 1961.

[323] *Ohne Verfasserangabe:* Verhaltensforschung. Lehren von Kopfschlitz, in: Der Spiegel, Nr. 53, 19. Jg., Hamburg 29. 12. 1965, S. 60–79.

[324] *Ohne Verfasserangabe:* Schlaf. Heißes Hirn, in: Der Spiegel, Nr. 39, 22. Jg., Hamburg 22. 9. 1968, S. 142–161.

Abkürzungsverzeichnis

AAM	angeborener Auslösemechanismus
AHM	angeborener Hemmungsmechanismus
B	Bedürfnis
Bd.	Band
c. p.	ceteris paribus
CS	bedingtes Signal
CS_0	bedingtes Hinweissignal, das den Ausschlag zugunsten eines bestimmten Bedürfnisbefriedigungsprozesses gibt
CS_1	bedingter Reinforcer
CS_1^+	bedingter angenehmer Reinforcer
CS_1^-	bedingter unangenehmer Reinforcer
d. A.	dieser Arbeit
Ed.	Edition
et al.	und andere
M	Bewegung
S_n	neutrales Signal
Übers. d. V.	Übersetzung des Verfassers
US_0	die Bedürfnisabweichung, die vor Beginn eines Bedürfnisbefriedigungsprozesses besteht
US_1	unbedingter Reinforcer
US_1^+	unbedingter angenehmer Reinforcer
US_1^-	unbedingter unangenehmer Reinforcer
Vp (Vpn)	Versuchsperson (Versuchspersonen)
ZNS	Zentrales Nervensystem
100, S. 30	Quellennachweis, Seite 30 der Quelle 100 des Literaturverzeichnisses

Personenregister

Abbott, L. 15, 153, 165, 178, 180 ff.
Albert, H. 15
Alexander, F. 27, 91 f.
Allport, G. W. 121, 169 ff., 174
Angehrn, O. 183
Arndt, H. 185
Aschoff, J. 50, 52
Ashby, W. R. 44

Bear, D. M. 156
v. Beckenrath, E. 185
Behrens K. Chr. 16 f., 74, 178 f.
Bellinger, B. 188, 190, 193
Berkefeld, W. 29, 116
Berkowitz, L. 73
Berlyne, D. E. 128
Bernard, C. 26 f.
Bernard, L. L. 186
Bicknell, E. A. 143
Bidlingmaier, J. 15 f., 19, 21, 196
Bierens De Haan, J. A. 186
Bijou, S. 156
Bindra, D. 64
Birney, R. C. 197
Bishop, G. H. 44
Blough, D. S. 122, 124, 132
Blough, P. McB. 122, 124, 132
Bolles, R. C. 169
Bongard, W. 19
Borden N. H. 182
Bower, G. H. 65, 122, 124, 130, 132, 137 ff., 151 f.
Bowlby, J. 23
Brains, S. N. 29, 44, 115
Brentano, L. 18, 26
Brown, J. S. 169, 173 f.
Bruggmann, M. 183
Bühler, Ch. 64, 108, 128
Buytendijk, F. J. J. 91, 95, 103, 106, 121
Bykow, K. W. 145

Calvin, J. S. 145
Cannon, W. B. 10, passim
Carmichael, L. 156 f.
Chambers, R. M. 145
Claessens, D. 9 ff., passim
Clay, J. 190
Coppock, H. W. 145
Corbin, A. 17
Count, E. W. 187
Craig, W. 27, 88
Crespi, L. P. 154
Cuhel, F. 11, 17 f., 27

Dahrendorf, R. 21
Davis, C. M. 96
Davis, R. C. 46, 51 f.
Dean, J. 178
Denker, R. 71
Deutsch, P. 184
Dichter, E. 19
v. Ditfurth, H. 190, 192
Dollard, J. 58, 151, 158
Doob, L. W. 58, 151
Dröscher, V. 23, 38, 62, 82
Drucker, P. F. 9, 17, 178, 180
Dubberke, H.-A. 16
Duesenberry, J. S. 181

Edgeworth, F. Y. 18
Eibl-Eibesfeld, I. 38, 63 f., 68, 83, 89 f., 100, 103 ff., 128, 137
Egner, E. 16
Eysenck, H.-J. 10, 124, passim

Feather B. W. 131
Festinger, L. 129, 151
Fiuczynski, H.-W. 178, 180
Flechtner, H.-J. 44
Fleming, D. G. 44
Foppa, K. 40 f., 97, passim
Frank, H. 29, 192
v. Frankenberg, G. 52

Freud, A. 23
Freud, S. 82, 91, 93, 125, 161
Fuller, J. 64

Galambos, R. 102
Galbraith, J. K. 15
Gauer, O. H. 15
Gehlen, A. 10, passim
George, F. H. 44
Gilhousen, H. C. 170
Göpfert, H. 54 ff., 58, 60, 82
Goldman, S. 44
Gossen, H. H. 15, 18, 35
Gross, H. 176, 178 f.
Grossmann, S. P. 190
Guiton, Ph. 89
Gutenberg, E. 16 f., 179

Habermas, J. 20, 70
Hammel, W. 9, 17
Hargeaves, F. J. 190
Harlow, H. F. 128
Harris, L. J. 190
Harth, O. 85
Haseloff, O. W. 189 f., 198
Hass, H. 107
Hassenstein, B. 44
Hebb, D. O. 23, 27, 61 f., 64 ff., 70 f., 74 ff., 95 f., 98, 145
Hedin, S. 138
Hehlmann, W. 11, 113
Henatsch, H.-D. 102
Henry, H. 19
Hensel, H. 190
Henzler, R. 181
v. Hermann, F. B. W. 11, 27, 53
Hess, W. R. 54, 95 ff.
Hiebsch, H. 190
Hilgard, E. R. 65, 96, 122, 124, 130, 132, 137 ff., 151 f., 172
Hobbes, Th. 143
Hofstätter, P. R. 12 f., passim
Holmberg, A. R. 138
v. Holst, E. 26, 54
Homans, G. C. 20, 64, 76
Honzik, C. H. 164
Hull, C. L. 155
Hunt, McV. J. 143
Huxley, J. 114

Jacobi, H. 196
James, W. 169
Jockusch, H. 87, 100
Jockusch, B. 87, 100
Jones, H. G. 161
Jones, M. C. 153 f.

Kamin, L. J. 152, 172
Karn, H. W. 153
Katona, G. 15
Katz, D. 75, 96 f., 104, 137
Kielholz, P. 74, 192
Kimble, G. A. 189, 193
Klaus, G. 44
Kneutgen, J. 68
Konorski, J. 59, 95 f., passim
Kosiol, E. 15
Kraus, O. 11
Kraus, S. 12, 137
Kreidel, W. D. 14
Kreienberg, W. 85
Kropff, H. F. J. 178
Kropotkin, P. 91

Landauer, Th. K. 189
Lawrence, D. H. 151
Lawson, R. 132, 134
Lazo, H. 17
Legewie, H. 36
Leibenstein, H. 15
Lersch, Ph. 46, 64
Levi, L. 74
Leyhausen, P. 54, 114 f.
Lorenz, K. 10, 20, 27, 34 f., passim
Lovibond, S. H. 161 f.
Luce, G. 82
Lückert, H.-R. 64, 73

Malinowski, B. 9, 13, 20, 175 f., 179
Mandel, R. 71, 74
Marquis, D. G. 65, 96, 122, 124, 172
Martineau, P. 19, 178
Mellerowicz, K. 178 f.
Meyer, F. 185

Miller, N. 58, 144 f., 151, 158
Milner, P. 97
Moore, J. W. 122, 124, 133, 155
Morris, D. 72, 80, 113, 128
Mowrer, O. H. 58, 133, 142 f., 151, 153, 156, 160 f., 172, 187
Mowrer, W. 161
Müller, A. 193
Müller, G. E. 123
Müller-Armack, A. 185
Müller-Limmroth, W. 64, 103

Napalkow, A. W. 29
v. Neumann, J. 29
Nicklisch, H. 182
Noelle, E. 17
Norris, R. T. 180 ff.

Olds, J. 97
Olds, M. E. 97
Olnjanzkaja 145
Othmer, E. 97

Packard, V. 19
Parson, T. 11, 20 f., 194
Passow, C. 24
Paulsen, A. 9, 13 f., 18
Pawlow, I. P. 10, 27, 35, 40, 102, 109, 122, 132, 152, 184
Peak, H. 129
Petermann, G. 13, 16
Pickenhain, L. 194
Pilzecker, A. 123
Plessner, H. 40, 94
Poletajew, I. A. 24, 28, 33
Porter, J. M. Jr. 133
Prechtl, H. F. R. 109

Rachman, S. 124, 133, 142, 150, 152 f., 161, 172, 193, 195
Raffé, H. 16
Raymond, M. 150
Rayner, R. 126, 142, 145
Razran, G. 133
Reynolds, G. S. 11, 156, 162, 166
Ribble, M. A. 23
Rieger, W. 16
Roese, P. 23
Rohracher, H. 14, passim
Rosemann, H.-U. 185, 190, 192 f., 195 f.
Rothschuh, K. E. 56
Rudolph, W. 20

Schäfer, E. 13, 17, 178
Schaefer, H. 29
Schätzle, G. 9, 20, 178, 180
Scheler, M. 40, 94
Schelsky, H. 64
Scherhorn, G. 11, 13 ff., passim
Schjederup, H. 96
Schlosberg, H. 143
Schmidtbauer, W. 82
Schmidtke, H. 28 f.
Schmölders, G. 15
Schneider, E. 13, 177
Schneider, D. 71, 101
Schneider, M. 29, 43, 49 ff., 54 ff., 60, 76, 78 ff., 84 ff., 95, 98
Schneider, R. 24
Schnutenhaus, O. R. 13
Schouten, J. F. 33
Schrader, K. 177
Schreiber, K. 17, 21
Schulz-Borck, H. 16
Sears, R. R. 58, 151
Segal, J. 82
Selg, H. 71
Sheatz, G. 102
Sherif, M. 138
Shils, E. 20, 194
Skinner, B. F. 162
Smith, D. D. 123
Smith, W. 122, 124, 133, 155
Sokolow, J. N. 106
Solomon, R. L. 143, 152, 172 f.
Spence, K. W. 124
Sperling, D. S. 143
Spiegel, B 178 f.
Spitz, R. 23, 42, 44, 67, 68, 101, 104, 106, 128, 156
Staats, A. W. 198
Stachowiak, H. 24
Steinbuch, K. 24, 28, 31, 33, 44, 46
Stellar, E. 143

Stendenbach, F. 93, 122, 149, 155 f., 158 f., 191
Straus, E. 27
Streissler, E. 192
Streissler, M. 192
Swetschinski, W. B. 29, 44, 115

Teevan, R. 197
Tembrock, G. 63, 89, 107, 110
Teplow, L. P. 97, 135
Thomae, H. 11, 13, 15, 64, 185, 188 ff., 193, 198
Thorndike, E. L. 140
Thrope, W. H. 38
Tiburtius, J. 17 f., 21
Tinbergen, N. 10, 28, 35 f., 38 f., 88 f., 92, 100, 107, 110, 129, 137
Tinklepaugh, O. L. 151
Tolman, E. C. 28, 137 ff., 164, 166
Turner, L. 173

v. Uexküll, Th. 19, 24, 26, 28, 33, 62
Uherek, E. W. 196

Vernier, V. G. 102
Vershofen, W. 16

Wagner, R. 10, 24, 27, 29, 33, 44, 78 ff.
Walsh, E. G. 102
Walter, W. G. 44
Ward, A. 190
Watson, J. 126, 135, 142, 145
Weinert, F. 96
Weiß, P. 54
Wiener, N. 28 f., 44, 195
Wiesbrock, H. 192
v. Wieser, F. 18, 35
Williams, S. B. 154
Wöhe, G. 13, 15 ff., 76
Wolfe, J. B. 148
Woolbridge, D. E. 199
Wynne, L. C. 152, 172

Yates, A. J. 71 f.
Young, J. Z. 28
Young, P. Th. 32, 46, 58, 64 f., 70 f., 96, 122, 129, 142, 148, 152

Sachregister

abergläubiges Verhalten 162
Adaption 102
affektive-Energie-Bedürfnis (spontan) 67 ff.
Aggression 35, 56, 58 ff., 71 ff.
- und Sexualität 112
- AHM des - sbedürfnisses 60, 113
- szentrum 58
- shemmende Attrappe 113
aggressive Verhaltenstendenz 61, 72 f.
Aktivierungsmechanismus 34, 59, 126
- bedingter - 142
- spontanes Verlernen bedingter -men 152
Anerkennungsenergiebedürfnis (exogen) 72
angeborenes Schema 46, 109 f.
Anspruch des Bedürfnisses 83
Appetenzkauf 138 f.
Appetenzphase 93
Appetenzverhalten 88 f., 120
- d. Erwachsenen 137
- d. Säuglings 38, 137
- bedingter -smemanismus 167
- Verlernen bedingter -mechanismen 168
Assoziation 123
- sgesetz 41, 124
- by contiguity 156
- senergiebedürfnis (spontan) 65 ff., 91
Augengruß 107
Auslösemechanismus
- angeborener (AAM) 38, 57, 108 ff.
- bedingter - 146
- biologische Bedeutung angeborener -men 108
Ausfallkrankheiten d. Säuglings 67 ff.
Auslöser 100, 105, 111 ff.
Auslösende Formen 91
Auto 176
Automatismus bei Aggression 54
Autonomie, funktionelle 169 ff.
Aversion
- bedingte - 150
- sreize 87 ff.

Bedarf 22, 182 ff.
Bedarfsfallreiz 58, 70, 100
- bedingter 126
Bedürfnis 10 ff., passim
Bedürfnisabweichung
- Definition v. 13
- Richtung d. - 116
- Repräsentanz d. - im Bewußtsein 119
Bedürfnisbasis 30, 32
- im psychischen Energiebereich 63
Bedürfnisbedingung 31, 47
Bedürfnisbefriedigung 13, 76
- Def. v. - 13
- sprozeß 14 (Def.), 175 ff.
- Verkürzung des ind. -sprozesses 177
Bedürfnis n. Beibehaltung der Bedürfnisdeckungslage 118, 144, 173
Bedürfnisse, Benennung der 47 f.
Bedürfnisdominanz 115
Bedürfnis, Elemente eines 30
Bedürfnisse, Formierung der 22, 41
Bedürfnisforschung
- methodische Probleme 21 ff.
- u. Wirtschaftswissenschaften 14 ff.
Bedürfnisse, funktionsverbundene 114 f.
Bedürfnisse, Gliederung 26
Bedürfnisinhalt 30, 46 f., passim
Bedürfniskalkulation 104
Bedürfnisse, körperliche 12, 26 f., 49 ff.
Bedürfniskonstellation 88, 115, 180 f.
Bedürfniskosten 76
Bedürfnismechanismus 27 f., passim
- Arten v. -men 32 ff.
- angeborener - mit Außenfunktionen 33 ff., passim
- bedingter - 40 ff., 94, 121 ff., passim
- biologische Bedeutung d. bedingten -men 117

– Ketten v. bedingten –men 165
– Unvermögen bedingte –men zu verlernen 170 ff.
Bedürfnismodell 11 f.
– kybernetisches – 23, 26 ff., passim
Bedürfnisorientierung 135 ff.
Bedürfnisprogramm 31
Bedürfnis, psychische 12, 27, 53 ff.
Bedürfnis, soziale –se 39, 77, 92
Bedürfnisspannung 96
Bedürfnisstabilisierung 13, 22
Bedürfnisstärke 115 f.
– Definition 96
– unbedingte – 96
Bedürfnisstand 94
Bedürfnistheorie 17
Bedürfnistyp I (organischer Bedarf) 49 ff.
– Bedürfnisbedingungen d. –s 49
– Bedürfnisinhalt d. –s 46, 49 f.
– Störbereich d. –s 51 f.
Bedürfnistyp II 39, 56 ff.
– Bedürfnisbedingungen d. – 62, 65 ff.
– Bedürfnisinhalt d. – 62 f.
– Reaktionstendenzen d. – 63
– Störbereich d. –s 69
Bedürfnistyp III 34, 58 ff.
– Bedürfnisbedingungen d. –s. 62
– Definition 69
– Bedürfnisinhalt d. –s 62 f., 69 ff.
– Reaktionsschwelle beim – 59
– Reaktionstendenzen d. –s. 70 f.
– Störbereich 73
Bedürfnisse, Unfertigkeit d. 43 f.
Bedürfnis, wirtschaftliches 18, 21
Bedürfnisse, Zahl der 22
Begrüßungszeremoniell, konstante Verhaltenstendenzen i. 107
Behalten 123
Behaviorismus 135
Bekräftigung, intermittierende 161
Betriebswirtschaftslehre 16
Bildbesetzung 41 f., 95, 98, 135 ff.
Bock bei Kindern 151 f.

Chemismus, Umstimmung d. 75

Denken 161
Desensibilisierung 153
Distanzierungsverhalten 88, 129
Einwirkungsprognosemechanismus
– instinktiver – 37, 89, 99 ff.
– bedingter – 145
Einwirkungsprognosereiz
– unbedingter – 87, 100 ff.
– bedingter – 100
– Blindheit f. unb. – 104
emergency reaction 58
endogene Reizerzeugung 38
Endverhalten 89
Energie 53
Energie, organische 53
– aktive – 53 ff.
– Aktivierung v. – 53, 56
– Labilität d. – 53
– psychische – 46 f., 53 ff.
– Erschöpfung d. psychischen – b. Tieren 54
– spezifische – 55 ff.
– reaktionsspezifische – 35, 57 ff.
– Stau reaktionsspezifischer – 40, 59 ff., 73, 111
Entscheidungsfähigkeit d. Menschen 76 ff.
Enuresis 161
Erfahrungen 123
Erfolg 158
Erinnerungszwang 125, 169
Erregungssystem 121 ff.
Explorationsenergiebedürfnis (spontan)
– bei Menschen 65 ff., 91
– bei Affen 65
Existenzchancenkalkül i. d. Evolution 77
Existenzchancen des Menschen 92

Fetischist, Heilung eines – 150
Fließgleichgewicht 43
Flucht/Angst
– bedingte – 126
– -energiebedürfnis (exogen) 69 ff.
Fluchtverhaltensmechanismus, bedingter 167
– Verlernen – men 168
Frustrations-Aggressions-Hypothese 58, 72, 151

Frustrationstoleranz 73
Führungsgröße 26
Funktionqualität 178 f.
Furcht 171 ff.

Gefährdetheit des Menschen 33
Gefühl 95
Geld 173 f.
Geldsignalmechanismus, bedingter 148 f., 173
Generalisation
- des Löschens 153
- von Reizen 153
Genußgiftsüchte 75
Gesetz d. Effektes 140
Gewissen, Theorie d. - s 174
Gewohnheit 10, 19, 140, 166
Grenznutzengesetz 35
Güter 176 ff.

Halbwertzeiten reaktionsspezifischer Typ-III-Energie 60
Halteregler 26
Hamstern 143
Handlungszwang 125, 169
Haushaltung 15
Hauswirtschaft, geschlossene 177
Hemmer 100
Hemmungsmechanismus
- angeborener - 108 ff.
- bedingter - 146
Heterostase 51 ff., 80, 115 f.
Hiatus 160
Hintergrunderfüllung 13
Hinweismechanismus, bedingter - 164
Homöostase 27, 31 ff., 47, passim
- Grenzwerte d. - 50 f.
- Schwanken d. - 51
homo oeconomicus 21
- Prämisse 15
homo sociologicus 21
Hungererlebnis 95 ff.
Hungerexperimente m. Menschen 138

Impulsverhalten 88
Individualdistanz, Tendenz zur Verringerung d. - 107
Instinkt
- Begriff 22, 36, 86 ff.
Instinktbewegung 104 ff., 119
- Bedeutung d. - für d. Menschen 108
Instinkt-Dressur-Verschränkung 135 ff.
Instinktprinzipien, formale 90 ff.
- d. kleinen Schritte 37, 92
Instinkthierarchie 88 ff., 92
Instinkt, kompletter - 36, 88 ff., 94
Instinkt, Konstruktionsplan d. 87
Instinktmechanismus 35 f., 86 ff., passim
- Gliederung d. -men 36
Instinktresiduen 36, 94
Instinktreduktion 93 f.
Internalisierung 174
interne homöostatische Mechanismen 33, 52, 78 ff.
- Überforderung d. - 83
Isolationsprinzip 92

Kaufakt 178, 181
Kaufentscheidung 164 f.
Kernfamilie 43
Kindchenschema 111 f.
knappe Mittel 184
Körperausschaltungsprinzip 92
kongnitive Dissonanz 129, 151 f.
Kommunikationsreiz 134 f.
Komplexreiz, neutraler 122
Konditionierung 27, 59, 129 ff.
- Definition 122
- v. Flucht/Angst 142
- instrumentale - 124, 154 ff.
- instrumentale - b. Bedürfnisdominanz 158 ff.
- Motive f. instrumentale - 157 f.
- klassische - 124
- klassische - b. Menschen 133 ff.
- klassische - bei Tieren 131 f.
- operante - 124
- experimente m. Menschen 126
Konflikt
- zw. Bedürfnissen 115 f.
- zw. bedingtem und unbedingtem Trieb 119
Kooperationsdruck 91
Konstantbedingung 26 f.

Konsum 16, 87, 178
Konsumreiz 87 ff.
Konsumenten, Funktion d. – 16
Kontrollmechanismus
– instinktiver – 37, 88 f., 94 ff.
– bedingter – 142 ff.
– Spezifität d. Erregung instinktiver – 98
– Bewußtwerden der Erregung instinktiver – 99
– Unlustkomponente d. Erregung instinktiver – 96, 114
– zwei Erregungsniveaus eines – 160 f.
Kybernetik 28 ff.

Lächeln 106
Leerlauf 38, 56 f., 61 f., 64, 105
Lob 173
Lernen
– Definition 122
– am Erfolg 156
– fähigkeit, Beschränkung durch Lernen 125
– opportunistisches – 174
– prozesse 122 f.
– verfahren 124
– und Wahrnehmung 131
Locksignal 37
– bedingtes – 146
– bedingter –mechanismus 150
– Verlernen bedingter –mechanismen 151 ff.
Lockwarnsignal 147
Löschungsresistenz 154, 170 ff.
Lust 97, 101, 104, 115
Lust-Unlustzentrum 116

Marketing 10
– neue Konzeption d. – 17 f., 179
Marktforschung 16 f.
Meßfühler 25 f.
Milieu
– Ideal – 49
– inneres – 26
– theorie 181
Mißerfolg 158
Motiv 12, 22
– forschung 19
Motivation, sekundäre 169

Nachfrage 184
– kurve 182
Naturkonstante 31
Neugierverhalten 127 ff.
Neurose 10
Nutzen 176 ff.
– individuelle –kalkulation 184

Orientierung der Bedürfnisse 95

Peanut-Phänomen 102
Periodizität 81 f.
philosophische Anthropologie 36
Plan-Tendenz und Totalitätstendenz 93
Plastizität d. Menschen 9 f., 20 ff., 105, 136, 183
– Grenzen d. – 42, 105
Polarkrankheit 60 f.
Präferenzen, absatzwirtschaftliche 179
Preis-Nutzen-Relation 182
Programmregelung 25 f., 29, 52 f.
Psychoanalyse 19
psychogene Krankheiten d. Säuglings 68
psycho-somatische Krankheiten 62
psychotoxische Krankheiten d. Säuglings 67 ff.

Qualitätsdiskussion in d. BWL. 178 ff.

Rangordnungsenergiebedürfnis (exogen) 72
Rationalverhalten 15, 119
Reaktionskauf 120, 138
Reaktionsverhalten 88
Reflex 22, 34, 83 ff., 109
– mit Außenfunktionen 83 ff.
– Erwerbs– 85 f.
– Schutz– 84 f.
Regelaufgabe 113
Regelgröße 24, 30
Regelkreis
– organischer – 12, 27 f., passim
– technischer – 24 ff.
Regeltendenz 91
Regentanz 162
Regler, Laufzeit d. –s 80
Reifung
– biologische – 43 f., 108

– kulturelle – 45
Reiz
– bedingter– 40, passim
– neutraler – 87
– nichtssagender – 129
– unbedingter – 126, passim
– generalisation 132
– summenphänomen 60, 110 f.
Rückkoppelung (feed back) 24
– zum Bedürfnisinhalt 83 ff.
– humorale – 82
– negative – 24 ff.

Saccharintäuschung 87, 100, 145
Sättigungsgesetz 35
Schaltmechanismus f. Instinktbewegung 37, 104 ff.
– bedingter 145
Schaltprozeß, instinktiver 37
Scheinfütterung 145
Schlaraffenland 88
Schlüsselreiz 83
Schwankungsbereich d. Sollwerts 24 f.
Schwellenerniedrigung 61
Selbstbewußtsein 69
Sexualenergiebedürfnis 38, 64, 111 f.
Signale, bedingte 40, passim
– Auslösefunktion 139
– Definition 126
– Hinweisfunktion 139
– mehrfach – 148 f.
– Ggs v. nichtssagenden Reizen 129
Signalmechanismus, bedingter 40 ff., 121 ff. passim
– flüchtiger – 140
– mit Hinweisfunktion 163 f.
Signalqualität der Güter 179 f.
Sign-Learning-Theorie 139
Sollwert-Verstellung 52 f.
Speichelsekretion, bedingte – b. Hunden 131 ff.
Spontan-automatische Energieversorgung 38, 56 ff.
Spontaneität d. Instinktbewegungen 38
Spontanerholung 154
Stabilisierungen der Bedürfnisdeckungslage 173
Staubeckenmodell 57
Störgröße 24 f.
Störbereich 32, 47
Störung, Isolierung gegen –en 51
Störwertaufschaltung 79 f.
Substanzqualität d. Güter 178 f.
Suche n. d. fehlenden Teil 93
Suche n. d. verl. gegangenen Instinkt 93
Süchte 74 f.
Synthesefähigkeit 49

Tendenz z. Bestätigung 93
Traumforschung 82
Trieb, 22, 98, 138

überoptimaler Auslöser 110
Umkonditionieren 149 f.
Umweltabhängigkeit 33, 81, 85
unangenehm-angenehm-Skala 76
Unlust 95 f., 101, 116
Unlustzentrum 97
Unternehmung 15 f.
Unterlassungszwang 126, 169
Unterlassungsverhaltensmechanismus, bedingter 167
– Unvermögen – z. verlernen 171
– Verlernen v. – 168
Urhöhle 101

Variation d. Reizschwelle 111
Verhalten
– Definition 10, 113
– soziales – 11
– d. Wirtschaftenden 15
– apparat 37, 113
– sdetermination 12, 23
– sfolgenwissensmechanismus, bedingter 42 ff., 124, 154 ff.
– skalkulation 115, 118
– skontrolle 156
– swahrscheinlichkeit
Verlernen 149 f.
– Unvermögen z. – 168
Vermeidungsreaktion, bedingte 152
Vermeidungsverhaltensmechanismus, bedingter 167
– Unvermögen – e– z. verlernen 171 ff.
Verhaltenstherapie 150 ff.

Versuch- u. -Irrtum-Verhalten 156 f.
Vertrauen u. Kommunikation 134
Verwendungsqualität 178 f.
Vorurteil 18

Warnsignal
– bedingtes – 146 f.
– komplex 153
– mechanismus, Löschen e. bedingten 134, 152
– unbedingtes 37
Wegelernen bei Tieren 133
Weltoffenheit 94
Werbekonkurrenz 18
Werbung 130, 171, 178 f.
Werbesymbolik 130
Wert 176
– v. Gütern 182
Wettbewerb 15
Wiederholungszwang 91
– u. Wissen 125, 169 f.
Wille 118
Wirtschaft 10
Wissen 123, 155
– d. Art 52, 155
– bedingtes – 40 f.
Wut 56 f.

zentrale Koordination 116
– sprozeß 35, 39, 93, 113 ff.
– b. Tier 114
Zentrenhierarchie 38, 89 f.
Ziele d. menschl. Verhaltens 20
Zustandsreiz, bedingter 144
Zuwendungsreaktion d. Menschen 128

FSC
www.fsc.org
MIX
Papier | Fördert gute Waldnutzung
FSC® C083411

Kolibri 360 GmbH
Ferdinand-Jühlke-Straße 7
99095 Erfurt, Deutschland
produktsicherheit@kolibri360.de